歷代職官表

四部備要

史部

中華書局據武英殿本校刊

桐鄉陸費逵總勘
杭縣高時顯 吳汝霖輯校
杭縣丁輔之監造

多羅質郡王臣永瑢等奉
勅修纂歷代職官表全書告成謹奉
表恭
進者伏以
天祐命而樹之君式布亮工之典
聖建邦而分之職聿昭熙績之經自雲紀龍紀鳥紀火紀以來代多因革惟汝
翼汝爲汝明汝聽之訓人奉憲章蓋責實者必循其名而證今者貴求諸
古欽惟我
皇上
道備君師
治臻巍煥
綜萬幾以兢業
咨百爾以弼諧愼乃憲省乃成一心正朝廷之本疇若工咨若采六事秉綱

紀之原緬我

朝剏制顯庸監往古而立極繄

列聖建官位事垂永世以重光八旗列而大告乎

武成三院興而肇敷乎

文治爰逮彌綸於六合實先澄敘夫九流凡貽諸奕世而丕爲承皆鑒於前代

之所以失時庸惇敘而宗藩鈐束之迹除奉揚

絲綸而中書票擬之弊革用人由

特簡而法不撓於廷推封事盡昌言而習不流於私訐著會讞覆奏爲定制而

一洗廠衛之灼薰領七司三院以重臣而悉屏奄寺之竊弄至於典因時

制事不前承伯克宰桑合舊藩新部而儋爵祿火器健銳並列營超隊以

著旗常駐防則布在雄疆肅如禁旅領直則置因延閣典重祕書其他內

綱外維率以遵王之道遵王之路小廉大法俾之罔有不欽罔有不臧斯

則凜

聖神之作述以勵庶官亶惟仰
睿智之照臨以迪允德
治既光於往古
訓實示乎周行乃者因略錄之蒐羅即班聯而尋泝猥以
鉅製
命及諸臣采表體於遷固之編考命官自唐虞之冊累代則相銜而下異同損
益之畢陳分曹則就列以班詳略是非之互見或稱名惟舊而考職多殊
或班爵由今而尋源不別或臚諸往牒而功令從芟或徵自新銓而史策
未備莫不叓諸典要觀其會通上本六經旁參百氏繁則連牘簡或片言
期於準我
朝之美備以等百王足使昭有位之箴規以
詔後世發凡起例早欽體要之
親宣正舛訂譌復荷精微之頻

示迭更寒燠載蕆簡編粤稽書載官儀剏由應劭迨六典百司之作遞有鋪張越具員分紀之編非無纂述集賢承旨每偏舉其頭銜官制職林或拘限於時代惟樂安任戩氏頗及沿革之大凡而官品纂要書未致古今之詳備方斯

祕帙譬若椎輪蓋惟

聖人著作之大成永爲萬古臣鄰之極則豈徒誇其博綜軼彼類林而已哉臣等忝預編摩竊慚蕪陋稽古卽所以奉職愜虞鉛槧多疏顧名因藉以誦箴敢不冰淵共凜樹三宅三俊之範

敷文命以裕無疆宏五服五章之謨際

昌期而瞻有耀臣等無任瞻

天仰

聖踴躍欣忭之至謹奉

表恭

進以

聞

上諭

乾隆四十五年九月十七日奉

上諭國初設官分職不殊周官法制及定鼎中原參稽前代不繁不簡最爲詳備其間因革損益名異實同稽古唐虞建官惟百內有百揆四岳外有州牧侯伯舊庸熙載亮采惠疇周則監於二代立三公三孤秦漢以後爲丞相爲中書門下平章知政事明洪武因胡惟庸之故改丞相爲大學士其實官名雖異職守無殊惟在人主太阿不移簡用得人則雖名丞相不過承命奉行卽改稱大學士而所任非人竊弄威福嚴嵩之流非仍名大學士者乎蓋有是君方有是臣惟后克艱厥后庶臣克艱厥臣昔人言天下之安危係乎宰相其言實似是而非也至六官卽今之六部周禮典制纂詳要亦本於唐虞司徒秩宗諸職外而督撫自秦漢以來所稱守牧節度行省卽唐虞十二牧之遺歷朝改革建置紛如難以勝數我國家文武內外官職品級載在大清會典本自秩然至于援古證今今之某官卽前某代某官又或古有今無或

古無今有允宜勒定成書昭垂永久俾覽者一目了然現在編列四庫全書
遺文畢集著卽派總纂總校之紀昀陸費墀陸錫熊孫士毅等悉心校覈將
本朝文武內外官職階級與歷代沿襲異同之處詳稽正史博參羣籍分晰
序說簡明精審毋冗毋遺其議政大臣領侍衞內大臣八旗都統護軍統領
健銳火器營內務府並駐防將軍及新疆增置各官亦一體詳晰考證分門
別類纂成歷代職官表一書由總裁覆核陸續進呈候朕閱定書成後卽以
此旨冠於卷首不必請序列入四庫全書刊布頒行以昭中外一統古今美
備之盛因首論丞相一官餘可類推覽是篇者其各顧名思義凜然于天工
人代兢兢業業夙夜靖共以庶幾克艱無曠之義欽哉特諭欽此

乾隆四十八年十月初二日奉

上諭朕閱館臣所進職官表志詹事府一門其按語內稱詹事爲東宮官屬我
國家萬年垂統家法相承不事建儲冊立詹事府各員留以備詞臣遷轉之
階等語是書館臣因朕前降諭旨於建儲一事之斷不可行明切訓示故據

按語內特爲揭出其實書生拘迂之見豈能深計及此且使是書流傳後世安知不又訾議館臣爲無奈迎合諭旨非其本懷耶用是不得不再爲明白宣諭夫堯授舜舜授禹唐虞固公天下即禹之傳啓亦非於在位時有建立太子之事三代以後人心不古秦漢預立太子其後爭奪廢立禍亂相尋不可枚舉遠而唐高祖立建成爲太子至於兄弟相殘建成被害近而明神宗朝羣臣奏請預立國本紛紜擾亂大率皆爲後來希榮固寵之地甚至宵小乘間伺釁釀爲亂階如梃擊等案神宗召見太子泣爲慰藉父子之間至於如此閱之眞可寒心可知建儲冊立非國家之福召亂起釁多由于此即以

我朝而論

皇祖時理密親王亦嘗立爲皇太子且特選公正大臣如湯斌者爲之輔導乃既立之後情性乖張即湯斌亦不能有所匡救羣小復從而蠱惑遂至屢生事端上煩

皇祖聖慮終至廢黜且即理密親王幸而無過竟承大統亦不過享國二年其

長子弘晳縱欲敗度不克幹蠱年亦不永使相繼嗣立不數年間連遭變故
豈我大清宗社臣民之福乎是以
皇祖有鑒于茲自理密親王旣廢不復建儲迨我
皇祖龍馭上賓傳位
皇考紹登大寶十三年勵精圖治中外肅清
皇考敬法
前徽雖不預立儲位而於宗祏大計實早爲籌定雍正元年即
親書朕名緘藏於乾清宮正大光明扁內又另書密封一匣常以隨
身至雍正十三年八月
皇考升遐朕同爾時大臣等敬謹啓視傳位於朕之
御筆復取出內府緘合密記合對脗合人心翕然此天下臣民所共知者也朕
登極之初恪遵
家法以皇次子乃

孝賢皇后所生嫡子爲人端重醇良依
皇考之例曾書其名藏於乾清宮正大光明匾額後乃稟命不融未幾薨逝遂
命大學士鄂爾泰張廷玉將其名撤出追諡爲端慧皇太子是未嘗不立嫡
也但不以明告衆耳嗣後皇七子亦
孝賢皇后所出秉質純粹深愜朕心惜不久亦即悼傷其時朕視皇五子于諸
子中覺貴重且漢文滿洲蒙古語馬步射及算法等事並皆嫻習頗屬意于
彼而未明言乃復因病旋逝設依書生之見規仿古制繼建元良則朕三十
餘年之內國儲凡三易尚復成何事體是以前於癸巳年復書所立皇子之
名藏於匣內常以自隨是年
南郊大祀令諸皇子在
壇裏事曾以所定皇子默禱於
上帝若所定之子克承堂構則祈
昊蒼眷佑俾得年命延長倘非

天意所屬則速奪其算朕亦可另爲選擇毋悞我國家宗社生民重寄本年恭
詣盛京祗謁
祖陵亦如告
天之言默祝於
太祖
太宗之前仰祈
靈爽式憑永垂昭鑒朕非不愛子也朕以宗社爲重若朕之子孫皆以朕此心
爲心實大清國億萬斯年之福也今日召對諸皇子及軍機大臣面降此旨
即朕前所默告
上帝
祖
宗之言豈容有絲毫虛飾耶朕於天下一切庶務無不宵旰勤求悉心籌畫寧
於繼體託付之重轉不早爲定計乎秋間朕於避暑山莊河岸御鎗打鵁鶄

失足落水溼衣其時不特御前王公大臣等聞知俱卽趨至問安卽漢軍機
大臣亦接踵前赴該處朕仍率伊等談笑而行並未有因內廷禁地太監等
敢於阻止設朕起居偶有違和大臣等俱可直詣寢所此皆由朕平日君臣
一體無日不接見諸臣面承諭旨何至有若前代夜半禁中出片紙之語爲
杞人之憂乎總之建儲一事卽如井田封建之必不可行朕雖未有明詔立
儲而於
天
祖之前既先爲齋心默告實與立儲無異但不似往代覆轍之務虛名而受實
禍耳故現在詹事官屬雖沿舊制而其實一無職掌祇以備員爲翰林陞轉
之資耳因再明切宣諭我子孫其各敬承勿替庶幾億萬年無疆之休其在
斯乎總之此事朕亦不敢必以爲是其有欲遵古禮爲建立之事者朕亦不
禁倘至於父子兄弟之間猜疑漸生釀成大禍時當思朕言耳並諭館臣將
此旨冠于是編之首俾天下萬世咸知朕意欽此

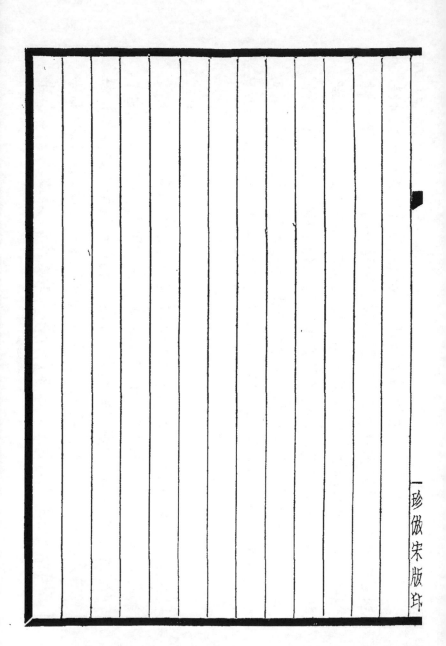

御製詩

職官表聯句 有序

惟王建國綜六典以正萬民咨汝亮工撫五辰而凝庶績越二十二朝之
損益遐哉烏火雲龍溯三百六十之源流備矣工虞禮樂昨者書成祕閣
因四庫以考職官今當慶洽初韶宴重華而賡喜起自漢沿秦制更張三
統規模宋仿唐階參錯六朝建置元興草創略踵遼金明季淪胥漸渝洪
永惟治人斯有治法而守道不如守官我國家祇敘天工肇修人紀
龍興締造首詳三院之名虎旅奮揚爰建八旗之號定鼎而折衷百代因時有
增設之員勅幾而澄敘九流接覲無貸權之事以至祇膺列爵札薩克世
奉屏藩底定新疆衛拉特勢聯候尉武成文守大法小廉品秩所以釐然
班聯於斯肅矣乃欲循名而責實必先援古以證今申命儒臣博徵往蹟
立表而體兼乎志榷商遷固之遺文緯史而義準諸經斟酌虞周之舊典
旁行直上勤乙覽以披函列署分曹勵寅清而示鑑四千載目張綱舉徧

攬前聞廿八人環轉珠聯合形新詠庶幾歌風解阜我君臣相悅以同聲

更期思日贊襄爾寮采協恭以將事

御製股肱元首勖明良表撰職官勅慎詳乾隆庚子九月諭四庫館臣以國家設官分職制度詳備不殊周官其間因革損益名異實同今之某官即前代某官又或古有今無古無今有允宜勒定成書因命將本朝文武內外官職階級與歷代沿襲異同之處詳稽博考纂成職官表錄入四庫全書刊布頒行以昭中外一統古今美備之盛

親族猶先重堯典宗人府即歷代之宗正寺掌皇族屬籍以時修輯玉牒辨序昭穆爵祿均其惠養教令焉設官有宗令左右宗正左右宗人府丞左右理事等官分掌其事乾隆戊戌年諭復睿親王多爾袞等封號追諡襲封配享太廟壬寅九月諭將一宗室王公子弟均照蒙古王公台吉塔布囊等子嗣之例恩給官頂其餘閒散一概給予四品頂戴並於今歲新正賜宴乾清宮錫賚有差展親睦族以昭渥典

肆筵具邇邁姬章

綸言直下中書省阿柄寧移政事堂內閣職司票本大學士以下有學士侍讀學士侍讀典籍中書等官自明太祖罷丞相以大學士專司票擬不過如知制誥之翰林其後職任漸崇閣權遂重伏讀聖諭事權輕重原視乎人主之委任而不繫乎官職之崇卑我朝乾綱獨攬宮府肅清閣臣惟知恪奉官常威柄不移洵從古所未有也

六典總持歸簡要臣阿桂三銓成法協平康六部尚書侍郎以下有郎中員外郎主事筆帖式司務等官吏部主銓敘升降凡職官有缺依例銓選候引見欽定其大缺開

列請旨盡除明代廷推之弊至內外各
官議處降革均按例題奏請旨遵行

度支計裕用恆節蠲賑

恩頻富倍藏

戶部平準出納以均邦賦出入有經我朝宮府歲支撙節絡藏
充盈乾隆初年部庫存銀三千萬兩今且幾八千萬兩並無加增

賦稅且蒙恩普免天下地丁錢糧三次蠲免漕糧二
次其餘賑貸不下萬萬而國用饒裕實史冊所未覯云

府庫籍收山積廣

臣三
寶

泉源義取水流長

三庫主財用出入國朝皆專派親信大臣掌
之寶泉寶源二錢局主鼓鑄戶工二部右侍郎

掌之其三庫司官及錢局監督由各
衙門保送引見恭候簡用

時哉損益

皇爲極懋爾寅清

國有慶

禮部掌五禮凡祭祀燕饗朝會諸大典皆掌之本朝制度修明視
漢唐爲詳備其職尤重國家慶典頻蕃隆儀備舉無一不仰稟

睿裁準今酌古繁簡得中
洵足昭郅隆之治

依律夔韶諧搏拊

樂部即周官大司樂之職我
皇上審音合律訂正樂

章更製鎛鐘特磬釐定樂舞
之製悉歸雅正

占風象譯會梯航

會同四譯館乾隆年間改
隸禮部以司員攝鴻臚少

卿領其事蓋如周
官象胥掌客之職

中樞莫贊

星鈐密右選欣增歲祿穰

明代以兵部爲中樞機宜進退悉以委之事多掣肘
我朝命將征行皆仰稟睿略兵部惟掌兵數

及武選之事武功赫濯良由措置得宜也邇年復奉恩旨添給
武職養廉將原扣名糧改補實缺各省共添兵六萬六千餘名棋布星羅

營制益
昭整肅

止辟祥刑卹圜土

刑部綜司邦禁內外問刑衙門一切讞斷皆核
覆題奏務期平允秋讞大典集九卿會議屆

期復集大學士廷臣會同刑部面承 旨訓詳審再三寬嚴協中其緩
決人犯間三四年復蒙 恩命減等發落矜恤之 心好生之
德實爲超軼前
古臣福隆安

御製好生大德體

穹蒼共工熙績一人足掌土居民九牧倡今之工部掌營造修防兼有前代都水監將作大匠之二職至內外緊要
工程如 壇 廟城垣等工百務具舉均派親信大臣督辦物給價工給直並無絲毫派累且窮民得以工代賑無不踴躍子來
典屬今繁

蘇武職

理藩全統衛拉平我 朝威德遠被蒙古王公扎薩克等及新疆衛拉聲 疆特回部均隸理藩院歲時朝覲內入宿衛扈從行圍
與內地臣僕無異是理藩院職任雖亦如周禮之大小行人漢之典屬
國而內外聯屬統馭之制遠勝前代所設堂司各員亦與六部相等
剔

除秕政清烏府

採聽芻言闕皁囊都察院本前代御史臺以察覈官常整飭綱紀爲職我 朝庶政肅清凡言官 奏事糾彈片言可採者無不立予准行
科道等亦不敢挾私樹黨互相攻訐前代積習爲之一清
給事舊仍常侍署六科給事中本古門下省官明代自爲一署 本朝
雍正初改隸都察院體統益昭嚴肅臣和珅
警巡分隸太平坊五城御史如唐之左右街巡使司坊官如漢之長安雒陽部尉
也
封投閤祕徽關白緘進郵遞核貼黃通政使司掌進各省 題本如漢之公車令宋之銀臺司 各省 題

疏由驛齎到封送內閣皆有定期按期查核無敢如前代之稽延抑滯高下其手者讞集三司平庶獄臣永貴品儕九

寺肅羣綱大理寺本出前代廷尉職在平反與刑部都察院稱三法司祠官董領歸宗伯殷禮精虔

飭奉常太常寺掌典守壇壝廟社以歲時序其祭祀所設卿少卿寺丞讀祝贊禮諸官以禮部滿尚書領之如周官宗伯典禮之制我皇上精禋專恪恭遇郊廟大典躬親將事備極誠敬凡駿奔執事無不仰瞻晬穆益凜虔恭禋恪豆籩

供

廟壝臣梁國治地嚴

弓劍備丞郎各壇廟設尉及祠祭署奉祀祀丞諸員各陵寢自總理事務大臣以下有掌關防官及禮部內務府工部諸員以虔奉明禋恪供灑埽詞曹華選颺

鸞藻吉士英培翽鳳岡翰林院典國史圖籍制誥文章自古稱為清華選我皇上親幸翰林院御製詩章恩加宴賚並增葺庶常館教養樂育尤極儒臣榮遇至經筵講官及每科教習庶吉士均由翰林院奏請簡充儤直螭坳垂筆

橐日講官如唐侍講宋說書起居注官即古左右史凡恭遇大典分日侍直以翰林官兼充臣德保

御製新銜芸館檢緹緗文淵閣於乾隆丙申肇建藏弆四庫全書設領閣事提舉閣事直閣事校理檢閱等官以大學士以下館閣諸臣充

之規制周詳名實益為相副居今亦備參入掌出列鑒古惟懷鄭重方詹事在歷代俱為宮官元史鄂勒哲署詹

事長入參謀議出掌環衛云云至我朝惟存爲翰林遷轉之階蓋自古書生拘迂之見動以建儲爲國本其實皆自爲日後身家之計無裨國是試觀漢唐建儲如漢武帝唐太宗之英明猶有戾太子及承乾之變其他難以遍舉誠以立儲之後宵小乘間伺隙釀爲亂階其弊有不可勝言者我國家 三朝嗣服均未明言冊立而宮府肅清中外晏如 皇祖時理密親王之事仰賴聖慮亦可知建儲之斷斷不可行也朕于此往復熟籌知之甚審我子孫當敬凜此訓奉爲萬年法守也

光祿減明十之九大官視漢半而強

明代各省額解光祿寺銀米甚多令中官提督寺事片紙傳取如數供億莫知真僞嘉靖以後歲用逾四十萬廚役至四千餘名糜費無節諸弊叢生我 朝自康熙年間定制錢糧皆歸戶部光祿以時支取歷加撙節今每歲祇支銀二萬兩月要其數以奏較之明代經費尚不及十分之一所設有卿少卿丞簿等官別以大臣領之非若漢時之光祿勳兼爲宿衛之長以故官不冗而事易集品式有定出入有經信足示昭儉德云

牧坰秋獮驪黃比蹕路
天行幄幔張

太僕寺掌張家口外左右翼牧場均齊賞罰之政乃諸牧場之一也凡扈從卿及少卿 奏請一人隨蹕預備幔城網城駝載橐駝等一切事宜

帝澤巽申崇赤縣臣曹秀先農祥吉亥捧青箱

順天府卽歷代京尹近年 特命大臣兼管以重其職凡耕耤率僚屬從耕襄事

臚音傳陛鳴鞭應儐贊催班佩玉鏘

鴻臚寺本出漢大鴻臚其所掌引相朝儀與漢謁者臺唐宋閣門宣贊相近

宵雅肄官優廩餼臣周煌大昕鼓衆

幸膠庠國子監爲成均重地屢蒙聖駕臨雍釋奠圜橋觀聽者無不感激奮與所屬滿漢蒙古學算學各助教等官分掌教士優給膏火廩餼肄業期滿分別錄用規制最爲周備

算精勾股弧三角術驗歐羅斗六匡欽天監兼有周太史馮相保章三職漢以來爲太史令專主算術天文本朝時憲兼用西洋算法御製數理精蘊欽定儀象考成萬年書協紀辨方等書天體地平諸儀推算精密考據詳審法實可垂永久

懸肘底須求大藥 臣劉墉

折肱應許遇長桑周有醫師秦漢有太醫令太醫監分屬于少府太常今則自爲一署置院使院判率其屬以供醫事焉

重臣參筦鼇供簿尙御鉤稽撤侍璫周官玉府內府等職統之冢宰漢以後有少府寺殿中監皆掌乘輿服御諸物自宋以後其職漸移于奄宦至明而流弊益甚國初罷十三監特置內務府分設七司以經理內府諸政其總管無定員以王公及滿洲文武大臣爲之蓋卽周官統於冢宰之意而規制尤爲詳備云

服雄姿逢伯樂 臣王杰

御製

僕緣精義析蒙莊上駟院掌馬匹駝隻以供御用當卽國語所謂王馬如漢之太廏未央家馬諸令丞唐之左右仗廏飛龍使及尙乘等官凡遇時巡于御馬內簡其尤良者以從又每歲秋獮行圍預於春月驅馬至喇喀河屯牧養備用向曾有詩於卿郎職司調習御馬諸法臚舉詳賅昨歲山莊有上駟詩辨及莊子僕緣詞義詳見按語

上林兼飭農蠶務內府分司苑囿場奉宸苑掌苑囿政職任亦如周官之掌舍掌次漢之水衡都尉上林令丞之類其所屬有稻田場瀕水四千畦供上方玉粒凡京城內外河道橋牐均由苑經理董率蓄洩又織染局供織絹匹所司農蠶水利衣食之原非僅古之林丞比也

劼毖戎裝卿武備

餉儲
御械衛龍驤武備院掌供御用武備凡御幄帳殿甲冑弓矢櫜鞬槍刀成造修整皆其職掌如漢尚方考工諸令之職舳艫漕
轉來通潞秷秸陳因實太倉倉場駐劄通州專管天下漕運輸納神倉實漢以來大司農之職國家慎重天庾設
滿漢侍郎總督其事承以坐糧廳監督等官歲派御史巡查閘復差大臣稽核諸務釐剔漕政肅清五部分曹員略具臣謝墉
二京建尹秩相當盛京爲陪都重地綜以五部侍郎董以京尹頗準神京之制而吏部則專統于京師學政則兼掌于府丞
視明代留京官制尤爲斟酌盡善義符集賽排辰直轄總勾陳列曜芒國初以八旗將士平定海內選備
隨侍宿衛統以領侍衛內大臣以先後宸御左右翊衛輪直宮禁職最親近若周官之宮正宮伯漢光祿勳領三署唐之十六衛元之四集
賽諸職立仗
瑤閶開詄蕩臣阿肅鳴
鑾葩璏導飛翔鑾儀衛若周巾車大馭漢奉車都尉之職我朝設滿漢鑾儀使冠軍使雲麾使治儀正整儀尉官統以掌衛事內大臣一人
職任尤重專旗統率連參佐偏甲驍騰別正鑲艮國家神武開基建旗辨色法制善居則環衛周防出則折
衝禦侮每旗設都統一員副都統二員所屬有參領佐領驍騎校等官我皇上教養八旗恩意周渥所由磐石奠安臂指相使誠超越百
代垂治萬年者矣兩翼啓行先罕畢臣董誥前茅選勁耀戈鋋前鋒統領掌督率前鋒警蹕宿衛凡

行幸則于御營外安設卡倫左右翼統領各一人或以王大臣兼領蓋如前代衛尉御營使之職所屬有參領侍衛校長等官以時訓練定其黜陟營制最爲詳善

紫垣鈴柝周廬禁黃褶櫜鞬宿禦防護軍統領掌督率護軍宿衛諸門掌其禁令亦前代衛尉之職每旗統領一人督率訓練以時考驗所屬有參領護軍校等官凡行在宿衛扈蹕以參領營總掌之事司綱城堆鋪頓營守衛諸政尤爲肅整重鑰

九門樞特綰步軍統領提督京營掌管門禁巡捕郊畿蓋兼有前代司隸校尉城門校尉執金吾之職國家整飭綱維委任尤重惟親信重臣得蒙簡授臣福長安

御製

五營萬旅備毋忘步軍向設巡捕三營上年增爲五營添設兵四千餘名所屬文職有員外郎主事司務筆帖式等官武職有八旗翼尉協尉城門領副尉步軍尉等官五營各分設副將參將遊擊守備外委千把總各官並募民充當番捕人役以伺察旗民法制益爲周備

習勤火器河稱玉火器營掌教演火器之政令以時訓練乾隆三十八年移建西頂後之玉河岸邊別爲一營以去城市遠俾得專心講習其演放進步連環鎗法有童而習之者技藝精熟爲前代所無

登練雲梯山號香健銳營習雲梯馬步射鳥鎗水戰駕船駛風之技乾隆十四年于香山寶勝寺傍列營聚處隨時教演從前平定西陲及兩金川屢經調派出征最爲勇敢均著勞績

御苑八旗惟守衛雍正元年設圓明園八旗護軍營掌圓明園翊衛之政令周圍駐劄守衛以時訓練然不派出隨圍

獵圍三面詎披猖三旗虎鎗營總統一人總領六人每旗虎鎗二百人恭遇聖駕時巡佩虎鎗于侍衛前導若行圍遇

大猷則列鎗從凡殺虎以首先刺虎人名奏聞
疇咨慎簡封圻寄控制雄膺節鉞光總督統轄文武其職如魏晉之大都督隋唐之大行臺國家慎重封圻例加兵部尚書及右都御史銜巡撫提督皆受其節制所轄兩省惟直隸四川以總督兼巡撫事我皇上整飭吏治督撫大吏簡用尤慎各省奏牘每至即蒙批答並廷寄諭旨隨時訓示伏讀御製久任詩誠諭諄詳蓋重其職任而尤嚴其考核云
七省調供資發運臣曹文埴五年輸免緩輸將漕運總督專司七省漕務所轄各省糧道及漕標將備衛所各官體制優隆不僅如前代水陸發運使之職我皇上惠愷覃敷普免天下漕糧二次間遇一方歉收每截漕以濟他省並每歲分命巡漕御史稽查催督漕務肅清經理實爲盡善
牐排濟兗疏宣暢壩屹淮徐啓閉藏河道總督二員分司南河東河運道隄防諸政蓋即前代河隄使者之職而委任過之皇上軫念河防凡五次南巡閱視親加指授修防宣洩各事宜所屬道員諳習河務者每邀恩破格簡署總督蓋重其選也
開府望聯卿士月臣達椿中丞銜帶
內臺霜巡撫總理通省文武刑名錢穀諸政其名起于唐高宗特遣大臣分道巡撫蓋即古監長連帥之任我朝委任特隆例加兵部侍郎及右副都御史銜職任與總督相埒
承宣
德意風行草屏翰方隅蔭在棠布政使掌各直省財賦出納其職與宋諸道轉運使提舉司爲近凡屬員陞調題補皆掌之有事例得專摺奏聞雖統于督撫實爲方面大員領袖
律準平反親蔀屋臣錢載臬陳欽慎達嚴廊按察使爲刑名總匯宋之諸道提刑是也凡屬員糾劾革審皆掌之其職級次于布政使而體制則同
會垣駐爲監司重列

郡巡看直指襄糧儲鹽法兵備河庫茶馬屯田及守巡道各司其職以佐
藩臬而布其教令蓋即前代所謂監司也我 皇上愼
簡人材凡道員奏署兩司者得具摺
奏事藉以觀其才識亦重其倚任也守出一麾稱自宋知府督率所屬課
農桑勵風俗平獄
訟各有同知通判等官以佐之 皇上澄敘官方尤重牧守 特命
書知府以上名于 御屏凡知府初膺 簡任即蒙 召對 訓
誨周詳蓋知府親臨屬縣賢否
易知故重其選 臣莊存與
御
製制沿獨奏溯諸唐直隸州之職略如知府每于州縣中記名特簡考唐渤州
海圖郢銅涑三州爲獨奏州不隸于府猶今直隸州也
云牧以幅員廣縣曰令同師率憂知州知縣各治其土田戶口賦稅詞訟佐以
丞簿等官國家首重親民牧令凡知州知縣
由部選者均帶領引見職任繁簡量缺酌調其由大佐貳孰無長民責各省司府首領
計卓異及稍有勞績奉旨引見者每予記名擢用
等官各司職業分任差委其才具出衆著有
勤勞者每蒙恩破格超擢亦任官惟材之意
雜流亦取衆才量州縣雜職有吏目典史驛丞巡檢等官外又有牐官倉
庫稅課大使或司一事或任差委他若各府州縣僧錄
道錄等司及陰陽官醫官等亦掄白山黑水
選劄充俾各率其徒以備一職
留都壯𧩙邑豐原
寶運昌盛京自順治初即以內大臣爲總管統轄兩翼官兵後吉林黑龍江
各置將軍與副都統等分地鎮守陪京重寄屏翰攸隆非親信大臣
莫克膺 臣紀江寧福州廣州荊州西
斯任也江左專轅及閩粵昀荊南巨閫逮秦涼安寧夏各設駐防將軍

一員副都統一二員所屬有協領參領城守尉防守尉防禦等官統率滿兵各資保障軍臺控馭柔藩部佛藏綏懷

護法王國家威德遠被遐荒絶徼咸置官鎮守如喀爾喀軍營烏里雅蘇臺庫倫西寧等處設定邊左副將軍參贊大臣駐劄大臣等員董其事西藏亦命大臣駐守用以控馭撫綏示無外之威軌二萬里胥環戶闥臣汪廷璵十千耦遍闢亭

障我皇上聖武遠揚平定西域拓地二萬餘里其準回二部各設官置吏自伊犂將軍烏魯木齊都統以下或以大臣或侍衛官員輪番莅治視漢之都護校尉規模益宏遠矣腹邊掄將聲聯絡水陸蒐兵陣頡頏提督總統綠旗明號令閱軍實以整飭營伍其山東山西河南江西等省以巡撫兼之總鎮指麾趨列弁臣金士松協戎訓練勵同裳總兵統轄鎮標有專閫之寄副將分統協標咸率其屬而訓練之陸路水師各資表率遇有缺出請旨簡放以重職守遞分勇爵援枹

振並奮偏裨拔戟趨參將遊擊都司守備千總把總各按營汛分防水陸互應形勢相資視前代規制更爲周密都司守備以上由督撫預保註冊兵部照例擬陞其參遊等官多蒙記名簡用慎重營伍立法詳善也藻泮莪阿

文治盛臣陸費墀

御製松州榆塞教思彰學政掌各省學校之政率教授學正教諭訓導等官訓迪諸生卽元提舉學校之職國初設立各省學道雍正年間改爲京差遡年于鎮西府承德府各建考棚設學額鄉試另編字號取中以彰文教之盛固稱賁海佐國計應念朘膏致政

傷鹽政卽巡鹽御史浙江山西廣東福建等省皆督撫兼攝長蘆兩淮多以內務府司員選充所屬有鹽運使運同運判大使之屬惕監前明

司內監江寧蘇州杭州織造各一人以內務府司員選用所屬有司庫庫使筆帖式等官各司本職不得預干地方事前明內監滋擾之弊爲之肅清

織文異昔貢維揚三處織造供尚衣御用及賞賚綺帛並新疆回部交易綢緞皆發帑造辦貨通山澤兼

防宄稅薄關津總惠商我朝各省關稅輕減多交將軍督撫委大員監收其張家口等處用各部保送司員龍江滸墅南北新關交織造兼管淮關粵海關衙用京員盡洗前明閹寺司權之弊十四等封繁

玉牒臣陸錫熊二旬歲襲普銀潢凡宗室封爵和碩親王世子多羅郡王長子多羅貝勒固山貝子鎮國公輔國公不入八分鎮國公不入八分輔國公鎮國將軍輔國將軍奉國將軍奉恩將軍共十四等其子俱以次降襲惟功封親王郡王之子仍其父爵又親王至將軍除承襲父爵外其餘應授封者俟年及二十試馬步射分別給予封爵恩意備極周詳前勳世賞延殊渥後嗣家傳保

令望公侯伯子男輕車都尉俱分三等及騎都尉雲騎尉承襲次數均有差其授爵在順治九年恩詔前及承恩公均世襲罔替又詔前得封襲詔後復以軍功加封至一等男以上亦世襲罔替其因陣亡授爵襲次已完者復蒙皇上特恩仍令世襲恩騎尉洵極

酬庸渥典八命上公承禮器臣倪承寬五經博士奉蕭薌國家重道隆儒超軼往代我皇上釋奠臨雍展謁闕里禮意有加定制先師孔子後裔衍聖公外有博士學正學錄共二人孔顏曾孟四氏有教授學錄各一人周公以下後裔授博士者二十五人又孔廟執事官三品至九品四十一人優禮聖賢後裔備至

寵加保傅寧輕授力効涓埃愧久敭保傅加銜前代爲公孤之職本朝慎重名器不以輕授至宮銜之設以昭優

眷惟一二品大臣欽奉特恩者得邀殊榮其歛歷中外宣力勤勞者身後亦多蒙加賞

鴻誥叨榮階秩秩 臣童鳳三

龍章錫類語煌煌 文職自光祿大夫至登仕佐郎凡十八階武職自榮祿大夫至奮武郎凡十三階皆誥勅所授即唐宋之文武散官而立制更爲明備恭遇國家慶典錫類推恩其曾祖父母以下皆視本任階銜封贈有差凡誥勅制詞皆掌于內閣

鐵牌訓勅嚴閽禁金鏡明操戒竈煬 周官以閽人寺人內豎屬之冢宰聖人立制用意深遠自漢置中常侍唐置內寺省厚加爵祿馴致亂階明代設立司禮太監假以秉筆之權太阿倒授淩轢政府若王振汪直曹吉祥劉瑾魏忠賢輩流弊接踵遂以亡明我 世祖章皇帝定鼎以來力懲前鑒于順治十二年命立鐵牌嚴切勅諭裁定內監員數但有犯法干政竊權納賄囑託內外衙門交結滿漢官員越分奏事及言官員賢否者立寘重典伏讀 聖訓凜然永昭炯戒所置宮殿總管首領諸職賞給頂戴不過至四品而止但執門禁洒掃之役而皆統于內務府與周官之法實相脗合 累朝奉守禁制綦嚴我皇上祗奉 前謨防微杜漸曩於 御製全韻詩內諄諄垂訓洵足昭萬年家法也

長史徵名循護從 臣王懿修

御製

具寮執事效趨蹌 親郡王以下置長史散騎郎護衛典儀等官有差蓋即前代所稱國官也

舊新札薩官魚貫內外回番職雁行 蒙古部落內屬者設官每旗札薩克一人以汗王貝勒貝子公台吉等爲之所屬都統副都統參領佐領驍騎校等官回部久經內屬者一如蒙古設札薩克其餘各回城皆設伯克其秩以三品至七品爲差皆即以其部人爲之至直省土官文則有土通判知州知縣州判巡檢知事

等官武則有指揮使宣慰使安撫使宣撫使土守備千戶百戶千總把總等官
並許其承襲罔不震讋奉化恪守約束近年平定兩金川命將軍攜帶各土司
分年入覲與朝正外藩及年班回部等同
與朝賀宴賚俾見我國家中外一家云
撫此羣臣贊予治一心惟勵敬無違
職官表古無成編茲因辦理四庫全書俾館臣等綜核考鏡自經史及說部博
採旁稽上下四千餘年因沿改革一覽瞭然內外大小臣工思日贊襄予治其
共凜然于天祿天職之艱庶幾
靖共爾位無負敬事後食之誼

辦理歷代職官表諸臣職名

正總裁

皇六子多羅質郡王臣永瑢

皇八子多羅儀郡王臣永璇

皇十一子臣永瑆

經筵日講起居注官太子太保御前大臣議政大臣領侍衛內大臣武英殿大學士文淵閣領閣事管兵部刑部戶部三庫事翰林院掌院學士教習庶吉士一等誠謀英勇公臣阿桂

原任經筵講官太子太保東閣大學士兼刑部尚書總管內務府大臣臣英廉

經筵日講起居注官太子太保文淵閣大學士兼吏部尚書文淵閣領閣事翰林院掌院學士教習庶吉士臣嵇璜

經筵講官太子太保御前大臣議政大臣領侍衛內大臣文華殿大學士文淵閣提舉閣事管吏部戶部理藩院事總管內務府大臣世襲一等男臣和珅

原任太子太保御前大臣議政大臣領侍衛內大臣兵部尚書兼管二部內務府總管文淵閣提舉閣事一等忠勇公和碩額駙臣福隆安

副總裁

經筵講官太子少傅東閣大學士兼戶部尚書臣梁國治

經筵講官戶部侍郎今任戶部尚書兼管順天府府尹臣曹文埴

經筵講官吏部侍郎今任禮部尚書臣彭元瑞
經筵講官吏部侍郎今任兵部尚書臣王杰
戶部侍郎今任工部尚書總管內務府大臣臣金簡
經筵講官戶部侍郎臣董誥
原任經筵講官文淵閣直閣事詹事府少詹事續任禮部侍郎臣陸費墀
兵部侍郎今任江蘇學政臣沈初
總纂
文淵閣直閣事兵部侍郎今任都察院左都御史臣紀昀
文淵閣直閣事大理寺卿今任光祿寺卿福建學政臣陸錫熊
太常寺少卿今任兩廣總督臣孫士毅
總校
原任經筵講官文淵閣直閣事詹事府少詹事續任禮部侍郎臣陸費墀
提調

日講起居注官 文淵閣校理翰林院侍講學士今任翰林院侍讀臣德　昌
文淵閣校理翰林院編修今任京畿道監察御史臣百　齡
軍機處行走刑部郎中臣范　鏊
原任軍機處行走工部郎中臣蔣謝庭
纂修
翰林院庶吉士今任翰林院編修臣馮集梧
內閣中書今任宗人府主事臣鮑之鍾
內閣中書臣顧宗泰
臣沈叔埏
臣周有聲
進士今任內閣中書臣柴　模
臣吳樹萱
進士今候補內閣中書臣張經田

進士今候選知縣臣范澐
收掌
原任翰林院筆帖式臣約宗武
翰林院筆帖式臣兆顯
臣赫倫泰
臣朝樂

欽定歷代職官表目錄

藩屬各官
卷七十二
土司各官

欽定歷代職官表卷一

宗人府表

	宗令	左右宗正
三代	小宗伯所掌	
秦漢	宗正	
漢	宗伯	
後漢	宗正卿	
三國	魏宗正卿	
晉	宗正卿	
宋齊梁陳	宗正卿	
北魏	宗正卿	
北齊	宗正卿	
後周	宗師中大夫	
隋	宗正卿	
唐	宗正寺卿	
五季	宗正卿	
宋	宗正寺卿大宗正司知大宗正	大宗正司同知大宗正
遼	大特哩袞司特哩袞	知特哩袞司事
金	大宗正府判大宗正事	同判大宗正事
元	大宗正府扎爾呼齊	
明	宗人令	左右宗正

左右宗人	府丞	左右司理事官
	宗正丞	
	宗正丞	
	魏宗正丞	
	宗正丞	
	宗正丞	
宗正少卿	宗正丞	
宗正少卿	宗正丞	
宗正少卿	宗正寺丞	
宗正少卿	宗正寺丞大宗正司丞	
特哩袞司事		
同簽大宗正事	大宗正府丞	
		大宗正府郎中
左右宗人		

左右司副理事官	左右司主事	經歷
		宗正主簿
		宗正主簿
		宗正寺主簿
		宗正寺主簿
		大宗正府檢法
大宗正府員外郎	大宗正府都事	大宗正府管勾
		宗人府經歷

堂主事	筆帖式	
	宗正寺史	
大宗正府知事		
	大宗正府掾史蒙古筆且齊	

宗人府

國朝官制

宗令一人左右宗正各一人左右宗人各一人

並順治九年置掌

皇族之屬籍以時修輯

玉牒辨昭穆序爵祿均其惠養而布之教令凡親疏之屬胥受治焉初制宗令以親王郡王統理宗正以貝勒貝子兼攝宗人以鎮國輔國公及將軍兼攝後擇賢任使不復以封爵爲限

府丞漢人一人正三品

順治九年置掌校理漢文冊籍初制有覺羅啓心郎二員漢軍啓心郎二員與府丞均爲正官康熙十二年裁啓心郎惟設府丞一員

左右司理事官宗室各二人初制三品後改爲四品康熙二十二年定爲正五品

副理事官宗室各二人初制從四品康熙二十二年定爲從五品

分掌左右翼覺羅之籍並書其子女適庶生卒婚嫁官爵名諡以備
玉牒紀載凡承襲次序秩俸等差及養給貧幼優恤婚喪之事時爲稽核綜理
焉初設郎中六員員外郎四員主事四員康熙十二年始分隸左右兩司
三十八年兩司各裁郎中一員雍正二年改郎中爲理事官改員外郎爲
副理事官惟主事仍舊名初制皆以覺羅爲之後以覺羅滿洲參用雍正
二年定以宗室滿洲參用乾隆二十九年准府丞儲麟趾奏定理事官以
下筆帖式以上悉以宗室爲之
經歷宗室二人正六品
順治九年置掌出納文書初制經歷三員其二員參用宗室滿洲一員用
漢人康熙三十八年裁漢經歷一員乾隆二十九年定制以宗室爲之
堂主事宗室二人初制四品康熙九年定爲正六品 漢人二人正六品
堂主事順治九年置二人掌奏疏稿案初制以宗室滿洲參用乾隆二十
九年定制以宗室爲之漢人主事雍正元年增置掌漢文冊籍

筆帖式宗室二十四人並支七品俸

順治九年置掌繙譯文書初制以宗室滿洲參用乾隆二十年定制以宗

室爲之

歷代建置

三代

〈周禮春官〉小宗伯掌三族之別以辨親疏其正室皆謂之門子掌其政

令〈鄭康成注〉三族謂父子孫人屬之正記曰親親以三爲五以五爲九正室適子將代父當門者也政令謂役守之事

謹案漢書百官表宗正注應劭曰周成王時彤伯入爲宗正師古注云

彤伯爲宗伯不謂之宗正但考初學記玉海引宋百官春秋曰周受命

封建宗盟始選其宗室之長而董正之謂之宗正成王時彤伯入爲宗

正掌王親屬是也據此諸書皆以爲周有宗正師古雖謂彤伯不爲宗

正而未嘗謂周無宗正也玉海引逸周書嘗麥篇太祝以王命作筴筴

告宗正則周有宗正其證又在漢百官表注及宋百官春秋之前惟不

見經典正文故不列於表至周禮小宗伯掌三族之別實與今宗正職掌相符故玉海於宗正一官引此爲證考魏風殊異乎公族鄭箋云公族主君同姓昭穆又考魯語曰宗室之謀不過宗人韋昭注謂此宗人則上宗官也亦用同姓若漢宗正用諸劉矣夫侯國尚有公族之官況天子乎王應麟謂燕義周天子有庶子官卽今之宗正惠士奇謂周禮諸子卽春秋之公族大夫然儀禮燕禮注云庶子世子之官而夏官諸子掌國子之倅亦不專掌公族之子弟與今宗正職未爲盡合今姑取小宗伯所掌列之於表而玉海所引嘗麥篇宗正之名亦附著於此焉

秦

（杜佑通典）秦置宗正掌親屬

（王應麟玉海）秦始以宗正列九卿掌親屬而宗廟之事屬之奉常

漢

（漢書百官公卿表）宗正秦官掌親屬有丞平帝元始四年更名宗伯屬

官有都司空令丞如淳曰律司空主水及罪人內官長丞又諸公主家令門尉皆屬焉

王莽幷其官於秩宗初內官屬少府中屬主爵後屬宗正

謹案都司空令丞如淳註稱主罪人蓋治獄之官今宗室覺羅有犯雖

宗人府主其罰然無專官故都司空等不列於表至內官長丞兼治掖

庭公主家令門尉兼治戚里皆以事相關涉故使兼隸非宗正所屬之

正官故亦不列於表又通典載元始元年於郡國置宗師以糾皇室親

族世氏致教訓焉選有德義者爲之有冤失職者宗師得因郵亭上書

宗伯請以聞注曰爲書付郵亭令送至宗伯蓋其時諸王各就國故各設官以統之其

制亦今之所無謹附載其名於此

〈漢書高帝紀〉七年置宗正官以序九族

〈荀悅漢紀〉宗正掌視親屬官

〈唐六典〉漢宗正之官不以他族楚元王子郢客辟疆德等遞爲之

〈古今攷東萊大事紀〉高帝七年書置宗正官以序九族高帝表無其人

高帝紀七年二月書自櫟陽徙都長安置宗正官以敘九族表高后二年
始見除劉郢客當是史失初姓
謹案高帝七年雖置宗正而未命其人故表不載表既詳於高后二年
安得於高帝七年遂失姓名乎
〔玉海〕高后二年上邳侯郢客景元二年平陸侯禮三年德侯通元狩四
年沈猷侯受爲宗正坐聽請不具宗室論始元二年光祿大夫辟彊元鳳
元年大中大夫德初元元年諫大夫更生竟寧元年陽城侯慶忌元始元
年宗正容更爲宗伯永平三年劉平建初二年般永元十三年愷爲宗正
建初中劉軼爲宗正遂世掌焉矩寵佑
謹案玉海此條蓋統括百官表而閒有脫遺如百官表載元朔四年劉
棄元鼎四年劉安國五鳳二年劉丁永光四年劉臨始元三年劉通河
平三年劉順陽朔元年劉武成鴻嘉元年劉慶忌永始三年劉宅人建
平四年劉容皆表具而玉海失載者也

（玉海）周諸子掌戒令教法至于辨世繫辨昭穆則掌之小史漢宗正徒掌屬籍而教養之法未聞

謹案玉海謂漢宗正徒掌屬籍而教養之法未聞然攷揚雄宗正箴曰巍巍帝堯欽親九族禮有攸訓屬有攸籍既云禮有攸訓則兼教養之法矣後漢書劉般爲宗正在位數言政事其收恤九族行義尤著收恤九族卽宗正之教養也前漢紀公卿議遣宗正治衡山王又遣宗正問江都王則宗正所綜理者多矣王應麟謂漢宗正卽周之諸子諸子既爲政于公族宗正安得不掌教養之政乎如以爲徒掌屬籍則非也

（唐六典）光武復置宗正

（後漢書百官志）宗正卿一人中二千石掌序錄王國嫡庶之次及諸宗室親屬遠近郡國歲因計上宗室名籍若有犯法當髡以上先上諸宗正宗正以聞乃報決胡廣曰人歲一治諸王世譜差序秩第漢官儀曰官吏四十一人其六人四科一人二百石四人百石三人佐六人騎吏二人法家十八人學事一人官醫丞一人比千石諸公主每主家令一人六百石丞

一人三百石其餘屬吏增減無常漢書曰主簿一人秩六百石僕一人秩六百石私府長一人秩六百石家丞一人三百石直吏三人從官一人東觀書曰其主薨無子置傅一人守其家中興省都司空令丞

（通典）宗正兩漢皆以皇族爲之不以他族

（謝維新合璧事類）通鑑分紀曰漢宗正丞用皇族

魏

（三國魏志）建安二十一年始置宗正之官

（唐六典）宗正卿魏亦以宗室居之

晉

（徐堅初學記）晉曰大宗正

（晉書職官志）宗正統皇族宗人譜牒又統太醫令史又有司牧掾員及渡江哀帝省幷太常太醫以給門下省

謹案太醫司牧蓋皆所兼隸之雜流今各有所隸故不列於表

（通典）晉兼以庶姓山公啓事曰羊祜忠篤寬厚然不長理劇宗正卿缺不審可轉作否咸寧三年又置宗

師以扶風王亮爲之使皇室戚屬奉率德義所有施行必令諮之
謹案宗師之名同於漢制而職位尊卑則迥殊晉書百官志不載但考
晉書扶風王亮爲宗師梁王肜亦爲宗師彭城王領太宗師晉之爲宗
師者不一其人則有經制之額可知通典明云咸寧三年置宗師玉海
謂東晉始省而百官志不載亦史氏之闕也

宋齊梁陳

〔唐六典〕宋齊並不置梁天監七年乃置焉宗正春卿位視列曹尙書皆
以宗室爲之班第十二陳因之

〔隋書百官志〕梁置宗正卿位視列曹尙書主皇室外戚之籍以宗室爲
之

〔初學記〕梁加卿字除大字曰宗正卿

謹案隸續載漢中山相嶭君成平侯劉君斷碑有云巴郡太守宗正卿
下闕釋云百官志太傅上公一人太尉公一人太常卿一人蓋史氏用周

官之法紀傳所書居三紀之官皆不書以公卿字惟孔廟碑稱吳雄爲司徒公趙戒爲司空公衡方碑題云衞尉卿與此碑所題宗正卿乃遣詞揮翰者益之後世以卿名其官則自蕭梁始今考初學記引五代史百官志云至梁加卿字除大字曰宗正卿與洪氏之說可以相證

北魏

〔北魏書官氏志〕有宗正太和中初置少卿

〔洛陽伽藍記〕國子南有宗正寺

〔唐六典〕後魏亦曰宗正卿

〔通典〕後魏有宗正卿少卿

〔太平御覽〕後魏職令曰宗正卿第四品上第三

北齊

〔隋書百官志〕後齊有大宗正寺掌宗室屬籍統皇子王國諸王國諸長

公主家

後周

（通典）後周有宗師中大夫（掌皇族定世系辨昭穆訓以孝悌）屬大冢宰

隋

（隋書百官志）隋置宗正卿少卿各一人丞二人主簿二人錄事二人

（初學記）北齊又加大字隋又除之

唐

（舊唐書職官志）宗正寺卿一員（從三品上）少卿二員（從四品上）丞二人（從六品上）主簿一人（從七品上）錄事一人（從九品上）府五人史九人亭長四人掌固四人卿之職掌九族六親之屬籍以別昭穆之序幷領崇元署少卿爲之貳九廟之子孫繼統爲宗餘曰族凡大祭祀及冊命朝會之禮皇親諸親應陪位預會者則爲之簿書以申司封若皇親爲三公子孫應襲封者亦如之丞掌判寺事主簿掌印勾檢稽失錄事掌受事發辰

（新唐書百官志）宗正寺卿一人少卿二人丞二人掌天子族親屬籍以

別昭穆領陵臺崇元二署凡親有五等先定於司封主簿二人知圖譜官
二人修玉牒官一人知宗子表疏官一人錄事一人
謹案宗正卿所屬新舊唐書所載微有不同志不詳建置年月其執爲
舊制孰爲改制已不可知今並存以資考核又新唐志稱宗正寺領陵
臺崇元二署其陵臺署諸陵臺令各一人丞各一人建初啓運興寧永
康陵令各一人丞各一人掌守衞山陵諸太子廟令各一人丞各一人
錄事各一人掌灑掃開閤之節四時享祭事諸太子陵令各一人丞各
一人錄事各一人舊唐志不載蓋後又改隸今其職並隸禮部太常寺
故不列於宗人府建置之中其崇元署令一人丞一人府二人史三人
典事六人掌固二人掌京都諸觀名數與道士帳籍齋醮之事新羅日
本僧入朝學問九年不還者編諸籍道士女冠僧尼見天子必拜每三
歲州縣爲籍一以留縣一以留州僧尼一以上祠部道士女冠一以上
宗正一以上司封其制尤爲謬戾馬端臨文獻通考曰崇元署一官唐

創之以司道教而必屬之宗正司者蓋唐以老氏爲始祖則崇其教者
亦以爲尊祖宗之事也云云今考唐景龍三年法琬法師碑稱法琬爲
中宗之三從姑開元十七年與唐寺主居法澄塔銘稱彭王嗣畹女密
多羅案密多羅原石刻誤作彌多羅今改正出家爲法澄弟子資治通鑑稱景雲元年十
二月上以二女西城隆昌二公主爲女冠以資天皇太后之福其他見
於史傳者不一則崇元署所謂掌諸觀名數者當即指入道爲尼之宗
屬因而連及所統寺觀之道士因而連及於天下道士亦隸宗正寺耳
此一時之粃政前無師承後無沿襲殊非官制之正今削之不錄而附
載其名於此焉
〔唐六典〕宗正卿掌皇九族六族之屬籍以別昭穆之序紀親疏之列幷
領崇元署少卿爲之貳
謹案唐會要永徽二年九月二十一日問宗正卿李博乂曰諸親有除
屬者曰屬疏故除總三百餘人上曰服屬雖疏理不可降宜依舊編入

屬籍天寶元年七月二十三日詔涼武昭王四公子孫並編入屬籍唐會要此條可爲宗正屬籍規式惟是李勣賜姓亦附宗正屬籍則唐宗正所掌遂及異姓未足爲法也

（太平御覽）唐書官品志曰案太平御覽所引唐書官品志甚多與新書百官志互異乃別一書宗正卿位視列曹尚書以宗室爲之

（合璧事類）職林曰開元三十五年制宗正寺官屬皆以皇族爲之

謹案職林又載唐武德置宗師龍朔改曰司宗光宅爲司屬後復故掌皇族外戚簿籍及邑司名帳領諸陵太廟其名沿漢宗師之舊而職掌又異今無此官故不列於表

五季

（舊五代史）梁有宗正卿

（孫逢吉職官分紀）後唐同光元年置宗正大卿

（五代會要）周顯德五年閏七月宗正寺准奉勅節文刪集現行公事送

中書門下

謹案王溥此文知周亦名宗正寺然所列現行公事稱見管齋郎室長逐季候大饗捧饌行禮及出給每年行事歷子見管禮料庫收貯諸司納到諸壇廟祠祭禮料逐月給付逐季太廟并別廟祠祭祝版當寺於少府監諸領送祕書省書寫畢卻將應奉祠祭候年滿則將齋郎堂室長於每年八月印發文字解送赴南曹云云蓋其時兼領祭祀也

宋

（宋史職官志）宗正寺卿少卿丞主簿各一人卿掌敘宗派屬籍以別昭穆而定其親疏少卿爲之貳丞參領之宋初舊制置判寺事二人以宗姓兩制以上充闕則以宗姓朝官以上知丞事掌奉諸廟諸陵薦享之事司皇族之籍主簿一員以京官充元豐官制行詔宗正長貳不專用國姓蓋自有大宗正司以統皇族也渡江後卿不常置少卿一人以太常兼紹興三年復置少卿一人五年復置丞十年置主簿嘉定九年詔以宗學改隸

宗正司自此寺官又與校試之事大宗正司景祐三年始置司以皇兄寧江軍節度使濮王知大宗正司事皇姪彰化軍節度使觀察留後守節同知大宗正事元豐正名仍置知及同知官各一人選宗室團練觀察使以上有德望者充丞二人以文臣京朝官以上充掌糾合族藩而訓之以德行道藝受其詞訟而糾正其愆違有罪則先劾以聞法例不能決者同上殿取裁歲錄存亡之數報宗正寺凡宗室服屬遠近之數及其賞罰規式皆總之官屬有記室一人掌牋奏講書教授十有二人分位講授兼領小學之事舊例擇宗室賢者爲知大宗正事次一人爲同知其後位高屬尊者爲判熙寧三年始以異姓朝臣二員知丞事置局爲睦親廣賢宅崇寧三年置南外宗正司於南京西外宗正司於西京各置敦宗院仍詔各擇宗室之賢者一人爲知宗掌外居宗室詔復定宗學博士正錄員數玉牒所淳化六年始設局置官詔以皇宋玉牒爲名建玉牒殿以知制誥劉筠夏竦爲修玉牒官自後置一員或二員元豐官制行分隸宗正寺官寺丞

王鞏奏玉牒十年一進並以學士典領南渡後紹興十二年始建玉牒所
提舉一人或二人以宰相執政爲之以侍從官一人兼修宗正卿少而下
同修纂
〔李心傳建炎以來朝野雜記〕知大宗正事仁宗始置用太祖太宗之後
屬近行尊者各一人
〔職官分紀〕玉牒所熙寧三年於三班院置局後徙編修院
謹案宋制掌皇族之政者有宗正寺有大宗正司有宗學有玉牒所有
外宗正司宗正寺掌別屬籍之親疏大宗正司掌訓導宗子而司其賞
罰觀其歲錄存亡之數報宗正寺則截然分掌可知今制併而一之故
表中二職並列其宗學之制與今略同然今制稽察宗學爲王公大臣
所兼攝其教習亦不載於官制故不列於表至玉牒所古有常職今則
十年恭修一次其總裁纂修諸官由他職兼領事竣則撤其館法例迥
異故亦不列於表若其外宗正司則與漢時宗師之制同故併不錄焉

（陸游老學庵筆記）宗正卿少卿祖宗因唐故事必以國姓爲之然不必
宗室也元豐中始兼用庶姓而知大宗正事始於濮安懿王始權任甚重
後頗鐫損云
（葉夢得石林燕語）唐宗正卿皆以皇族爲之本朝踵唐故事而止命同
姓慶歷初始置大宗正司以北海郡王允弼爲知大宗正事其後相承皆
以宗室領治平元年英宗以宗數倍多於前乃命增置同知大宗正司一
員亦以懷州團練使宗惠爲之迄今以爲故事熙寧三年復置丞二員以
命外官
（玉海）開寶六年正月以千牛衛將軍趙崇濟爲宗正寺少卿景德二年
命趙湘趙稹同判宗正寺祥符九年趙安仁兼卿世長知寺事二月王旦
請命丞郎以上兼卿給舍以下兼少卿郎中以上兼丞京官兼主簿以爲
永制天禧元年趙鼎爲主簿慶曆四年七月辛巳趙概判宗正寺元豐六
年九月十一日詔除長貳外自今不專用國姓（志）大宗正司統皇族故寺長貳不專以國姓分案二

設史六建炎三年四月省以常少兼紹興二年十二月復置少卿四年以命范沖

景祐三年丙子七月十九日乙未初置大宗正司以寧江節度濮王知大宗正事彰化軍留後守節同知大宗正事時諸王子孫衆多聚居大第故於祖宗後各擇一人使司訓導糾違失凡宗族政令皆掌之奏事毋得先達先委詳酌而後聞八月庚戌知大宗正事請宗室每朝罷各就聽讀從之寶元二年七月二十一日允弼同知大宗正事至和二年六月戊子朔增允良同知未幾罷九月以知大宗正濮王爲判同知允弼爲同判治平元年六月丁未十三日增置同知大宗正事一員以宗惠爲之熙寧三年二月丙寅詔大宗正司置丞二人以張稚圭李德芻爲之上曰或言丞不用庶姓王安石錄春秋公族大夫等事以進元豐之制以宗室團練以上有德望者爲長而一人貳之若位高屬尊則爲判志元豐五年二月十五日宗惠封江夏郡王知大宗正徽宗時仲忽判大宗正嘉定以嗣秀王兼總大宗正

謹案玉海此條可與宋職官志詳略互證考石林燕語謂慶曆初始置

大宗正司玉海謂景祐三年七月十九日乙未初置大宗正司確有月日可證石林燕語之誤宋職官志與玉海同

遼

〔契丹國志〕特哩袞（原本作惕隱今改正）宗正寺也

〔遼史百官志〕大特哩袞司太祖置掌皇族之政教與宗重熙二十二年耶律義先拜特哩袞戒族人曰國家三父房最屬貴族凡天下風化之所自出不孝不義雖小不可爲其妻晉國長公主之女每見中表必具禮服義先以身率先國俗化之遼國設官之實於此可見太祖有國首設此官其後百官擇人必先宗姓特哩袞亦曰德爾吉（原本作梯里已今改正）知特哩袞司事特哩袞司事南面官宗正寺職在大特哩袞司

金

〔金史百官志〕大宗正府泰和六年避睿宗諱改爲大睦親府判大宗正事一員從一品皇族中屬親者充掌敦睦糾率宗屬欽奉王命泰和六年

改爲大睦親事同判大宗正事一員從二品泰和六年改爲同判大睦親事同簽大宗正一員正三品以宗室充（大定元年置）泰和六年改爲同簽大睦親事大宗正丞二員從四品一員於宗室中選能幹者充一員不限親疏分司上京長貳兼管治臨潢以東六司屬泰和六年改爲大睦親丞知事一員從七品檢法從八品諸宗室將軍正七品上京東烏塔（原本作温式今改正）二處皆有之世宗時始命遷官其戶凡百二十明昌二年更名四司屬設令丞承安二年以令隨朝司令正七品丞正八品中都上京哲爾袞（原本作扎里瓜今改正）合右西南梅堅寨扶餘（原本作蒲與今改正）臨潢泰州金山等處置屬大宗正府

（大金國志）天會十三年大宗正府置判同簽書事

謹案金大宗正府史但載明昌六年之改名而未著置於何年宇文懋昭大金國志書雖僞託然亦雜採諸家記載而成必有所據觀其稱置判同簽書事在太宗十三年乙卯（是年熙宗即位仍稱天會十三年）則自金初有之矣

故並存其說以補史之闕焉

元

〔元史百官志〕大宗正府秩從一品國初未有官制首置斷事官曰扎爾呼齊（原本作扎魯忽赤今改正）會決庶務凡諸王駙馬投下蒙古色目人等應犯一切公事及漢人姦盜詐僞蠱毒厭魅誘掠逃驅輕罪重囚及邊遠出征官吏每歲從駕分司上都存留住冬諸事悉掌之至元二年置十員三年置八員九年降從一品銀印止理蒙古公事以諸王爲府長餘悉御位下及諸王之有國者又有集賽（原本作怯薛今改正）人員奉旨署事別無頒受宣命十四年置十四員十五年置十三員二十一年置二十一員二十二年增至三十四員二十八年增至四十六員大德四年省五員十一年省十一員皇慶元年省二員以漢人刑名歸刑部泰定元年復命兼理置扎爾呼齊四十二員令史改爲掾史致和元年以上都大都所屬蒙古人幷集賽軍站色目與漢人相犯者歸宗正府處斷其餘路府州縣漢人蒙古色目詞訟悉

歸有司刑部掌管正官扎爾呼齊四十三員從一品郎中一員從五品員外郎二員從六品都事二員從七品承發架閣庫管勾一員從八品掾史十人蒙古筆且齊（原本作必闍赤今改正）十三人通事知印各三人宣使十人蒙古書寫一人典吏三人庫子一人醫人一人司獄一人

謹案元大宗正府扎爾呼齊兼治一切刑政非掌皇族之專官續文獻通考至元二十二年哈喇哈斯（原作哈喇哈孫今改正）由掌宿衛拜大宗正用法平允時欲以江南獄隸宗正哈喇哈斯曰江南新附教令未孚且相去數千里欲遙制其刑獄得無冤乎遂止則元初宗正寺且遙領諸路刑獄矣蓋其時分農土統部帳者大抵皆皇族國戚故獄訟案牘率關涉於宗正府而治其事者從一品之大臣多至三四十人也迨後天下大定乃以內事還之刑部外事還之路府州縣耳其官雖與宗正有殊其所職亦與宗正稍異然其名則治宗正之舊故併列於表以存一代之制至四十二員秩皆從一品雜然治事勢必不行意其必區以長貳或

分以曹司但史文簡略不可復詳以皆大宗正府之長故列表於宗令之下而附著其變例之由焉

明

明史職官志宗人府宗人令一人左右宗正各一人左右宗人各一人（並正一品）掌皇九族之屬籍以時修其玉牒書宗室子之適庶名封嗣襲生卒婚嫁諡葬之事凡宗室陳請爲聞于上選材能錄罪過初洪武三年置大宗正院二十二年改爲宗人府並以親王領之（秦王樉爲令晉王棡燕王棣爲左右宗正周王橚楚王楨爲左右宗人）其後以勳戚大臣攝府事不備官而所領亦盡移之禮部其屬經歷司經歷一人（正五品）典出納文移

謹案明史職官志尚載有南京宗人府經歷司經歷一員而無宗令等官考明會典永樂十八年改洪武中所置宗人府爲南京宗人府不復降印惟改降經歷司印與南京各衙門行移盡姑以備陪京之制與元之上京分司名爲別署實卽正員者迥殊故今刪之不錄僅附存於此

欽定歷代職官表卷一

欽定歷代職官表卷二

內閣表

	大學士
三代	相
秦	丞相 相國
漢	相國 丞相 大司徒 大司馬 大司空
後漢	太尉 司徒 司空 尚書令
三國	蜀漢 丞相 尚書令 魏 司徒 大丞相 相國 中書監 中書令 吳 左右丞相
晉	丞相 相國 司徒 中書監 中書令
宋齊梁陳	丞相 相國 尚書令 左右僕射 侍中 中書監 中書令
北魏	丞相 司徒 侍中 尚書令 中書監
北齊	丞相 侍中 尚書令 中書監
後周	大丞相 大冢宰
隋	內史 納言
唐	尚書令 納言 內史令 中書令 侍中 左右僕射 同中書門下三品 左相 右相 同中書門下平章事
五季	同中書門下平章事
宋	同中書門下平章事 左右僕射 太宰 少宰 左右丞相
遼	南北府左宰相 南北府右宰相 中書令 左丞相 右丞相 知中書省事 同中書門下平章事 左右僕射 侍中
金	尚書令 左丞相 右丞相 平章政事 左右僕射 領三省事 侍中 中書令
元	中書令 左丞相 右丞相 平章政事 平章軍國重事
明	中書左丞相 中書右丞相 內閣大學士 案明自胡惟庸謀逆始罷丞相官尋

	協辦大學士	內閣學士兼禮部侍郎
		通事郎 中書侍郎
		中書侍郎
		中書舍人 中書通事舍人
		中書侍郎
		內史中大夫
	尚書參掌機事	
		門下中書侍郎 中書舍人
		門下中書侍郎 中書舍人
	參知政事 左丞 右丞	門下侍郎
南北府總知軍國事	南北府知國事 參知政事 左丞 右丞	門下侍郎
	左丞 右丞 參知政事	中書舍人
	右丞 左丞 參政 昭文大學士與中書省事	
改內閣說詳後		掌誥勅學士兼禮部侍郎 知誥勅學士

侍讀學士	侍讀	典籍
丞相府長史		
三公府長史		
中書都檢正	中書檢正	三省架閣官
	尚書省都事	尚書省架閣庫管勾
參議中書省事	中書省檢校官	中書省架閣庫管勾 中書省管勾

中書	中書科中書
誥勅房中書舍人	中書科中書舍人
制誥房中書舍人	官告院主管官
直省舍人	

謹案內閣職司票擬其官稱自明初原不過如知制誥之翰林並非古宰相之職而由明以溯歷代其所謂秉鈞大臣者官號升降亦復代不相沿蓋嘗綜而論之自舜納大麓禹宅百揆見於尚書亦越成周有三公論道經邦之文尚無所謂相卽說命左傳所載傅說爰立作相齊慶封爲左相之類亦僅取其佐相之義而非實有是官號也自秦置丞相

相國以助理萬幾漢代因之始稱爲宰相之職迨東漢安帝時衆務悉由尚書魏文帝又置中書監令自是事歸臺閣歷南北兩朝皆以中書監侍中尚書令僕射諸官參掌機密並無常職其事雖宰相之事其官已非宰相之官矣唐則中書令侍中尚書令僅存虛名而以他官之同中書門下平章事者爲丞弼之任宋以後或稱僕射或稱丞相而所謂丞相者或繫中書省或繫尚書省更革不一中閒雖偶襲相名而要其實亦祇三省長官迥非秦漢之丞相可比特其職既綜理省務則六尚書悉爲其統轄百司庶府之事皆當聽中書門下之裁決而後上聞故自唐以來僉壬在位者猶得以竊政而蠹國也明初尚沿舊制置中書左右丞相自胡惟庸謀逆事覺始革中書省歸其政於六部歷代所謂宰相之官由此遂廢不設雖嘗仿唐宋集賢資政之制置大學士亦僅備顧問並不與知國政至成祖肇置內閣始以翰林入直洊升大學士然秩止五品而已仁宣以後大學士往往晉階保傅品位尊崇閣權漸

重用非其人閎有倒持太阿授之柄者而核其司存所在不特非秦漢
丞相之官亦犿非漢唐以來三省之職任矣至漢制以御史大夫遞遷
丞相故謂之副相實則專掌舉劾不司鈞軸宋代始置參知政事下宰
相一等爲今協辦大學士權輿所自然宋之參政乃政府正員而今協
辦職本尙書誠如
聖訓不過御史裏行學士裏行之類與宋制亦殊有差別總之鈞衡近地職參
密勿其事權之屬與不屬原不係乎宰相之名而惟視乎人主之威柄
以爲操縱伏讀
御製書程頤論經筵劄子後有云夫用宰相者非人君其誰爲之使爲人君者
但深居高處自修其德惟以天下之治亂付之宰相己不過問幸而所用若
韓范猶不免有上殿之相爭設不幸而所用若王呂天下豈有不亂者此不
可也且使爲宰相者居然以天下之治亂爲己任而目無其君此尤大不可
也大哉

王言垂訓深切蓋惟萬幾親理則雖丞相亦克效寅恭若魁柄下移則卽大學
士亦可潛操威福歷朝置相互有重輕其得失咸準諸此我
國家宮府肅清
乾綱獨攬夐軼萬世班朝莅政無不欽承
宸斷凡備員綸閣者惟知恪奉官常董正鴻規永昭典則而追尋往制端緒棼
繁治忽所關鑒誡斯在謹先闡繹
聖訓撮敘大凡以明綱領至歷代沿革之由則仍詳考於各本條下焉

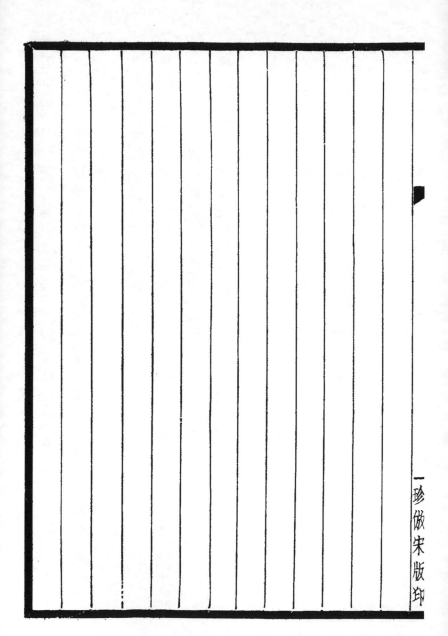

內閣上

國朝官制

大學士滿洲漢人各二人初定滿洲一品漢人二品順治十五年改俱爲正二品雍正八年俱升爲正一品

大學士均由

特簡贊理機務表率百僚補授後請

旨兼殿閣及六部尚書銜殿閣名凡六曰

保和殿

文華殿

武英殿

體仁閣

文淵閣

東閣舊制殿名四閣名二乾隆十三年省中和殿銜增入體仁閣銜爲殿閣名各三

國初置文館天聰十年改爲內三院曰內國史院曰內祕書院曰內弘文院

各設大學士一人分其事爲職掌內國史院掌記注詔令編纂史書及撰擬諸表章之屬內秘書院掌撰外
國往來書狀及敕諭祭文之屬內弘文院掌注釋歷代行事善惡勸講御前侍講皇子並教諸親王及德行制度之屬順治元
年增設學士二年定爲正二品衙門以翰林院官分隸內三院稱內翰林
國史院內翰林秘書院內翰林弘文院增設侍讀學士侍讀等官九年設
典籍十五年改內三院爲內閣其大學士俱改內閣銜仍分設翰林院十
六年裁學士侍讀等官十八年復改內閣爲內國史院內秘書院內弘文
院裁翰林院康熙九年仍改爲內閣另設翰林院如舊制十年仍補學士
以下等官滿漢大學士順治元年設六員不備官康熙閒率用四員雍正
年多用至六員乾隆十三年定制滿漢各二員

尚書協辦大學士滿洲漢人各一人俱從尚書本銜爲從一品
以六部尚書
簡充自雍正年以來初置與大學士同釐閣務

學士兼禮部侍郎銜滿洲六人漢人四人初定滿洲漢軍二品漢人三品順治十五年改俱爲正五品尋以兼禮部

侍郎銜改爲正三品雍正八年升爲從二品

掌敷奏本章傳宣

綸綍初制置滿洲學士三員漢軍三員自順治元年以後增減不一康熙九年定滿洲學士二員十年增四員又定漢軍二員漢人二員十二年以漢軍併於漢缺共四員俱兼禮部侍郎銜

侍讀學士滿洲四人蒙古二人漢人二人初制三品後改爲從五品雍正三年定爲從四品

掌收發本章總稽繙譯順治二年置初兼太常寺卿銜後停兼銜八年設滿洲侍讀學士三員漢軍侍讀學士三員十八年增滿洲侍讀學士三員蒙古侍讀學士三員康熙九年定制滿洲侍讀學士滿文二員漢文二員共四員蒙古侍讀學士二員漢軍侍讀學士二員乾隆十四年改定漢軍侍讀學士缺出以漢軍漢人通行銓補

侍讀滿洲十人蒙古漢軍漢人各二人初制四品後改爲正六品

掌勘對本章檢校籤票順治二年置初兼太常寺少卿光祿寺少卿銜尋

停兼銜滿洲侍讀初設滿文五員滿漢文六員共十一員康熙三十八年省滿文一員滿漢文二員共八員旋復增二員爲十員雍正四年置漢侍讀二員

典籍滿洲漢軍漢人各二人正七品

掌收貯圖籍出納文移內閣爲典掌絲綸之地自大學士以下皆不置印惟典籍給印以鈐往來文牒順治九年置初各設三員康熙九年定各設二員俱以中書舍人掌理

中書滿洲七十人蒙古十有六人漢軍八人漢人三十人貼寫中書滿洲四十人蒙古六人從七品

掌撰擬紀載繙譯繕書之事順治十六年置滿洲中書初設清文撰文二十員辦事二十員清漢文撰文十七員辦事十八員共七十五員康熙三十八年省清文撰文辦事各一員清漢文撰文一員辦事二員共七十員蒙古中書初設撰文九員辦事十員共十九員康熙三十八年省撰文一員辦事二員共十六員漢軍中書初設撰文五員辦事八員共十三員康

熙三十八年省撰文一員辦事四員共八員漢人中書初設撰文六員辦

事三十員共三十六員康熙三十八年省四員乾隆十三年又省二員共

三十員

中書科中書舍人滿洲二人漢人四人從七品

掌書

誥

勅初設滿洲中書舍人一員漢人中書舍人八員乾隆十三年省漢人中書舍

人四員十四年增滿洲中書舍人一員

謹案內閣自侍讀學士以下辦理本章分爲五所曰滿本房專司繕寫

清字校正清文曰漢本房專司繙譯清漢文曰蒙古本房專司繙譯外

藩章奏及繕寫頒行西番屬國

詔勅曰滿票籤處曰漢票籤處專司繕寫清漢票籤記載

諭旨及撰文之事又有稽察房稽察各部院遲延事件月終彙奏大學士酌委

侍讀學士侍讀中書兼司之又稽察欽奉

上諭事件處雍正八年置以滿洲漢人大學士各部院堂官兼領其文移鈐以典籍印以上各處雖非設有專官而職守所存均關綸扉典則謹識於此

歷代建置上（三代至後周）

三代

（晉書職官志）成湯居亳初置二相以伊尹仲虺爲之（伊尹號爲阿衡仲虺臣名爲湯左相）

謹案管子稱黃帝得六相而天地治神明至謂蚩尤大常奢龍祝融太封后土也路史稱舜得十六相而天地治謂八元八凱也其說皆出自子家附會不足憑信今並不取至成湯二相亦不過取輔相之義而非其官號然前代所置左右相實據此立名今故仍託始於殷代焉

（尚書說命）爰立作相王置諸其左右（孔安國傳）於是禮命立以爲相使在左右（蔡沈書集傳）置諸左右蓋以冢宰兼師保也

（尚書序）召公爲保周公爲師相成王爲左右（蘇軾書傳三公論道左右相任事周召以師保爲左右相）

謹案三代置相雖本左右輔相之義非設有是官然惟王朝得稱之至秦置丞相亦天子之制若春秋侯國準周制僅當置三卿乃左傳稱齊慶封爲左相史記齊世家崔杼爲右相以上卿執國柄者亦稱爲相淩越殊甚逮漢世而諸侯王皆得置相名實尤爲乖舛蓋自周衰禮廢僭濫相仍殊不足爲典則也

秦

（史記秦本紀）武王二年初置丞相樗里疾甘茂爲左右丞相（應劭曰丞者承也相者助也）

（杜佑通典）始皇尊立呂不韋爲相國則相國丞相皆秦官也（又漢官儀云皆六國時官）金印紫綬掌丞天子助理萬幾秦初有左右（荀悅曰秦本次國命卿二人是以置左右丞相無三公官）至二世復有中丞相

漢

〔漢書百官公卿表〕相國丞相皆秦官金印紫綬掌丞天子助理萬幾秦有左右高帝卽位置一丞相（杜佑曰高帝元年拜曹參爲假左丞相卽漢初丞相當有左右今言一丞相或漢書之誤）十一年更名相國綠綬孝惠高后置左右丞相文帝二年復置一丞相有兩長史秩千石（張湯傳殺臣者三長史也顏師古注兼有守者非正員故耳）哀帝元壽二年更名大司徒武帝元狩二年初置司直比二千石掌佐丞相舉不法

謹案丞相之名始於秦而始皇尊呂不韋爲特置相國則相國在丞相之上蓋猶後世之平章軍國重事也漢初丞相與相國迭爲廢置則不過一官異名與秦制少異迨魏既置丞相而司馬師兄弟復爲相國則仍尊於丞相矣又漢自文帝時周勃罷免陳平獨相遂專置一相武帝征和二年雖以劉屈氂爲左丞相分丞相長史爲兩府以待天下遠方之選然右相實未嘗授也

〔章如愚羣書考索〕漢初或因軍功而加丞相者樊噲酈商或假丞相之

名王應麟曰高帝三年以韓信爲左丞相曹參樊噲左酈商右皆借此名以出軍又尹恢以左丞相守淮陽又漢制常以列侯爲相自公孫宏以布衣數年登相位而後封平津侯

謹案樊噲酈商等假相名以出軍此即後世使相之始

(通典)成帝綏和元年御史大夫何武建言古者民謹事約國之輔佐必得賢聖然後則天三光備三公官三光日月星各有分職今末俗之弊政事煩多宰相之才不能及古而今丞相獨兼三公之事所以大化久未洽也宜建三公官定卿大夫之任分職授政以考功效於是上拜曲陽侯王根爲大司馬而何武自御史大夫改爲大司空皆金印紫綬比丞相則三公俱爲宰相

(唐六典)秦置丞相省司徒漢因之至哀帝元壽二年更名大司徒與大司馬大司空爲三公王應麟曰漢人見牧誓司馬司徒司空亞旅以爲古三公不知此乃爲諸侯時制

(漢書哀帝紀)元壽二年五月正三公官分職董賢爲大司馬孔光爲大司徒彭宣爲大司空

（太平御覽）漢官典職曰司徒本丞相官哀帝改爲大司徒主司徒衆劇五品府與蒼龍闕對厭於尊者不敢稱府也

謹案漢自霍光以大司馬大將軍平尙書事遂秉國政則未建三公以前丞相已屬具官特其虛名尙存故霍光傳奏事內丞相臣敞仍列於大司馬大將軍臣光之前也至元壽中正三公官於是大司馬徑居大司徒之上矣又案御史大夫漢時稱爲副相故杜佑以爲若同平章事參知機務之類然其所掌乃外督部刺史內受公卿奏事舉劾案章並非鈞衡之任今故仍入都察院表內不列於此焉

（通典）後漢廢丞相及御史大夫而以三公綜理衆務則三公復爲宰相

（後漢書百官志）太尉公一人本注曰掌四方兵事功課歲盡卽奏其殿最而行賞罰凡郊祀之事掌亞獻凡國有大造大疑則與司徒司空通而論之國有過事則與二公通諫爭之世祖卽位爲大司馬建武二十三年改爲太尉長史一人千石本注曰署諸曹事掾史屬二十四人本注曰漢舊注東西曹掾比四百石餘掾比三百石屬比二百石故曰公府掾比古元士三命者也或曰漢初掾史辟皆上言之故有秩比命士其所不言則爲百石屬其後皆自辟除故通爲百石云西曹主府史署用東曹主二千石長

史選除及軍吏戸曹主民戸祠祀農桑奏曹主奏議事辭曹主辭訟事法曹主郵驛科程事尉曹主卒徒轉運事賊曹主盜賊事決曹主罪法事兵曹主兵事金曹主貨幣鹽鐵事倉曹主倉穀事黃閣主簿錄省衆事令史及御屬二十三人本注曰漢舊注公令史百石自中興以後注不說石數御屬主為公御閣下令史主閣下威儀事記室令史主上章表報書記門令史主府門其餘令史各典曹文書○司徒公一人本注曰掌人民事凡教民孝悌遜順謙儉養生送死之事則議其制建其度凡四方民事功課歲盡則奏其殿最而行賞罰凡郊祀之事掌省牲視濯凡國有大疑大事與太尉同世祖即位為大司徒建武二十七年去大長史一人千石掾屬三十一人令史及御屬三十六人○司空公一人本注曰掌水土事凡營城起邑浚溝洫修墳防之事則議其利建其功凡四方水土功課歲盡則奏其殿最而行賞罰凡郊祀之事掌埽除樂器凡國有大造大疑諫爭與太尉同世祖即位為大司空建武二十七年去大屬長史一人千石掾屬三十一人令史及御屬四十二人

〔後漢書獻帝紀〕建安十三年罷三公官置丞相御史大夫曹操自為丞相杜佑曰後漢又有相國

謹案楊秉稱漢世故事三公之職無所不統語見後漢書列傳第四十四故其曹屬甚多自兵刑錢穀以及長吏選除皆歸三府之綜核後代宰相職任雖遞有更移而唐尚書都省之左右司宋中書門下之八房五房亦莫不

總轄庶務蓋自漢以來六曹皆宰相之統屬也自明革中書省析其事權歸之六部始得專達於天子而內閣惟司票擬之職與古制迥異矣今略採後漢志所載以見其凡而唐宋以後都省屬官則仍詳列於六部表內不復系之內閣云

（後漢書仲長統傳）光武矯枉過直政不任下雖置三公事歸臺閣（章懷太子注臺閣謂尚書也）自此以來三公之官備員而已

（永樂大典）續事始曰光武即位政事不任三公而盡歸臺閣三公皆擁虛器凡天下之事盡入尚書嘗見後漢羣臣章奏首云臣某奏疏尚書猶今言殿下陛下之類雖是不敢指斥而言亦足見其居要地而秉重權矣當時事無巨細皆是尚書行下三公或不經由三公徑下九卿故在東漢時不惟尚書之權重九卿之權亦重者此也（原注案光武不任三公事歸臺閣者蓋當時謂六尚書臺猶今言尚書者也）

（後漢書百官志）尚書令一人千石（本注曰承秦所置掌凡選署及奏下尚書曹文書衆事）尚書僕

射一人六百石本注曰署尙書事令不在則奏下衆事劉昭注曰獻帝分置左右僕射左右丞各一人四百

石本注曰掌錄文書期會左丞主吏民章服及騶伯史右丞假署印綬及紙筆墨諸財用庫藏

（太平御覽）漢官儀曰尙書令主贊奏總典綱紀無所不統秩千石故爲之者朝會不陛奏事增秩二千石天子所服五時衣賜尙書令其三公列卿將大夫五營校尉行複道中遇尙書令僕左右丞皆迴車預避衛士傳不得迕臺官臺官過乃得去

（歐陽詢藝文類聚）百官表曰尙書令銅印墨綬總攝諸曹出納王命敷奏萬幾

（永樂大典）漢制叢錄曰尙書蓋少府之屬本因秦制置之有令僕有丞郎西京之世爲尙書者權任猶輕自入東漢天下之政總歸尙書而三公具位則權任之重大異西京雖然章帝世韋彪上疏言天下樞要皆在尙書尙書之選豈可不重而間者多從郎官超升此位雖曉文法善於應對然察察小慧頗無大能宜簡嘗歷州宰素有名者觀此則知東漢尙書持

權甚重而選任猶輕非㝠典也
謹案後漢以尚書爲機衡之任故雖爲三公者亦必錄尚書事然後得知國政如趙熹牟融鄧彪徐防張禹李固之徒皆是然其時三公尚存輔弼虛名而爲尚書令者不過銅印墨綬未可遽指爲宰相亦猶明初大學士官止五品也逮至唐宋而令僕及左右丞遂爲宰執正官今故並列諸表若夫尚書及尚書郎之分掌曹務者則仍入六部表內茲不具載云

三國

〔三國蜀志〕先主章武元年以諸葛亮爲丞相許靖爲司徒後主建興十二年以蔣琬爲尚書令總統國事蔣琬本傳俄遷大將軍錄尚書事
謹案蜀漢旣有丞相又有司徒兩官並置與東西京稍異至蔣琬以尚書令知國政則猶沿東漢舊制以尚書爲機衡之任也
〔通典〕魏黃初元年改丞相爲司徒而文帝復置中書監令並掌機密自

是中書多爲樞機之任其後定制置大丞相第一品後又有相國齊王以司馬師爲之高貴鄉公以司馬昭爲之

〔晉書職官志〕魏武帝爲魏王置祕書令典尚書奏事文帝黃初初改爲中書置監令以祕書左丞劉放爲中書監右丞孫資爲中書令監令蓋自此始也又置通事郎次黃門郎

〔羣書考索〕魏文帝時置中書監令並掌機密自是中書多爲樞機之任其後或置丞相或相國或司徒而中書監令常掌機密多爲宰相之任於是權在中書

謹案中書之名肇於漢徐堅引謝靈運晉志稱以總掌禁中書記謂之中書者是也自魏設中書監令後世遂與尚書門下並稱三省均爲宰相之職然以今制考之尚書省職掌已分入六部門下省亦僅存給事中一官其內閣規制所承惟中書一省而已今故以尚書門下官制參載入六部六科表內而中書省官制則專列內閣一門謹發其凡於此

焉
（通典注）吳有左右丞相
晉
（晉書職官志）丞相相國並秦官也晉受魏禪並不置自惠帝之後省置無恆爲之者趙王倫梁王肜成都王穎南陽王保王敦王導之徒皆非復尋常人臣之職
（通典）晉惠帝永寧元年罷丞相復置司徒永昌元年罷司徒幷丞相則與司徒不並置矣（丞相與司徒廢置非一）其後或有相國或有丞相省置無恆而中書監令常管機要多爲宰相之任元帝渡江以王敦爲丞相轉司徒荀組爲太尉以司徒官屬幷丞相爲留府敦不受成帝以王導爲丞相罷司徒府以爲丞相府導薨罷丞相復爲司徒府（相國丞相皆袞冕綠盭綬盭音吏）
謹案晉初未設丞相武帝卽位以安平王孚爲太宰鄭沖爲太傅王祥爲太保義陽王望爲太尉何曾爲司徒荀顗爲司空石苞爲大司馬陳

纛爲大將軍八公並置蓋皆台司之職然特假以名號不必盡知國政今故不列於表嗣是以迄梁陳太宰太尉司空大司馬諸官廢置無常其爲之者亦必錄尚書事及兼中書監令者始能參預機密已非宰相之任今亦概從略焉

（晉書職官志）中書監及令並置一人魏置通事郎黄門郎黄門郎已署事過通事乃署名已署奏以入爲帝省讀書可晉改曰中書侍郎員四人中書舍人晉初置江左謂之通事舍人掌呈奏案後省而以中書侍郎一人直西省又掌詔命杜佑曰魏晉以來中書監令地在樞近多承寵任是以人固其位謂之鳳凰池焉

（徐堅初學記）中書令魏晉以來皆置一人品第三妙選文學通識之士爲之掌王言江左更重其任多以諸公兼之古者宰相本是三公至魏晉中書令掌王言才望既重多以諸公兼之近世以來若三公無其人則闕而中書令當宰輔之任

（通典注）張華爲中書令侍中劉卞謂華曰公居阿衡之地庾亮庾冰相次爲中書監冰經綸時務升擢後進朝野注心咸曰賢相

謹案杜佑此注蓋以證晉代中書監令為宰相之職然考張華本傳華被害時張林稱詔詰之曰卿為宰相云云則史文已明言宰相矣佑失於徵引未免稍疏

宋齊梁陳

〔宋書百官志〕相國一人宋順帝時齊王為相國丞相一人宋世祖初以南郡王義宣為丞相而司徒府如故

〔南齊書百官志〕國相齊不用人以為贈不列官

〔隋書百官志〕梁武受命有丞相太宰太傅太保大將軍大司馬太尉司徒司空等官陳承梁皆循其制而又置相國位列丞相上幷丞相太宰太傅太保大司馬大將軍並以為贈官

〔通典〕自魏晉以來宰相但以他官參掌機密或委知政事者則是矣無有常官其相國丞相或為贈官或則不置自為尊崇之位多非尋常人臣之職其真為宰相者不必居此官宋文帝初徐羨之為司空錄尚書事後以江湛王僧綽俱為侍中任以機密後

又以殷景仁爲侍中左衞將軍與侍中右衞將軍王華侍中左衞將軍王曇首侍中劉湛四人俱居門下皆以風力局幹冠冕一時初王宏爲江州刺史加侍中後徵輔政以爲侍中錄尚書事而宏弟曇首爲文帝所任與華相埒華常謂己力用不盡每嘆息曰宰相頓有數人天下何由得理湛母憂去職後徵爲太子詹事知給事中與殷景仁並被任遇湛常曰今代宰相何難此正可當我南陽郡漢代功曹耳沈演之爲侍中衞將軍文帝謂之曰侍中領衞俱爲優重此蓋宰相便坐卿其勉之齊王儉爲侍中尚書令嘗謂人曰江左風流宰相惟有謝安蓋自況也明帝顧命江祏兄弟及始安王遙光尚書令徐孝嗣領軍蕭坦之更日帖勑時呼爲六貴皆宰相也梁何敬容爲侍中時徐勉爲僕射參掌機事以疾陳解因舉敬容自代故敬容遷爲僕射侍中如故此並爲宰相後敬容屢轉他官參掌如故又王訓爲侍中武帝問敬容曰褚彥回年幾爲宰相對曰少過三十帝曰今之王訓無謝彥回彥回宋明帝時爲侍中又周捨卒後朱异爲散騎常侍代掌機密案此則或掌機密或錄尚書或綜機權或管朝政或單侍中或給事中或受顧命皆宰相也然侍中職任機密之司不必他名亦多爲宰相

（宋書百官志）錄尚書職無不總王肅注尚書納於大麓曰堯納舜於尊顯之官大錄萬幾之政也凡重號將軍刺史皆得命曹授用惟不得施除及加節宋世祖孝建中不欲威權外假省錄大明末復置此後或置或省尚書令任總機衡僕射尚書分領諸曹五尚書二僕射一令謂之八座

（南齊書百官志）錄尚書尚書令總領尚書臺二十曹爲內臺主無令左

僕射爲臺主與令同
〔隋書百官志〕梁尚書省置令左右僕射各一人令總統之僕射副令又與尚書分領諸曹左右丞各一人佐令僕射知省事陳並遵梁制
〔初學記〕侍中漢以爲加官無常員晉宋齊梁陳置四人齊職儀及五代史志云晉宋齊梁陳侍中並與三公參國政直侍左右應對獻替法駕出則正直一人負璽
〔唐六典注〕門下省侍中南齊以功高者一人爲祭酒掌詔令機密
〔鄭樵通志〕中書令宋與晉同梁中書監令清貴華重大臣多領之其令舊遷吏部尚書才地俱美者爲之陳因梁制○中書侍郎宋用散騎常侍爲之齊梁皆四人梁以功高者一人主省內事陳因之○宋初置中書通事舍人四員入直閣內出宣詔命凡有陳奏皆舍人持入參決於中自是則中書侍郎之任輕矣齊永平初中書通事舍人四員各住一省時謂之四戶權傾天下與給事中爲一流梁用人殊重簡以才能不限資地多以

他官兼領後除通事字直曰中書舍人專掌詔誥兼呈奏之事魏晉以來詔誥皆中書令及侍郎掌之至是始專於舍人陳置五人

（隋書百官志）陳國之政事並由中書省有中書舍人五人領主事十人書吏二百人書吏不足并取助書分掌二十一局事各當尚書諸曹並爲上司總國內機要而尚書惟聽受而已

謹案宋齊而降相國丞相既不常置三公官亦僅擁虛名惟尚書任總機衡爲宰相之職故當時稱尚書令僕曰朝端（南齊書王晏傳既居朝端事多決）又曰端右（宋書王僧達傳上初踐阼即居端右）胡三省通鑑注謂位居朝臣之右是也又侍中參掌機密亦爲相職故王華官侍中稱宰相頓有數人而南齊竟陵王子良以司徒兼侍中親爲衆僧賦食行水世以爲失宰相體是也至中書之職至梁陳而彌重故大臣之預國論者必兼中書監令尤爲政本之地唐宋以三省長官爲宰相其規模已肇於此謹具列諸表用徵源委若其時以他官參領政事見於史者如領軍將軍衞將軍右將軍衞

尉給事中之類皆得稱爲宰相然特出人主一時委任而並非正官今故不列於表

〔馬端臨文獻通考〕案自後漢時雖置三公而事歸臺閣尚書始爲機衡之任然當時尚書不過預聞國政未嘗盡奪三公之權也至魏晉以來中書尚書之官始眞爲宰相而三公遂爲具員其故何也蓋漢之典事尚書中書者號爲天子之私人及叔季之世則奸雄之謀篡奪者亦以其私人居是官而所謂三公者古有其官雖鼎命將遷之時大權一出於私門然三公未容遽廢也故必擇其老病不任事依違不侵權者居之東漢之末曹公爲丞相而三公則楊彪趙温尚書令中書監則二荀華歆劉放孫資之徒也魏之末司馬師昭爲丞相而三公則王祥鄭沖尚書令中書監則賈充荀勖鍾會之徒也蓋是時凡任中書者皆運籌帷幄佐命移祚之人凡任三公者皆備員高位畏權遠勢之人而三公之失權任中書之秉機要自此判矣至丞相一官西漢廢於哀帝之時東漢本不置丞相建安特

置之以處曹操魏本不置丞相正始特置之以處司馬師昭及晉則不置
正苻堅所謂朕以龍驤建業之說也然東晉以至宋齊梁陳隋皆有之夫
中書監既爲宰相之任則升其品秩可也丞相既不爲宰相之任而常爲
嬗代之階則廢其名字可也今觀魏以後之官品中書監僅爲三品而黃
鉞大將軍大丞相諸大將軍則爲一品二品然此數官者未嘗以授人特
宋齊梁陳隋將受禪則居之此外則王敦桓溫侯景亦嘗爲之夫高官極
品不以處輔佐之臣而又存其名字使亂臣賊子遞相承襲以爲竊大物
之漸非所以昭德塞違明示百官也
謹案馬端臨所論蓋以譏魏晉以來官品之失序唐宋侍中僕射爲二
三品而中書門下侍郎之同平章事者僅四品明代尚書正二品而大
學士之參預閣務者僅五品等級錯貿亦同前代之失至
本朝升大學士正一品尚書從一品體統相維名實允稱法制洵昭盡善
矣

後魏

（魏書官氏志）神瑞元年置八大人官總理萬幾世號八公真君五年正月侍中中書監宜都王穆壽司徒東郡公崔浩侍中廣平公張黎輔政置通事四人

（通典）後魏舊制有大將軍不置太尉有丞相不置司徒自正光以後始俱置之然而尤重門下官多以侍中輔政則侍中爲樞密之任侍中後魏置六人加官在其數

（王應麟玉海）政歸尙書漢事也歸中書魏事也元魏時歸門下世謂侍中黄門爲小宰相

（通典）後魏天興元年置八部大人於皇城四方四維面置一人以擬八座謂之八國各有屬官分尙書三十六曹及諸外置令大夫主之四年又復尙書三十六曹天賜元年復罷尙書三十六曹別置武歸修勤二職分主省務至神嘉元年始置僕射左右丞及諸曹尙書十餘人各居別寺

謹案後魏雖有丞相司徒等官而門下省獨膺鈞衡之寄故侍中稱爲宰相然考魏書任城王澄奏以爲尚書政本而王肅官尚書令爲澄所禁止咸陽王禧奏澄擅禁宰輔免官則尚書令亦宰相也

（初學記）後魏置中書監位在令上中書舍人掌制誥又別置通事舍人掌宣奏

（富大用事文類聚）魏置中書監令各一人監爲正一品令爲正二品

謹案後魏中書之職其清要不及南朝然如高允崔光等爲之皆得參預密議當時又號爲西臺大臣蓋其所掌亦宰相之事也

（謝維新合璧事類）摘奇曰後魏古弼爲尚書令參知政事

謹案唐之參知政事爲真宰相宋之參知政事降宰相一等據合璧事類所載則後魏時已有此名矣以文義推之蓋謂其以尚書令輔政猶明代拜大學士者必曰入閣參預機務之類非實有是官號也

北齊

〔隋書百官志〕後齊置官多循後魏乾明中又置丞相河清中分爲左右亦各置府僚

〔通典〕北齊置丞相分爲左右然而爲宰相秉朝政者亦多爲侍中趙彥琛元文遙和士開同爲宰相皆兼侍中

〔初學記〕五代史百官志隋志兼梁陳齊周爲五代北齊侍中六人掌獻納諫正及進御之職參與諸公論國政也

〔通典〕北齊尙書省亦有錄令僕射總理六尙書事謂之都省亦謂之北省後濟北王以太子監國立大都督府與尙書省分理衆事仍開府置佐

〔隋書百官志〕後齊中書省管司王言及司進御之音樂監令各一人侍郎四人又領舍人省掌署敕行下宣旨勞問中書舍人主書各十人

謹案北齊侍中最稱近密故杜佑以爲秉政之官然考北齊書祖珽傳珽欲求宰相乃疏趙彥琛元文遙和士開罪狀令劉逖入奏蓋思取其位而代之時彥琛爲尙書令士開爲中書監則尙書中書實相職矣又

北齊時中書省兼掌音樂凡西涼清商諸部伶官皆中書侍郎之屬職
守猥雜殊乖政典今併附見於此以著其失焉

後周

（隋書百官志）周太祖初據關內官名未改魏號及方隅初定改創章程
命尚書令盧辯遠師周之建職置三公三孤以爲論道之官

（太平御覽）後周書曰文帝依周禮建六官遂置天官大冢宰卿一人掌
邦理以建六典佐皇帝理邦國

（孫逢吉職官分紀）靜帝二年置左右大丞相八月去左右號以隋公楊
堅爲大丞相

（通典）後周初有御伯中大夫掌出入侍從屬天官府保定四年改御伯
爲納言斯侍中之職也宣帝末又別置侍中爲加官○中書監令北齊因
魏制後周置內史中大夫二人掌王言亦其任也

謹案後周仿周禮設官故以大冢宰爲丞相之任而納言內史亦卽門

下中書職掌惟是既仿六官其勢必不能統於一省所以獨無尚書官

屬與歷代不同耳

欽定歷代職官表卷二

欽定歷代職官表卷三

內閣中

歷代建置中隋至宋

隋

（隋書百官志）三公參議國之大事依後齊置府無其人則闕尚書省事無不總置令左右僕射各一人總吏部禮部兵部都官度支工部等六曹事是爲八座門下省納言二人給事黃門侍郎四人錄事通事令史各六內史省置監令各一人尋廢監置令二人侍郎四人舍人八人通事舍人十六人主書十人錄事四人

（杜佑通典）隋有內史納言即中書令侍中是爲宰相亦有他官參預焉柳述爲兵部尚書參掌機事又楊素爲右僕射與高熲專掌朝政

（徐堅初學記）中書令隋室諱中依周官改爲內史煬帝改爲內書令侍中隋文帝改爲納言置二人煬帝改爲侍內給事黃門侍郎煬帝去給事

之名直曰黃門侍郎用人益重裴矩裴蘊為之皆知政事
謹案隋代雖置三公以官高不除其秉國鈞者惟內史納言而尚書令
事無不統即不預機事亦稱政本之地故唐沿其制以三省為宰相之
職也至如柳述以尚書參掌機事楊素以僕射掌朝政裴矩裴蘊以黃
門侍郎知政事則皆以他官而兼宰相之任其即唐同平章事之所由
昉歟

唐

（舊唐書職官志）唐初因隋號武德三年三月改納言為侍中內史為中
書令內書省為中書省龍朔二年二月甲子改尚書省為中臺僕射為匡
政左右丞為肅機中書門下為東西臺侍中為左相黃門侍郎為東臺侍
郎中書令為右相侍郎為西臺侍郎廢尚書令咸亨元年十二月詔龍朔
二年新改尚書省百司及僕射已下官名並依舊光宅元年九月改尚書
省為文昌臺左右僕射為文昌左右相門下省為鸞臺中書省為鳳閣侍

中爲納言中書令爲內史垂拱元年改黃門侍郎爲鸞臺侍郎神龍元年

二月臺閣官名並依永淳已前故事

〔冊府元龜〕先天二年十二月改元開元改中書爲紫微門下爲黃門侍

中爲監左右僕射爲左右丞相以兵部尙書同紫微黃門三品姚元崇兼

紫微令以尙書左僕射兼侍中劉幽求爲尙書左丞相兼黃門監正官名

也五年九月改紫微黃門依舊爲中書門下天寶元年二月改侍中爲左

相中書令爲右相黃門侍郎爲門下侍郎尙書左右丞相依舊爲左右僕

射至德二載左右相依舊爲侍中中書令

謹案唐初以三省之長中書令侍中尙書令爲宰相後罷尙書令不置

而左右僕射亦爲宰相自中葉以降他官之同平章事者獨預機務而

中書令侍中僕射遂僅存虛名然其官則仍宰相職也今故首載沿革

以明本制而官數職掌並詳列於左用備考訂焉

〔唐六典〕尙書都省尙書令一人掌總領百官儀刑端揆武德中太宗初

爲秦王嘗親其職自是不復置國政樞密皆委中書左右僕射開元初改
左右丞相掌總領六官紀綱百揆初亦宰相之職開元中張說兼之後罷
知政猶爲丞相自此之後遂不知國政
（唐會要）自武德至長安四年以前僕射並是正宰相故太宗謂房玄齡
等曰公爲宰相當須大開耳目求訪賢哲卽其事也神龍初豆盧欽望爲
僕射不帶同中書門下三品不敢參議政事數日後始加知軍國重事韋
安石除左僕射東都留守不帶同三品自後空除僕射不是宰相遂爲故
事
（李肇國史補）南省故事左右僕射上宰相皆送監察御史捧案員外奉
筆殿中侍御史押門自丞郎御史中丞皆受拜而朝論以爲臣下比肩事
主儀注太重元和以後悉去舊儀惟乘馬入省門如故上訖宰相百僚會
食都堂
（舊唐書職官志）門下省侍中二員掌出納帝命緝熙皇極總典吏職贊

相禮儀以和萬邦以弼庶務所謂佐天子而統大政者也凡軍國之務與中書令參而總焉坐而論之舉而行之此其大較也門下侍郎二員掌貳侍中之職凡政之弛張事之予奪皆參議焉錄事四人主事四人

（新唐書百官志）中書省中書令二人掌佐天子執大政而總判省事侍郎二人掌貳令之職朝廷大政參議焉舍人六人掌侍進奏參議表章凡詔旨制敕璽書冊命皆起草進畫既下則署行以久次者一人爲閣老判本省雜事又一人知制誥顓進畫給食於政事堂其餘分署制敕以六員分押尚書六曹佐宰相判案同署乃奏主書四人主事四人（杜佑通典）主書晉本用武官宋改用文史齊於中書置主書令史北齊除令史字隋復加令史唐又除之

（胡三省資治通鑑注）政事堂在東省屬門下自中宗後徙堂於中書省則堂在右省也案裴炎傳故事宰相於門下省議事謂之政事堂故長孫無忌爲司空房玄齡爲僕射魏徵爲太子太師皆知門下省事至中宗時裴炎爲中書令執政事筆故徙政事堂於中書省

（王應麟玉海）開元中十一年張說爲相又改政事堂號中書門下列五房於後曰吏樞機兵戶刑禮房分曹以主衆務焉

謹案唐以三省爲政府故僕射侍中中書令三官其初皆宰相之任至中書門下兩侍郎凡同平章事者必帶是職則爲宰相兼銜其有不同平章事而專爲中書門下侍郎者則不過參預省事蓋如今內閣學士之職又中書舍人所掌爲詔旨制勅進畫署行殆如今內閣之讀本批本亦與學士爲相仿至今之內閣中書其官置自明初雖亦沿中書舍人之舊稱宋趙與旹賓退錄云中書侍郎舊稱中書令轉爲中書舍人之稱案今內閣中書之單稱中書其源蓋出於此其實乃唐宋三省掾屬非復舍人之職矣

（通典）唐侍中中書令是真宰相尚書左右僕射亦嘗爲宰相其間或改爲納言內史左相右相黃門監紫微令等名其本即侍中中書令也共有四員其僕射貞觀末加平章事方爲宰相其餘以他官參掌者無定員但加同中書門下三品貞觀十七年以兵部尚書李勣同中書門下三品同中書門下三品自此始也永淳弘道之際裴炎爲正議大夫守侍中崔知溫爲正議大夫守中書令劉齊賢爲中大夫守侍中並同中書門下三品案此當以階卑官高令所給祿同三品耳當時權宜之制

其後亦有階卑官高爲侍中中書令者卽更不言及平章事知政事參知機務參與政事及平章軍國重事之名者並爲宰相亦漢行丞相事之例也自先天之前其員頗多景龍中至十餘人開元以來常以二人爲限或多則三人天寶十五年之後天下多難勳賢並建故備位者衆然其秉鈞持衡亦一二人而已

謹案同三品之名杜佑謂起於李勣而永樂大典引唐職林又謂長孫無忌爲太子太師同中書門下三品同三品自此始與通典不合考之於史無忌以貞觀二十二年檢校中書令知尚書門下三省事並未嘗同三品蓋職林之誤也

（新唐書百官志）唐因隋制以三省之長中書令侍中尚書令共議國政此宰相之職也其後以太宗嘗爲尚書令臣下避不敢居其職由是僕射爲尚書省長官與侍中中書令號爲宰相其品位既崇不欲輕以授人故嘗以他官居宰相職而假以他名自太宗時杜淹以吏部尚書參議朝政魏徵以祕書監參預朝政其後或曰參議得失參知政事之類其名非一

皆宰相職也貞觀八年僕射李靖以疾辭位詔疾小瘳三兩日一至中書門下平章事而平章事之名蓋起於此其後李勣以太子詹事同中書門下三品謂同侍中中書令也而同三品之名蓋起於此然二名不專用而他官居職者猶假他名如故自高宗以後爲宰相者必加同中書門下三品雖品高者亦然惟三公三師中書令則否其後改易官名而張文瓘以東臺侍郎同東西臺三品同三品入銜自文瓘始永淳元年以黃門侍郎郭待舉兵部侍郎岑長倩等同中書門下平章事平章事入銜自待舉等始自是終唐之世不能改宰相事無不統故不以一職名官自開元以後常以領他職實欲重其事而反輕宰相之體故時方用兵則爲節度使時崇儒學則爲大學士時急財用則爲鹽鐵轉運使又其甚則爲延資庫使至於國史太清宮之類其名頗多皆不足取法故不著其詳

（曾鞏隆平集）唐故事左右僕射各一人侍中中書令各二人爲正宰相李勣任左僕射以南省務疏於北省始命帶同中書門下三品並同平章

事者爲真宰相其左右僕射不帶同三品者但釐尙書省務而已又有知政事參議朝政參預朝政參知政事參知機務皆宰相之稱也高宗謂參知政事崔知溫曰郭待舉岑長倩郭正一魏元同歷任尙皆淺且令預聞政事未可與卿等同名待舉等並與中書門下同受進止平章事則是平章事亦或居參知政事之下其後方鎭遂有以恩授平章事者然而宰相謂之平章事蓋始於唐矣

〔新唐書宰相表〕唐因隋舊以三省長官爲宰相而又以他官參議而稱號不一出於臨時最後乃有同品平章之名然其爲職業則一也

謹案唐自肅宗至德以後其爲宰相者必曰同中書門下平章事終唐之世不復改易而至德以前未有定名稱號不一至爲繁冗馬端臨所謂唐代宰相名尤不正者是也今以新唐書宰相表考之前後多至四十餘名其中惟尙書令納言內史令中書令左相右相尙書左右僕射侍中同中書門下三品爲宰相正官謹臚具於表用昭一代之制他如

鳳閣鸞臺紫微黃門郎中書門下之改名其曰兼曰判曰守曰檢校者亦權攝之辭不爲定典今俱不列於表至其隨時暫置者有曰知政事曰參預朝政曰參議朝政曰知門下省事曰朝章國典參議得失曰參知政事曰專典機密曰平章政事曰同掌機務曰參知機務曰參掌機密曰參謀政事曰同知軍國政事曰兼知政事曰平章軍國重事曰參知機務曰軍國重事宜共平章雖皆宰相之任而大抵爲一人而設並非官號今亦略之云

(宋敏求春明退朝錄)唐制宰相四人首相爲太清宮使次三相皆帶館職弘文館大學士監修國史集賢殿大學士以此爲次序

謹案唐代宰相皆兼館職故當時官制弘文館於門下省集賢殿書院史館祕書省俱隸於中書省也我

朝初置內國史內祕書內弘文三院以翰林官隸之蓋亦參仿唐制而設後復改內閣另置翰林院而大學士多兼翰林院掌院學士之職今

文淵閣領閣事亦以大學士充之館閣鴻規允符前典至內閣侍讀學士

侍讀等官皆內三院未改時所置故其職銜悉視詞館然考其所掌實

即前代中書省官屬非文學侍從者可比今故以唐弘文集賢史館祕

書諸官沿革仍入翰林院表內焉

（洪邁容齋隨筆）侍中中書令爲兩省長官自唐以來居真宰相之位而

中書令在侍中上肅宗以後始以處大將故郭子儀僕固懷恩朱泚李晟

韓宏皆爲之其在京則入政事堂然不與國事懿僖昭之時員寖多率由

平章事遷兼侍中繼兼中書令又遷守中書令三省均稱使相皆大勑繫

銜而下書使字五代尤多

（春明退朝錄）唐宰相奉朝請卽退延英止論政事大體其進擬差除但

入熟狀畫可今所存有開元宰相奏請狀二卷鄭畋鳳池稿草內載兩爲

相奏擬狀數卷祕府有擬狀注制十卷多用四六皆宰相自草五代亦然

（龐元英文昌雜錄）禮部王員外因問唐宰相宿直否余言唐制宰相每

日一人宿直開元二年姚崇爲紫微令崇年位已高時亦違其直次所由吏數持直簿詣之崇題其簿曰告直令史遣去又來必欲取人有同司命老人年事終不擬當諸官歡笑不復逼以直十一年停宰相宿直見會要此其證也

五季

（五代會要）晉天福四年八月勅皇國革故庶政維新宜設規程以謝公共其中書知印祗委上位宰臣一員五年三月升中書門下平章事爲正二品門下中書侍郎爲清望正三品其翰林學士院公事並歸中書舍人

謹案五季承唐舊制以同中書門下平章事爲宰相其宰臣名姓具見於冊府元龜資治通鑑而五代新舊二史俱紀載漏闕儀文典制已無可考見今節採會要一條以著其略至後梁設崇政院使參謀議於禁中爲專掌機密之官蓋亦宰相之事以其官制與唐宋樞密院相承今故不入於內閣表內又唐莊宗建行臺於魏州嘗設左右丞相明宗長

與四年以馮贊父名璋不欲斥其家諱改同平章爲同中書門下二品

此皆一時偶置之名無關定則今亦不列於表云

宋

（宋史職官志）宰相之職佐天子總百官平庶政事無不統宋承唐制以同平章爲真相之任無常員有二人則分日知印以丞郎以上至三師爲之其上相爲昭文館大學士監修國史其次爲集賢殿大學士或置三相則昭文集賢二學士併監修國史各除唐朝以來三大館皆宰臣兼故仍其制國初范質昭文學士王溥監修國史魏文浦集賢學士此爲三相例也

（春明退朝錄）本朝置二相昭文修史首相領焉集賢次相領焉三館惟修史有職事而頗以昭文爲重自次相遷首相乃得之趙令初拜止獨相領集賢殿大學士續兼修國史久之方遷昭文館薛文惠與沈恭惠並相薛自參政領監修拜相仍舊而沈領集賢畢文簡與寇忠愍並相而畢領

監修寇領集賢王太尉獨相亦止領集賢近時王章惠龐莊敏初拜及獨相悉兼昭文修史二職非舊制也

（馬端臨文獻通考）參知政事掌副宰相毗大政參庶務其除授不宣制不押班不知印不預奏事不升政事堂勅尾署銜降宰相一等

（王闢之澠水燕談）國初趙普爲相朝廷欲用薛居正呂餘慶同政而不欲令與普齊難其名號詔問陶穀曰唐有參知政事知機務下宰相一等故以命居正等參知政事然不押班不知印案唐以裴寂爲僕射參知政事郭待舉以資淺於中書門下同承受進止平章事然則平章下於參政穀乃以爲參政下宰相一等失之遠矣其後因循不改迨官制更革始罷

（江少虞宋朝事實類苑）開寶六年勅參知政事薛居正呂餘慶於都堂與宰臣趙普同議公事是月又勅中書門下押班知印及祠祭行香今後宜令宰臣趙普與參知政事薛居正呂餘慶輪知既而復有釐革雍熙四年文德殿前始置參政甎位在宰相之後至道中寇萊公爲參知政事復

與宰臣輪日知印正衙押班其輒位遂與中書門下一班書勅齊列銜銜並馬宰相使相上事幷有公事並升都堂及萊公罷遂詔只令宰臣押班知印參政止得輪祠祭行香正衙輒位次宰臣之下立凡有公事並與宰臣同升都堂如宰臣使相上事卽不得升

（隆平集）宋與以平章事爲宰相以參知政事樞密使副知院同知院簽書院事並爲執政官

謹案宋自元豐以前皆仍唐制以平章事爲眞宰相而又別設參知政事稱執政官以爲宰相之副蓋其職如今之協辦大學士惟今協辦以尙書充之部務乃其本任故六曹奏事仍依尙書班次不爲內閣正員視宋制稍異云

（宋史職官志）神宗新官制於三省置侍中中書令尙書令以官高不除人而以尙書令之貳左右僕射爲宰相左僕射兼門下侍郎以行侍中之職右僕射兼中書侍郎以行中書令之職廢參知政事置門下中書二侍

郎尚書左右丞以代其任

〔玉海〕神宗史志云中書門下初在朝堂西榜曰中書爲宰相治事之所又有中書省門下省者存其名列皇城外中書省但掌冊文覆奏考帳門下省主乘輿八寶朝會位版流外考校而已中書令侍中不任職官制行悉釐正之乃廢中書門下省舍之在皇城外者併朝堂之西中書堂爲門下中書兩省以左右僕射兼門下中書侍郎又以兩侍郎副之

〔文昌雜錄〕元豐五年始命皇城使慶州團練使宋用臣建尚書新省在大內之西廢殿前等三班院以其地與造凡三千一百餘間都省在前中曰令廳東曰左僕射廳次左丞廳西曰右僕射廳次右丞廳其後分列六曹華麗壯觀國朝官府未有如此之比

〔彭百川太平治迹統類〕元豐五年六月詔自今事不以大小並中書省取旨門下省覆奏尚書省施行三省同得旨更不帶三省字行出輔臣有言中書獨取旨事體太重上曰三省體均中書揆而議之門下審而覆之

尙書承而行之苟有不當自可論奏先是雖沿舊三省之名而莫究分省建官之意各得取旨紛然無統至是上一言遂定

〔葉夢得石林燕語〕自兩漢以來謂中書爲政本葢中書省出令而門下省覆之王命之重莫大於此故唐以後以同中書門下平章事爲宰相者此也尙書省但受成事行之耳本朝沿習唐制官制行始用六典別尙書門下中書爲三省各以其省長官爲宰相左僕射兼門下侍郞行侍中之職右僕射兼中書侍郞行中書令之職而別置侍郞以佐之則三省互相兼矣然左右僕射既爲宰相則凡命令進擬未有不由之出者而左僕射又爲之長則出命令之職自己身行尙何省而覆之乎方其進對執政無不同則所謂門下侍郞者亦預聞之矣故批旨皆曰三省同奉聖旨既已奉之而又審之亦無是理門下省事惟給事中封駁而已未有左僕射與門下侍郞自駁已奉之命者則侍中侍郞所謂省審者殆成虛文也元祐閒議者以詔令稽留吏員冗多徒爲重複因有併廢門下省之意後雖不

行然事有奏稟左相必批送中書右相將上而右相有不同往往或持之不上或退送不受左相無如之何侍郎無所用力事權多在中書自中書侍郎遷門下侍郎雖名進其實皆未必樂也

〔文獻通考〕三省俱爲政本之地無所不統長官則宰相所謂中書門下同平章事是也佐官則參知政事是也今元豐改官制既以中書門下同平章事爲左右僕射參知政事爲中書門下侍郎尙書左右丞矣而復以左僕射兼門下侍郎右僕射兼中書侍郎則是既自有佐官而復以長官兼之贅尤甚矣蓋神宗必欲復唐三省之職而蔡確以有中書造命之說已爲次相兼中書侍郎王珪爲首相兼門下侍郎實欲陰擠珪於門下使不得與造命取旨之事苟以便其專政之私而不復顧體統名稱之不順也

謹案宋初宰相雖有同中書門下平章事之名其實但就中書內省爲政事堂與樞密對掌大政謂之兩府亦曰兩地其門下及中書外省惟

以他官主判未嘗預聞政事也神宗改定官制始依唐制分尚書門下中書爲三省以其長官左右僕射兼門下中書兩侍郎爲宰相門下中書侍郎及左右丞爲執政而同平章事之名由此遂廢然考唐代所云同平章事者乃合中書門下爲一共議國是而元豐之制令三省各釐其務則取旨之職轉獨歸中書他相仍屬具員其參預機密者止中書一相而已神宗此舉殆所謂泥古而不知變通者故當時以爲不便未久而又更革焉謹據諸書詮次大略以著改制之由而宋志所載三省員數職掌亦具列其概如左

（宋史職官志）門下省侍中侍郎各一人侍中掌佐天子議大政審中外出納之事侍郎掌貳侍中之職中書省令侍郎各一人舍人四人令掌佐天子議大政授所行命令而宣之侍郎掌貳令之職參議大政舍人掌行命令爲制詞尚書省尚書令左右僕射左右丞各一人令掌佐天子議大政奉所出命令而行之其屬有六曹凡庶務皆會而決之凡官府之紀綱

程式無不總焉大事三省通議則同執政官合班小事尚書省獨議則同僕射丞分班輪奏若事由中書門下而有失當應奏者亦如之左僕射右僕射掌佐天子議大政貳令之職與三省長官皆爲宰相之任左丞右丞掌參議大政通治省事以貳令僕射之職

（李心傳建炎以來朝野雜記）政和中蔡京以太師總領三省號公相乃廢尚書令改侍中中書令爲參輔右弼亦虚而不除改左右僕射爲太宰少宰仍兼兩省侍郎靖康中何文縝將拜相夜夢人持弓矢射中其僕乃先乞復太宰少宰爲僕射吳正仲當制請更爲丞相不從馬端臨文獻通考政和二年詔尚書令太宗皇帝曾任今宰相之官已多不須置然是時說者以謂爲令者唐太宗也熙陵未嘗任此蓋蔡京不學之過

（李心傳建炎以來繫年要錄）建炎三年四月庚申右僕射呂頤浩言被旨參詳元祐司馬光建請併省奏狀臣等參酌欲尚書左右僕射並爲同中書門下平章事門下中書侍郎並爲參知政事左右丞並罷從之

（周必大玉堂雜記）乾道七年十二月辛酉有旨僕射之名不正欲採周

漢舊制改左右丞相令有司討論必大時爲禮部侍郎兼權直學士院皆當與聞會衆議不齊遷延至明年正月戊寅謹條具歷代宰相官稱申尙書禁中即聞之明日遣中使來問緩故必大以實奏二月癸卯得御筆云尙書左右僕射可依漢制改作左右丞相學士院降詔登時具草封入乙巳付外施行庚戌從駕過德壽宮既歸得旨赴東華門祗候宣引酉後宣入選德殿起居畢上袖出親劄云比來一二大臣同心輔政夙夜匪懈漸革苟且之風以副綜覈之意深可嘉尙今因除授宜示褒典虞允文可特進左丞相梁克家可正奉大夫右丞相必大鞠躬書除目進呈訖奏曰拜相轉官前例固不一今並命而或三或四更取聖裁上曰以其協心故褒進之然特進一官即少保所以允文三官又問兼樞密使否上曰今樞密亦非古先改丞相稱呼將來別理會且帶可也又奏所領書局上曰卿自理會賜坐奏問既改左右相其序位如何上曰欲升在三少之上三公之下逮闔請起宣坐賜茶飯訖再拜而退時虞公獨相梁爲參政聞班列中

但謂改易相名及雙制出愕然或疑學士多轉右相一官有所抑揚不敢辨也案祖宗時命相多以舊官其後往往遷秩近歲局修三省法乃著令轉三官茲豈當立法乎
〔玉海〕乾道八年三月二十日詔侍中中書尙書令設而不除可並刪去以左右丞相充其位
〔文獻通考〕乾道八年詳定敕令所言近承詔旨改左右僕射爲左右丞相令刪去侍中中書尙書令以左右丞相充緣舊左右僕射非三省長官故爲從一品今左右丞相係充侍中中書尙書令之位卽合爲正一品從之丞相官以太中大夫以上充參政以中大夫以上充常除二員或一員嘉泰三年始除三員故事丞相謁告參預不得進擬惟丞相未除則參預輪日當筆多不踰年少纔旬月獨淳熙初葉衡罷官龔茂良行相事近三年亦創見也
謹案宋宰相官名前後凡五變同平章事一也左右僕射二也太宰少

宰三也復爲左右僕射四也左右丞相五也執政官由參政改左右丞由左右丞復改參政亦凡兩變自孝宗乾道定制以後遂終宋世不復更革云

（建炎以來朝野雜記）國朝舊相特命平章軍國事者凡四人天禧初王文正公以首相告老拜太尉兼侍中五日一朝遇軍國大事不以時入參決公懇辭不拜慶曆初呂文靖公亦以首相求罷拜司空平章軍國重事公辭之元祐初文忠烈公自太師落致仕除平章軍國事未幾呂正獻公以右揆求去亦除司空同平章軍國事潞公五日一朝申公兩日一朝非朝日不至都堂開禧元年初置平章軍國事以命韓侂胄蓋侂胄繫銜比申公省同字則其體尤尊比潞公省重字則其所與者廣其後邊事起尚書省印亦納於其第宰相僅比參知政事不復知印矣

（宋史度宗本紀）咸淳元年二月平章軍國事賈似道位在丞相上

（宋史職官志）親王樞密使留守節度使兼侍中中書令同平章事者皆

謂之使相不預政事不書勑宣勑除授者勑尾存其銜而已乾道二年范質等三相皆罷以趙普同平章事無宰相書勑使問翰林陶穀穀謂唐太和中甘露事數日無宰相時左僕射令狐楚等奏行制書今尙書亦南省長官可以書勑竇儀曰穀之所陳非承平令典今皇弟開封尹同平章事即宰相之任也可書勑從之

〔石林燕語〕唐制節度使加中書門下平章事爲使相自郭元振始李光弼等繼之蓋平章事宰相之名以節度使兼故云爾也國朝因之元豐官制罷平章事名而以開府儀同三司易之亦帶節度使謂之使相蓋以儀同爲相也

〔春明退朝錄〕唐大帝時始有同中書門下三品時中書令侍中皆正三品大曆中並升爲二品晉天福五年升中書門下平章事爲正二品國初樞密使吳延祚以父諱璋加同中書門下二品用升品也

謹案宋代平章軍國事同平章軍國事平章軍國重事諸銜所以優禮

者舊而奸臣亦或竊據之以爲重然皆特置之名今故不列於表至使
相本沿唐制非三省正員同中書門下二品亦出一時偶置不爲常典
今並不列于表
〔吳處厚青箱雜記〕景德中上欲優寵王欽若乃特置資政殿學士以處
之既而有司定議班在翰林學士下尋又置資政殿大學士以欽若爲之
而班在翰林承旨之上資政殿有大學士自欽若始
〔石林燕語〕皇祐初丁文簡公罷參知政事初除觀文殿學士以易紫宸
之名而已其後加大學士以命賈文元始詔非嘗任宰相不除觀文殿大
學士遂爲宰相職名
謹案唐景龍中始置宏文館大學士其後又置集賢大學士皆以宰相
兼領之至宋而王欽若以前執政授資政殿大學士賈昌朝以舊宰相
授觀文殿大學士其資望遂極隆峻必曾任宰相者方得除授雖當時
不以爲識事官與三省無涉而明代閣臣之爲大學士其稱名實本於

此今特著其略以明權輿所自至宋代宰相判署之式班位之序遷除之格赴上之儀兼領之職見於諸家說部者最詳一代典章尙可考見

今並採掇大要類敘左方用資參考焉

（王曾筆錄）舊制宰相早朝上殿命坐有軍國大事則議之常從容賜茶而退自餘號令除拜刑賞廢置事無巨細並熟狀擬定進入上於禁中親覽批紙尾用御寶可其奏謂之印畫降出奉行而已由唐室歷五代不改其制國初范質王溥魏仁浦在相位自以前朝相且憚太祖英睿請具劄子面取進止朝退各疏其所得聖旨同署字以志之盡稟承之方免差誤之失帝從之自是奏御寖多或至旰昃於今遂爲定式

（陸游老學庵筆記）舊制兩省中書在門下之上元豐易之又丞相署敕皆著姓官至僕射則去姓元豐新制以僕射爲相故皆不著姓

（事實類苑）中書劄子宰相押字在上次相及參政以次向下樞密院劄子樞長押字在下副貳以次向上以此爲別

（春明退朝錄）二府舊以官相壓李文正自文明殿學士工部尙書爲參知政事而宋惠安公乃自左諫議大夫參知政事遷刑部尙書居其上至祥符末王沂公與張文節公同參知政事王轉給事中張轉工部侍郎而班沂公下意頗不悅乃復還貳卿之命止以舊官優加階邑自後第以先後入爲次序

謹案宋代二府班次初以所帶職銜高下爲序繼以入政府之先後爲序皆聽其臣下以意爲之殊乖典式

本朝定例大學士初授內閣以行走班次奏請

欽定於班朝莅官之法益昭嚴重矣

（徐度卻掃編）國朝宰相樞密使必以侍郎以上爲之若官舊尊則守本官官卑則躐遷侍郎官制行初相止除太中大夫崇寧後必超進數官政和以後至有徑遷特進者靖康初吳少宰敏自中大夫躐進銀青光祿大夫引故事自言於是改太中大夫就職參知政事樞密副使必以諫議大

夫爲之權御史中丞亦然熙寧中始有本官帶待制權中丞者官制後初拜執政遷中大夫而中丞不復遷官矣

（丁謂談錄）近代宰臣節帥降拜出自宸衷不欲預聞於外故以隔日宰臣百官出後密詔翰林學士懷具員冊入禁闥上前議定是夕草制中夜進入五更降出以麻紙大書之一行只可三字謂之白麻何者緣黃紙始自唐高宗朝以來只是中書出勅得使之所以內制用麻紙翊日乃以繡幞蓋於箱中置於案上謂之麻案設於御座左右候進呈事退卽降麻而宣之訖送中書出勅寫官告勅紙廣幅與常紙不同年月之後署執政參政宰相銜署字後方接次列使相銜不押字其官告卻只下直日知制誥官名宣奉行更不下原撰麻詞翰林學士名銜緣翰林學士無例於中書行詞故也然後選上事日於閤門受告勅後始赴上若使相卽中書正宰相送上至中書都堂正宰相坐東位使相看幾員列坐西位訖然後逐位就牙牀小案子上判案三道仍側坐拽一脚候幾員各判案訖正宰相退

然後看使相是幾員並正面並坐受賀其參政於中書都堂無位

（卻掃編）唐中葉以後宰相兼判度支最爲重任國朝開寶五年嘗命參知政事薛居正兼提點三司淮南江南諸路水陸轉運使呂餘慶兼提點三司荆湖廣南諸路水陸轉運使明年薛拜相仍領轉運使事又命平章事沈義倫兼提點劍南轉運使蓋襲唐之遺制也仁宗朝司馬温公爲諫官以天下財用不足請建置總計使用輔臣領之以總天下之財紹興初孟觀文庾以參知政事兼總制戶部財用然不入銜

（建炎以來朝野雜記）制國用使舊未有隆興初言者請法有唐之制命宰臣兼領三司使職事財穀出納之大綱宰相領之於上則戶部治其詳上是之命祕書討論來上乾道二年冬遂命宰相兼制國用使參知政事同知國用事八年正丞相官名詔所有兼制國用事與參政更不入銜云

（卻掃編）唐以宰相兼太清宮使本朝祥符閒以首相領玉清昭應宮使又置景靈宮會靈祥源觀使以次相及樞密使次第領之執政爲副使侍

從爲判官天聖初昭應宮災始罷輔臣宮觀等使名政和中詔天下咸建神霄玉清萬壽宮復置使宰相使相領之執政爲副使侍從爲判官蓋欲重其事也

（春明退朝錄）翻譯新經始以光祿卿湯悅兵部員外郎張洎潤色之後趙文定楊文公晁文莊李尚書維皆爲譯經潤文官天禧中宰相丁晉公始爲使天聖三年又以宰相王冀公爲使自後元宰繼領之然降麻不入銜又以參政樞密爲潤文其事寖重慶曆三年呂許公罷相以司徒爲譯經潤文使明年致仕章郇公代之自後降麻入銜

謹案宋代宰相兼領宮觀等使其名猥多皆歐陽修所謂不足取法者謹附識於此此外尚有集禧觀使醴泉觀使佑神觀使乃當時所置祠祿以待退閑之宰執非現任兼領今故不著云

（文獻通考）熙寧時詔中書五房各置檢正二員在堂後官之上都檢正一員在五房提點之上皆士人爲之

〔宋史職官志〕檢正官掌糾正省務熙寧三年置官制行罷之建炎三年
中書門下省言軍興以來天下多事中書別無屬官今欲差兩員充中書
門下省檢正諸房公事從之次年罷紹興二年復置一員
〔事實類苑〕中書有制勑院院內有五房第一房曰孔目房次吏房戶房
刑房禮房舊每房堂後官三人一主生事第二人主熟事第三人發勑向
下逐房有主事守當官名目行遣文書至道中逐房只置堂後官一人卻
置主書錄事各一人仍別置提點五房一員迄今行之
〔太平治迹統類〕端拱元年以梁正辭等五人並爲將作監丞充當中書
堂後官淳化五年以殿中丞丁顧言守本官後充堂後官堂吏自唐至漢
周率自京有司以下人能書札行止廉幹者抽補分掌諸房公事年深即
授檢校少卿監同正至國初趙普在中書奏令檢校諸曹郎中自邇以來
屢懲其貪而數惡其黨故參用士人有科第歷外官者至是復秩以朝籍
蓋矯昔之枉也

（建炎以來朝野雜記）三省樞密院監門官舊以小使臣爲之嘉定六年九月諫官鄭景紹言部門以京朝官則省門事體尤重遂亦命京朝官曾作縣通判資序人爲之八年七月又置三省樞密院架閣官

謹案宋代中書官屬如錄事主書之類皆爲雜流堂後官亦本吏職惟檢正以京朝官差充最稱清資故當時位序在尙書左右司之上以今內閣職掌核之侍讀學士似卽都檢正之職侍讀似卽檢正提點之職也

（永樂大典）何異孫中興百官題名記唐制百官告身分掌於其所部文則吏部掌之武則兵部掌之宗戚命婦司封掌之考校勳績司勳掌之國初悉因唐舊置院於右掖門之左凡吏兵封勳四司之告舉集諸此淳化五年始專置局命中書舍人一員提舉而以朝官一員判局事於是職任逾重元豐改制乃以文武官告身悉隸吏部而以蕃官隸兵部崇寧大觀或置或否大抵廢則皆歸吏部右選政和復置院仍差主管官二員中興

以來因仍不改

謹案宋官告院雖隸於尚書吏部其實自爲一署以職掌考之蓋即今之中書科其以中書舍人提舉則如今之以內閣學士稽察中書科事也中書科現隸內閣故宋之官告院亦析附於中書官屬之末焉

欽定歷代職官表卷三

欽定歷代職官表卷四

內閣下

歷代建置下 遼至明

遼

〔遼史百官志〕遼國官制分北南院北面治宮帳部族屬國之政南面治漢人州縣稅賦軍馬之事○北宰相府掌佐理軍國之大政皇族四帳世預其選○北府左宰相○北府右宰相○總知軍國事○知國事○南宰相府掌佐理軍國之大政國舅五帳世預其選○南府左宰相○南府右宰相○總知軍國事○知國事○初太祖分達喇額爾奇木（達喇原作迭剌額爾奇木原作夷離堇今並改正）為北南二大王宰相樞密宣徽林牙下至郎君護衛皆分北南其實所治皆北面之事語遼官制者不可不辨凡遼朝官北樞密視兵部南樞密視吏部北南二王視戶部伊勒希巴（原作夷離畢今改正）視刑部宣徽視工部多囉倫穆騰（原作敵烈麻都今改正）視禮部北南府宰相總之

謹案遼北南府宰相於事無所不統蓋亦如尚書令之總領六部也

（遼史世宗本紀）天祿四年春二月建政事省

（遼史興宗本紀）重熙十二年十二月戊申改政事省爲中書省

謹案遼本紀重熙十二年改中書省而志作重熙十三年蓋傳寫之訛當以本紀爲正

（遼史聖宗本紀）統和元年十一月下詔諭三京左右相左右平章事當執公方毋得阿順

謹案據本紀此文則遼東京中京南京亦曾置宰相及平章之官疑即如元代之行中書省並非正員今故不著於表

（遼史百官志）南面朝官○中書省中書令左丞相右丞相知中書省事中書侍郎同中書門下平章事參知政事中書舍人堂後官主事守當官令史○門下省侍中門下侍郎○尙書省尙書令左僕射右僕射左丞右丞

謹案遼志尙載有大丞相一官今考資治通鑑遼太宗在汴京時命爲趙延壽遷官翰林學士承旨張礪進擬中京留守大丞相錄尙書事都督中外諸軍事太宗以筆塗錄尙書事都督中外諸軍事而行之則大丞相之名乃張礪所特擬以寵顯趙延壽者非常置之職今故不入於表

（葉隆禮契丹國志）中書省謂之南面以其在牙帳之南

謹案遼以北面官治宮帳部族南面官治漢人州縣蓋以所掌事宜爲區別並非指省署建置之地而言葉隆禮所云乃臆測之詞不足據也

金

（金史百官志）太宗天會四年建尙書省遂有三省之制至熙宗頒新官制大率皆循遼宋之舊海陵正隆元年罷中書門下省止置尙書省終金之世守而不變焉

（金史海陵本紀）正隆元年正月罷中書門下省以太師領三省事溫屯

思忠温屯原作温都今改正爲尚書令平章政事蕭玉爲右丞相不置平章政事官

（金史百官志）尚書省尚書令一員正一品總領紀綱儀刑端揆左丞相右丞相各一員從一品平章政事二員從一品爲宰相掌丞天子平章萬幾左丞右丞各一員正二品參知政事二員從二品爲執政官爲宰相之貳佐治省事左司都事二員右司都事二員正七品掌本司受事付事檢勾稽失省署文牘兼知省內宿直檢校架閣等事架閣庫管勾一員正八品同管勾一員從八品總掌察左右司大程官追付文牘并提控小都監給受紙筆

（宇文懋昭大金國志）天會十三年置尚書省置令一人次左右丞相皆平章事左右丞皆參知政事侍中中書令皆居丞相之下爲兼職

謹案金史百官志但載尚書省官制以尚書令左右丞相平章政事爲宰相左右丞參知政事爲執政官蓋以正隆定制後惟存尚書一省故也然以紀傳參考之左右丞相本亦爲左右僕射見太宗紀天會八年

韓企先爲尚書左僕射至十三年熙宗卽位後卽書以完顏希尹爲尚
書左丞相無復僕射之稱是改名當在十三年以前案洪皓松漠記聞
載金天眷二年請定官制劄子有太宗皇帝嗣位之十二載始下明詔
建官正名之語疑卽是時所改李心傳朝野雜記載宋乾道中議改僕
射爲丞相時虞允文言金人詳定官制已改左右僕射爲尚書左右丞
相云云可以互證金志不載其事未免失考又考本紀自天會十四年
太保宗翰太師宗磐太傅宗幹並領三省事厥後以三師三公官領三
省事者甚多蓋猶錄尚書事之類迨正隆元年領三省事温屯思忠爲
尚書令其後遂不復見於史則尚書令當卽領三省事之職以中書門
下二省既廢故改爲尚書令耳金志但及尚書令而不及領三省事亦
爲脫漏又考金自兩省未罷以前如完顏希尹完顏勗完顏亮完顏秉
德張浩皆以左丞相兼侍中完顏宗固完顏宗賢唐古辯唐古原作唐括今改正
蕭裕布薩師恭布薩原作僕散今改正皆以右丞相兼中書令是兩省長官亦俱

相職而金志均未之詳又海陵紀正隆初已罷平章政事官而志仍有之不言其廢置重設之由考世宗紀大定二年二月御史大夫伊喇元宜（伊喇原作移剌今改正）爲平章政事當卽以此時復設志無明文尤爲闕略今並詳加參核著之於表至宇文懋昭大金國志所載以丞相爲卽平章事以左右丞爲卽參知政事乖謬殊甚謹採其文而糾正其誤於此焉

元

〔元史百官志〕中書令一員典領百官會決庶務太宗以相臣爲之世祖以皇太子兼之至元十年立皇太子行中書令大德十一年以皇太子領中書令延祐三年復以皇太子行中書令置屬監印二人○右丞相左丞相各一員正一品統六官率百司居令之次令闕則總省事佐天子理萬幾國初職名未創太宗始置右丞相一員左丞相一員世祖中統元年置丞相一員二年復置右丞相二員左丞相一員至元二年增置丞相五員七年立尚書省置丞相三員八年罷尚書省乃置丞相二員二十四年復

立尚書省其中書省丞相二員如故二十九年以尚書再罷專任一相武宗至大二年復置尚書省丞相二員中書丞相二員四年尚書省仍歸中書丞相凡二員自後因之不易文宗至順元年專任右相其一或置或不置○平章政事四員從一品掌機務貳丞相凡軍國重事無不由之世祖中統元年置平章二員二年置平章四員至元七年置尚書省設尚書平章二員八年尚書併入中書平章復設三員二十三年詔清冗職平章汰爲二員二十四年復尚書省中書尚書兩省平章各二員二十九年罷尚書省增中書平章爲五員而一員爲商議省事三十年又增平章爲六員成宗元貞元年改商議省事爲平章軍國重事武宗至大二年再立尚書省平章三員中書五員四年罷尚書省歸中書平章仍五員文宗至順元年定置四員自後因之○右丞一員正二品左丞一員正二品副宰相裁成庶務號左右轄世祖中統二年置左右丞各一員三年增爲四員至元七年立尚書省中書右丞左丞仍四員八年尚書併入中書省右左丞各

一員二十三年汰冗職右左丞如故二十四年復立尙書省右左丞各一
而中書省缺員二十八年復罷尙書省三十年設右丞二員而一員爲商
議省事成宗元貞元年右丞商議省事者又以昭文大學士與中書省事
武宗至大二年復立尙書省右左丞二員中書右左丞五員四年罷尙書
右左丞中書右左丞止設四員文宗至順元年定置右丞一員左丞一員
由是不復增損○參政二員從二品副宰相以參大政而其職亞於右左
丞世祖中統元年始置參政一員二年增爲二員至元七年立尙書省參
政三員八年尙書併入中書參政二員二十三年汰冗職參政二員如故
二十四年復立尙書省參政二員中書參政二員二十八年罷尙書省參
政武宗至大二年復置尙書省參政二員中書參政二員四年併尙書省
入中書參政三員文宗至順元年定參政爲二員自後因之○參議中書
省事秩正四品典左右司文牘爲六曹之管轄軍國重事咸預決焉中統
元年始置一員至元二十二年累增至六員大德元年止置四員後遂爲

定額其治曰參議府令史二人○斷事官秩三品掌刑政之屬皆御位下
及中宮東宮諸王各投下集賽台（原作怯薛丹今改正）人爲之至元十七年分立兩
省隨省並置二十八年併入中書後定置四十一員○檢校官一員正七
品掌檢校公事程期文牘稽失之事○照磨一員正八品掌磨勘錢穀出
納營繕料例○管勾一員正八品掌出納四方文移緘縢啓拆之事○架
閣庫管勾二員正八品掌庋藏省府籍帳案牘凡備稽考之文卽掌故之
任

〈元史世祖本紀〉至元四年安圖（原作安童今改正）言比者省官員數平章左丞
各一員今丞相五人素無此例臣等議擬設二丞相臣等蒙古人三員惟
陛下所命詔以安圖爲長史天澤次之其餘蒙古漢人參用勿令員數過
多又詔宜用老成人如姚樞等一二員同議省事

〈元史百官志〉元統三年七月中書省奏請自今不置左右丞十月命布
延（原作伯顏今改正）獨長台司詔天下至元五年十月加布延爲大丞相六年十

月命托克托原作脫脫今改正為右丞相復置左丞相至元七年置議事平章四人十二年以買魯為添設左丞以烏蘭哈達原作悟良哈台今改正為添設參知政事十三年命皇太子領中書令如舊制二十七年樞密知院曼濟原作蠻子今改正為添設第三平章太尉特哩特穆爾原作帖里帖木兒今改正為添設左丞相

謹案歷代宰相雖綜理三省而中書省宣命令尚書省承之以行政事其職仍分不相紊也元代三置尚書省卒廢之而歸其職於中書於是尚書左右兩司曹屬變為中書省官其制視前代為特異至其以丞相平章為宰相左右丞參政為執政則猶沿宋金之舊也又世祖至元四年有同議省事順帝後至元五年有大丞相此二官皆隨時建置與額設者有異今俱不入於表云

〈葉士奇草木子〉世祖立中書省以總庶務立樞密院以掌兵要立御史臺以糾彈百司嘗言中書朕左手樞密朕右手御史臺是朕醫兩手的歷世遵其道不變

〔王惲中堂事記〕中統二年五月十九日以世臣巴哈（原作不花今改正）經略史天澤爲右丞相和拉巴哈（原作忽魯不花今改正）耶律鑄爲左丞相塔齊爾（原作塔察兒今改正）廉右丞平章政事張參政爲右丞宣撫楊果宣撫商挺參知政事餘如故命承旨王鶚定撰諸相制詞二十二日堂議定省規一十條二十五日授麻制於都堂二十七日定議公府署押字事右丞相史公與丞相和拉巴哈五日輪番秉筆長官從上押右者處外邊一左一右以次而下圓坐亦然所謂廟坐廟畫也

謹案自明以來大學士有中堂之稱相傳謂大學士初授之時例於翰林院大堂設座禮上故稱中堂今考王惲官中書省都事以所作直省日錄名之曰中堂事記則所謂中堂者乃中書都省之堂蓋自元時已有此稱矣

〔永樂大典〕析津志至元四年四月築燕京內皇城置公署定方隅始於新都鳳池坊北立中書省以新都位置居都堂於紫微垣至元二十四年

以僧格(原作桑哥今改正)爲尚書左丞相時五雲坊東爲尚書省二十九年尚書併入中書僧格移中書於尚書省乃有北省南省之分後至順二年中書省奏奉旨翰林國史院文書依舊北省安置由是北省既爲翰林院尚書省遂爲中書都堂其方位制度視北省有閎

〔陶宗儀輟耕錄〕國朝故事正六品已下官中書奉勑署牒以命之牒具中書官位最尊者令也署牒者自丞相以下而不敢以煩令惟皇太子立必帶中書令樞密使皇太子既受冊卽中書上日獨署一牒明日省臣以其名聞天子卽超授五品官其人非素有譽望不得也

〔胡粹中元史續編〕中書政本元既有中書令矣復立左右丞相則丞相特中書令之佐貳耳既以令爲虛設右左丞相爲正宰相而復設平章政事則又以平章爲宰相貳矣然平章政事非宰相而何名之不正莫此爲甚至其末流丞相而遙授焉則冗濫極矣

謹案元自中書令至參知政事其設官全仿金制惟金屬尚書省而元

則改歸中書省耳胡粹中以爲元制殊失詳考

(元史百官志)內八府宰相掌諸王朝覲儐介之事遇有詔令則與蒙古翰林院官同譯寫而潤色之謂之宰相云者其貴似侍中其近似門下故特寵之以是名雖有是名而無授受宣命品秩則視二品焉

(輟耕錄)內八府宰相八員視二品秩而不授宣命特中書照會之任而已寄位於翰林之欒琳(原作掃鄰今改正)欒琳宮門外院官會集處也所職視草制若詔赦之文則非其掌也至於院之公事亦不得與焉例以國戚與勳貴之子弟充之

謹案內八府宰相雖以相名官實非相職今故附見其制不列於表又王惲中堂事記載元初中書省官有掌故詳官講習太常禮樂官肄業拱衛事官省理問官掌記檢校應辦供頓官諸名今考掌故卽架閣管勾之職其餘皆不見於百官志蓋後來已有所更革謹附識於此

明

〔明史職官志〕內閣中極殿大學士（舊名華蓋殿）建極殿大學士（舊名謹身殿）文華
殿大學士武英殿大學士文淵閣大學士東閣大學士（並正五品）掌獻替可否
奉陳規誨點檢題奏票擬批答以平允庶政凡上之達下曰詔曰誥曰制
曰冊文曰諭曰書曰符曰令曰檄皆起草進畫以下之諸司下之達上曰
題曰奏曰表曰講章曰書狀曰文冊曰揭帖曰制對曰露布曰譯皆審署
申覆而修畫焉平允乃行之凡車駕郊祀巡幸則扈從御經筵則知經筵
或同知經筵事東宮出閣講讀則領其事敘其官而授之職業冠婚則充
賓贊及納徵等使修實錄史志諸書則充總裁官春秋上丁釋奠先師則
攝行祭事會試充考試官殿試充讀卷官進士題名則大學士一人撰文
立石於太學大典禮大政事九卿科道官會議已定則案典制相機宜裁
量其可否斟酌入告頒詔則捧授禮部會勅則稽其由狀以請宗室請名
請封諸臣請諡並擬上以其授餐大內常侍天子殿閣之下避宰相之名
又名內閣

（明太祖實錄）甲辰春正月即吳王位置中書省右左相國爲正一品平章政事從一品左右丞正二品參知政事從二品左右司郎中正五品員外郎正六品都事檢校正七品照磨管勾從七品參議正三品參軍斷事官從三品斷事經歷正七品知事正八品都鎮撫司都鎮撫正五品考功所考功郎正七品十月以都鎮撫司隸大都督府吳元年六月革參議府十月命百官禮儀俱尚左改右相國爲左相國左相國爲右相國洪武元年正月以李善長徐達爲左右丞相十月革考功所二年六月革照磨檢校所斷事官九年閏九月詔定中書省左右丞相爲正一品左右丞爲正二品汰平章參知政事惟李伯昇王溥等以平章政事奉朝請者仍其舊

（黃元昇昭代典則）洪武十二年春正月己亥左丞相胡惟庸等既伏誅

上諭文武百官曰朕圖任大臣期於輔佐以臻至治故立中書省以總天下之文治都督府以總天下之兵政御史臺以振朝廷之紀綱豈意奸臣竊持國柄操不軌之心肆奸欺之蔽蠹害政治謀危社稷賴神發其奸皆

就殄滅朕今革去中書省陞六部仿古六卿之制俾之各司所事更置五軍都督府以分領軍衞如此則權不專於一司事不留於壅蔽卿等以爲何如監察御史許士廉等對曰歷朝制度皆取時宜況創制立法天子之事旣出聖裁實爲典要癸卯詔罷中書省陞六部改大都督府爲五軍都督府布告天下

（明史太祖本紀）洪武十三年九月丙午置四輔官告於太廟以儒士王本杜佑龔斆杜斆趙民望吳源爲春夏官

（明太祖實錄）洪武十四年十二月命翰林院編修檢討典籍左春坊左司直郎正字贊讀考駁諸司奏啓以聞如平允則署其銜曰翰林院兼平駁諸司文章事某官某列名書之

（明史職官志）洪武十五年仿宋制置華蓋殿武英殿文淵閣東閣諸大學士禮部尚書邵質爲華蓋檢討吳伯宗爲武英翰林學士宋訥爲文淵典籍吳沈爲東閣又置文華殿大學士徵耆儒鮑恂余詮張長年等爲之以輔導太子秩皆正五品二十八年勑諭羣臣國家罷丞

相設府部院寺以分理庶務立法至爲詳善以後嗣君其毋得議置丞相臣下有奏請設立者論以極刑當是時以翰林春坊詳看諸司奏啓兼司平駁大學士特侍左右備顧問而已建文中悉罷諸大學士各設學士一人又改謹身殿爲正心殿設正心殿學士

謹案明文淵閣本在南京成祖遷都後設官雖治舊名實無其地卽以午門內大學士直廬謂之文淵閣其實終明之世未嘗建閣也我

朝右文隆軌超邁往牒近者

特命於

文華殿後鼎建

文淵閣以藏四庫全書輪奐聿新規模大備而閣臣之帶

文淵閣銜者其稱名亦更爲核實矣至新設領閣事直閣事諸官則詳具於閣職表中玆不備及云

（鄧球泳化類編）洪武壬午（時成祖初卽位仍稱洪武三十五年）秋七月始開內閣於東角

門（卽文淵閣）命翰林院文學行誼才識之士入直贊襄時得待詔解縉修撰胡廣編修楊榮吳府審理副楊士奇侍書黃淮給事中金幼孜桐城知縣胡儼入居閣中諭以委任心腹至意專典機密雖學士王景輩不得與焉內閣自此始矣是冬陞縉爲翰林侍讀學士胡廣黃淮胡儼皆侍讀楊榮楊士奇金幼孜皆侍講

（明史職官志）成祖特簡講讀編檢等官參預機務（簡用無定員）謂之內閣然解縉胡廣等既直文淵閣猶相繼署院事至洪熙以後楊士奇等加至師保禮絕百僚始不復署正統七年翰林院落成學士錢習禮不設楊士奇楊榮座曰此非三公府也二楊以聞乃命工部具椅案禮部定位次以內閣固翰林職也嘉隆以前文移關白猶稱翰林院以後則竟稱內閣矣

（王瓊雙溪雜記）永樂初始建內閣於東角門內命解縉等七人在閣辦事仁宗正位東宮皆轉春坊官凡草制纂修等事惟翰林掌之無內閣掌管之說也永樂間胡廣所兼不過春坊大學士則是時殿閣大學士不設

已久矣今尙書在內閣辦事六部請勅書手本只云合手本前去翰林院寫勅施行則舊意猶存可考也終永樂之世二楊官止五品蓋爲衙門所拘初未有衙門小官大之例也仁宗登極始以東宮舊臣陞士奇爲禮部侍郎尋陞少保兼華蓋殿大學士楊榮爲太常卿進太子少傅兼謹身殿大學士又陞工部尙書在內閣辦事楊溥永樂繫獄十年至是釋出擢翰林院學士尋陞太常卿兼學士內閣辦事此三人皆以龍飛超陞委任不可以例論也後楊溥丁憂起復不入閣宣德閒因九年三品考滿方陞禮部尙書學士如故英宗卽位復命入內閣正統四年修宣廟實錄成溥進少保士奇榮進少師號三楊由是內閣之權漸重無異宰相之設六部之權漸輕凡事皆多稟受內閣風旨而後行日久因襲遂不可改矣

〔黃瑜雙槐歲抄〕文淵閣爲天子講讀之所非政府也故列凳側坐而虛其中以俟臨視洪武中代言修書授諸王經者皆在而戶曹張賞賜次於旁用備賚予永樂初命解縉等七人入掌密勿凡行移稱翰林院內閣官

傳旨條旨則與尚書蹇義夏原吉同事而學士王景輩不與焉縉等遷至大學士惟胡儼尋擢祭酒庚寅二月儼兼侍講再入閣有詩云承乏詞林愧不才重承恩詔直芸臺蓋詞臣入直之常耳洪熙初閣老皆躋保傅參預機務惟在北京宣德時臨視至再始設庖廚不復退食於外而出掌部者不再入正統初開經筵於文華殿聖駕自是罕至傳旨則中官專之惟條旨墨書小票司禮監用硃批出閣有依違而他官不與迨徐武功李文達掌文淵閣事始以政府視之人亦稱爲宰相矣

（鄭曉今言）先朝內閣亦調外任宣德中陳山張瑛以干請諸司出山教小內使出瑛爲南京禮部尚書景泰中亦出江淵爲禮部尚書不獨解與胡也孤卿入內閣自王文始先朝重冢宰雖內閣元輔歷二三十年亦不得領吏部尚書內閣之領吏部尚書也亦自文始也

（孫承澤春明夢餘錄）文淵閣未有言掌者徐有貞以武功伯領之遂改爲掌文淵閣王世貞譏之以謂文淵不可掌也吏部左侍郎李賢爲本部

尙書兼翰林院學士掌文淵閣事則又不止武功也又考解縉入閣居七人之首其繫銜亦曰掌文淵閣事則又不始於武功也

（李日華官制備考）嘉靖中又名奉天殿爲皇極華蓋殿爲中極謹身殿爲建極而大學士名官如其初

（明史職官志）嘉靖以後朝位班次俱列六部之上

（萬斯同宰輔彙考）成祖始設內閣其秩甚卑朝班各依其品遠在尙書侍郎下厥後解縉出爲參政胡儼改爲祭酒胡廣積資十五年楊榮金幼孜積資十九年始得列銜文華猶五品也至仁宗踐阼楊士奇始授華蓋黃淮始授武英與榮幼孜並加至侍郎尙書且漸臍東宮保傅而士奇至爲三孤自是內閣位尊權重出尙書右矣然正統末商輅彭時以修撰入天順初岳正以贊善入猶小臣也班亦各依其品其以侍郎入自宣德張瑛始以左都御史入自景泰王文始以禮部尙書入則自弘治邱濬始自時厥後悉用翰林大僚然以侍郎詹事少詹事入者止兼翰林學士不遽

授大學士也嘉靖時翟鑾李本猶然至隆慶初張居正以侍郎入遽列銜東閣自是初拜者無不卽授大學士矣迨崇禎末魏藻德以修撰改少詹事卽授東閣則是閣體已尊不得不然也

〔明史職官志序〕明自洪武十三年罷丞相不設析中書省之政歸六部以尙書任天下事侍郎貳之而殿閣大學士祇備顧問帝方自操威柄學士鮮所參決外設都布按三司分隸兵刑錢穀其考核則聽於府部是時吏戶兵三部之權爲重迨仁宣朝大學士以太子經師恩累加至三孤望益尊而宣宗內柄無大小悉下大學士楊士奇等參可否雖吏部蹇義戶部夏原吉時召見得預各部事然希闊不敵士奇等親自是內閣權日重卽有一二吏兵之長與執持是非輒以敗至世宗中葉夏言嚴嵩迭用事遂赫然爲真宰相壓制六卿矣然內閣之擬票不得不決於內監之批紅而相權轉歸之寺人於是朝廷之紀綱賢士大夫之進退悉顛倒於其手伴食者承意旨之不暇閒有賢輔卒蒿目而不能救迹其與亡治亂之由

豈不在用人之得失哉

謹案自漢魏事歸臺閣歷代以中書秉政統轄六曹三省長官久爲宰相之職明太祖懲胡惟庸之擅權始廢丞相不設專任六部分相職於各尚書於是唐宋以來三省之制至洪武而一變其時威柄在上事皆親決雖嘗設殿閣大學士祇備顧問並不以爲與聞國論之官至成祖始簡儒臣直文淵閣令其參預機務於是有內閣之名洪武之制至永樂而又一變然當時所謂入內閣者不過如內直之翰林故不置官屬其官銜但曰入閣辦事入閣預機務而已必洊加方得至大學士班秩俱五品而止未嘗得制六卿也自仁宗而後諸大學士歷晉尚書保傅品位漸崇專任票擬事權益重遂以大學士爲定名班次在六部之上而尤重首揆至詔旨章奏皆以首輔目之蓋永樂之制至中葉以後而又一變矣惟是大學士委寄雖隆而終明世秩止正五品故其官仍以尚書爲重其署銜必曰某部尚書兼某殿閣大學士本銜在下而兼銜

反在上此則其沿襲之失而名實不能相副者也其閒因革變改之由
隨時重輕皆可以考鑑得失謹據明史明實錄參以他書所載臚具如
右至於票擬揭帖推用班序規制儀式之詳見於諸書者尚多皆有關
於明代內閣典故今並節採附之於後云
（廖道南殿閣詞林記）洪武中革去中書省分任九卿衙門中外章奏皆
上徹御覽每斷大事決大疑臣下惟面奏取旨有所可否則命翰林儒臣
折衷古今而後行之故洪武時批答皆御前傳旨當筆永樂洪熙二朝每
召內閣造膝密議人不得與聞雖倚毗之意甚專然批答出自御筆未嘗
委之他人也至宣德時始令內閣楊士奇輩及尚書兼詹事蹇義夏原吉
於中外奏章許用小票墨書貼各疏面以進謂之條旨中易紅書批出及
遇大事猶命大臣面議議既定傳旨處分不待批答自後始專命內閣條
旨然中每依違或徑由中出及天順復辟每事與內閣面議然後批行弘
治末年總攬乾綱內閣條旨多孝廟御書涉重大至廑宣問幾復國初之

舊今之建議者徒知批答當依內閣所條而不知有面議傳旨故事或誤以條爲調謂調和之義者非也

（王世貞筆記）內閣臣職在司內外制而已未有所謂調旨也自宣德中大學士二楊公與尚書蹇夏始有調旨之說而二楊復以位尊惡煩特奏以少詹事兼講讀學士王直王英兼知誥勅然內閣實總之後直英出理部事以侍講學士陳循馬愉侍講曹鼐代之尋華併入內閣弘治甲寅復奏以學士李東陽兼禮部右侍郎掌誥勅說者謂爲李公入閣地也李入閣太常卿程敏政代沿至吏部侍郎溫仁和以憂歸而大學士張桂等密疏不宜設自是遂罷

謹案王直等以少詹事兼講讀學士知誥勅李東陽以學士兼禮部侍郎掌誥勅皆專司制誥而不預票擬蓋今內閣學士之職也

（雙溪雜記）英宗九歲登極有詔凡事白於張太后然後行太后令付內閣議決每數日必遣中官入閣問連日曾有何事來商榷具帖開報驗看

不付閣議者卽召司禮監責之內閣票旨始此

（春明夢餘錄）舊制紅本到閣首輔票擬餘唯諾而已崇禎中御史倪元珙請分票其後本下卽令中書分之首輔之權雖稍分然水火之端啓而中書之弊種種矣

（宋端儀立齋錄）初朝廷旨意多出內閣臣調進旨稿留閣中號絲綸簿其後宦寺專恣收簿秘內徐有貞既得權寵乃告上如故事還簿閣中

謹案明制以司禮監批紅故宦豎得以竊弄魁柄實一代之秕政

國朝定制凡內外本章閣臣票

旨進呈恭請

裁定後卽付批本處批清字於翌日下閣付內閣學士批漢字六科給事中

受而行之制度最爲愼重焉

（陳繼儒見聞錄）累朝以來閣中凡有密奏及奉諭登答者皆稱爲揭帖其制視諸司題式差狹而短字如指大以文淵閣印緘封進御左右近侍

莫能窺也然揭亦不敢數數輕進每進揭主上輒動色謂左右云閣下揭帖至矣其重如此自江陵之後建言者多朝廷厭其激聒時處一二人而閣臣務欲暴白心迹不論是非輒上揭申救而主上亦以爲套不復省矣

謹案以上六條俱明代內閣票擬揭帖之制

（春明夢餘錄）閣員初無定額洪武初吳伯宗以武英殿大學士復爲翰林院檢討永樂初王文忠以庶吉士入翰林未幾召同王直入內閣書機宜奏疏五年升修撰十四年進侍講入閣在先授官在後嗣後始以翰林院銜直文淵閣然惟胡文穆靖彭文憲時商文毅輅修撰楊文敏榮編修其他黃文簡淮以中書舍人楊文貞士奇以吳王府審理副陳汝靜敬宗張子玉瑛以鄉舉金文靖幼孜以給事中胡若思儼以桐城知縣俞綱以審理權謹以光祿署丞徐武功有貞以都御史李文達賢以主事王文毅恩文薛文清瑄以御史高文毅穀以中書舍人劉宇曹元以知縣袁榮襄宗皋以長史楊文襄一清以總督張文忠孚敬方獻夫桂萼二文襄霍文敏

韜以主事席文襄書以戶侍許文簡讚以吏書夏文愍言以給事皆不由館選自兹會推內閣冢宰掌院必列名至崇禎朝遂定爲故事每次枚卜必內外兼推○初設內閣楊文貞士奇歷二十三年官止五品後加至少師止兼兵部尚書華蓋殿三官時蹇忠定義以少師爲冢宰朝廷不欲文貞班居其上以存冢宰之體也陳芳洲循雖兼五官亦止戶部尚書後李文達賢彭文憲時商文毅輅相繼領吏部尚書自後遂爲首輔故事其以他官兼大學士者如楊士奇以禮侍兼華蓋金幼孜以戶侍兼武英陳山以戶侍兼謹身張瑛以禮侍兼華蓋黃淮以通政使兼武英楊榮以太常兼文淵徐有貞以武功伯兼華蓋殿閣大學士自相兼者如陳循以華蓋兼文淵高穀王文以謹身兼東閣胡廣楊榮金幼孜以文淵兼翰林院學士其內閣諸殿次第自正統閒始定其兼銜次第自天順閒始定然或以所兼保傅爲等級或以部分爲先後如楊榮以太子少傅謹身位少保黃淮武英下陳山無兼官以謹身位少保黃淮太子少保金幼孜武英下少

保黃淮太子少保金幼孜以戶部尚書位少傅兵部楊士奇下楊溥無兼官以禮部位工部楊榮下王文以少保吏部位戶部陳循工部高穀少保太子太傅下皆取所兼保傅爲次序也張瑛以禮部華蓋殿位戶部謹身陳山下此則以部分爲次序也

謹案以上二條皆明代內閣推用班序之制

〔王鏊震澤長語〕文淵閣在奉天殿東廡之東文華殿之前前對皇城深嚴禁密百官莫敢望焉吏人無敢至其地閣中趨侍使令惟廚役耳防漏泄也禁密文書一小匣在几上鑰之而不合大學士暮出而鑰其門匙懸門上恐禁中不時有宣索也故事禁中不得舉火雖閣老亦退食於外相傳宣宗一日過城上令內監瞰閣老何爲曰方退食於外曰曷不就內食曰禁中不得舉火上指庭中隙地曰是中獨不可置庖乎今烹膳處是也自是得會食中堂又傳一日過城上瞰閣老何爲曰方對弈曰何不聞落子聲曰棊以紙上笑曰何陋也明日賜象牙棊一副至今藏閣中又內閣

庭中花臺上有芍藥三本相傳亦宣廟時植至今盛開

（泳化類編）文淵閣在午門內學士每入以東西兩凳相對坐向無公座李賢自吏部入欲設公座如都堂之制彭時不可曰宣宗駕常幸此中坐故至今不敢南面賢意猶未釋已而英宗遣太監傳恭送銅範飾金孔子幷四配像一龕置閣中賢乃止自是閣老每晨入對像一揖遇朔望率翰林官行四拜禮乃東西對坐

謹案以上二條皆明代內閣規制儀式

（明史職官志）中書科中書舍人二十名從七品直文華殿東房中書舍人直武英殿西房中書舍人內閣誥勅房中書舍人制勅房中書舍人並從七品無定員中書科舍人掌書寫誥勅制詔銀冊鐵券等事員無正貳印用年深者掌之文華殿舍人職掌奉旨書寫書籍武英殿舍人職掌奉旨篆寫冊寶圖書冊頁內閣誥勅房舍人掌書辦文官誥勅繙譯勅書幷外國文書揭帖兵部紀功勘合底簿制勅房舍人掌書辦制勅詔書誥命冊表寶文

玉牒講章碑額題奏揭帖一應機密文書各王府勅符底簿

〔明太祖實錄〕洪武七年二月上命省臣選儀貌端莊善應對知時務者以備任使於是中書省考唐制通事舍人掌通奏引納辭見承旨宣勞皆以善於辭命者爲之元制中書省設直省舍人三十二人皆以公卿子弟爲之執掌傳布王命宣行制誥及國有重事悉得差遣今議中書省宜設直省舍人十人秩從八品從之

〔泳化類編〕洪武丙辰改直省舍人爲中書舍人建文中改侍書入文翰館靖難後復故此官典司天子辭命職掌至重日給大官酒饌與翰林宮坊尚寶司六科同爲侍從之臣諸司無相並者其選用自進士外舉人與纂修書成被恩典者乃得之監生生儒惟有勳勞大臣暨宮僚講官子孫宜承廕敘奉特旨者乃得之用之亦非輕矣

〔明史職官志〕宣德間內閣置誥勅制勅兩房皆設中書舍人嘉靖二十年選各部主事大理寺評事帶原銜直誥勅制勅兩房四十四年兩房員

缺令吏部考選舉人爲中書舍人隆慶元年令兩房辦事官不得陞列九卿案洪武間置承敕監司文監考功監參掌給授誥敕之事永樂初命內閣典機務詔冊制誥皆屬之而謄副繕正皆中書舍人入辦事竣輒出宣德初始選能書者處於閣之西小房謂之西制敕房而諸學士掌誥敕者居閣東具稿付中書繕進謂之東誥敕房此係辦事若知制誥銜惟大學士與諸學士可帶正統後學士不能視誥敕內閣悉委於中書序班譯字等官於是內閣又有東誥敕房因劉鉉不與輔臣會食始嘉靖末復以翰林史官掌外制而武臣誥敕仍自其屬爲之若詔赦敕革之類必由閣臣翰林諸臣不得預其直文華武英兩殿供御筆札者初爲內官職繼以中書分直後亦專舉能書者大約舍人有兩途由進士部選者得還科道部屬其直兩殿兩房舍人不必由部選自甲科監生生儒布衣能書者俱可爲之不由科甲者初授序班及試中書舍人不得還科道部屬後雖加銜九列仍帶銜辦事楷書出身者或加太常卿銜沈度沈粲潘辰等有加至翰林學士禮部尚書者

（徐學謨世廟識餘錄）兩房中書遷轉至嘉靖初年始由閣下題請中書

周令者温州人嘗言成化年閒授職彼時中書與閣下如同僚然投刺如平交蓋宣德以前本一堂相處今云西房卽文淵閣也閣臣居中中書居東西兩房各辦其事已撤內庫十閒以西五閒居閣下謂之文淵閣以東五閒藏書籍而東房中書亦遷居之故今以閣下稱中堂而東西非房矣猶稱兩房者沿舊名也凡閣下到任尙之兩房答揖若六部之與各司無是體矣

〔梁清遠雕邱雜錄〕明朝中書有四一爲中書科中書舍人在中書科掌書寫誥勑三甲進士選授大臣子孫廕授而舉人有軍功者亦閒授焉一爲內閣中書則在內閣制勑誥勑兩房辦事其監生譯字生考授者職書寫誥勑及謄擬旨加銜可至大卿而外陞者少舉人考授者則代閣臣撰擬三年滿陞各部主事一爲文華殿中書則專職書寫扁額對聯之類納粟者多而考授者少一爲武英殿中書則專職圖繪內臣得而統屬之納粟者愈多而考授者愈少矣此二者名爲兩殿中書俱可加銜至卿寺

謹案唐宋中書舍人典司制命爲中書省正官蓋如今之內閣學士至
明代中書舍人所掌僅書寫繕錄之事不得行詞非唐宋中書舍人之
職當洪武初置時雖稱仿唐代通事舍人而設不知通事舍人乃如今
之奏事處官中書亦非其制以職事論之實當爲唐宋之中書省掾屬
特其時如主書錄事諸官皆以雜流爲之而明之中書科及兩房舍人
則多用士人且地居中禁凡朝廷大典禮皆得襄事其閒視外諸司尤
稱近密故當時以爲清職
本朝中書科中書以廕生貢監及知縣之應陞者補授不盡用甲科而內
閣中書則自康熙初定制專以進士舉人注授閒以散館庶吉士及進
士
朝考入選者爲之我
皇上鑾輅時巡諸生有獻賦
行在者每

召而試之拔其尤以充是職登用之途視前代益爲華選矣

欽定歷代職官表卷四

欽定歷代職官表卷五

吏部表

	吏部尚書
三代	殷太宰周冢宰天官太宰卿
秦	尚書不分曹
漢	常侍曹尚書二千石曹尚書
後漢	吏曹尚書二千石曹尚書三公曹尚書選部尚書
三國	魏吏部尚書吳選曹尚書
晉	吏部尚書
宋齊梁陳	吏部尚書
北魏	吏部尚書
北齊	吏部尚書
後周	天官大冢宰
隋	吏部尚書
唐	吏部尚書司列太常伯天官尚書文部尚書
五季	吏部尚書
宋	吏部尚書
遼	南院樞密使知南院樞密使事知南院樞密事吏部尚書
金	吏部尚書
元	吏部尚書
明	吏部尚書

吏部左右侍郎

吏部左右侍郎
天官小宰中大夫
吏部中大夫
吏部侍郎
吏部侍郎 司列少常伯 天官侍郎 文部侍郎
吏部侍郎
吏部侍郎
南院樞密副使 知南院樞密副使事 同知南院樞密使事
吏部侍郎
吏部侍郎
吏部侍郎

	文選司郎中	文選司員外郎
	天官宰夫下大夫司士下大夫	天官太宰上士
	常侍曹侍郎二千石曹侍郎（自漢迄隋侍郎即今郎中說詳後）	
	常侍曹郎二千石曹郎	
	魏吏部郎二千石郎吳選曹郎	
	吏部曹郎二千石曹郎	
	吏部侍郎郎中	
	吏部侍郎郎中	
	吏部郎中	
	小吏部下大夫	
	吏部郎選曹郎	吏部員外郎選曹承務郎
	吏部郎中司列大夫	吏部員外郎
	吏部郎中	吏部員外郎
	吏部郎中	吏部員外郎
	南院都承旨	南院副承旨
	吏部郎中（金元二代不分曹吏部兼理四司事說詳後）	吏部員外郎
	吏部郎中	吏部員外郎
	吏部文選清吏司郎中	吏部文選清吏司員外郎

文選司主事

天官太宰中士旅下士司士中士下士	
尚書主事令史	魏以後主事皆吏職明始改爲司官詳說後
吏部主事	
吏部主事	
吏部主事	
吏部主事	
南院林牙	
吏部主事	
吏部主事	
吏部文選清吏司主事	

考功司郎中	考功司員外郎	考功司主事
三公曹侍郎		
魏考功郎 定課郎		
考功郎中		
删定曹郎中 三公曹郎中		
考功郎中		
考功郎中	考功員外郎 考功承務郎	考功主事
考功郎中 司績大夫	考功員外郎	考功主事
考功郎中	考功員外郎	
考功郎中	考功員外郎	考功主事
		吏部分掌資考主事
元吏部不分曹有考科選理考功事		
吏部考功清吏司郎中	吏部考功清吏司員外郎	吏部考功清吏司主事

稽勳司郎中	稽勳司員外郎	稽勳司主事
	司勳上士	司勳下士
	司勳上士	
司勳郎	司勳員外郎 司勳承務郎	司勳主事
司勳郎中 司勳大夫	司勳員外郎	司勳主事
司勳郎中	司勳員外郎	
司勳郎中	司勳員外郎	司勳主事
		吏部分掌封勳主事
元吏部不分曹有勳封科理司勳事		
吏部稽勳清吏司郎中	吏部稽勳清吏司員外郎	吏部稽勳清吏司主事

驗封司郎中	驗封司員外郎	驗封司主事
執秩		
典封事尚書郎中		
主爵郎中		
主爵郎	主爵員外郎主爵承務郎	主爵主事
司封郎中司封大夫	司封員外郎	司封主事
司封郎中	司封員外郎	
司封郎中	司封員外郎	司封主事
		吏部分掌封勳主事
元吏部不分曹有封誥科理司封事		
吏部驗封清吏司郎中	吏部驗封清吏司員外郎	吏部驗封清吏司主事

堂主事	司務	筆帖式
		令史
		尚書令史
		令史
	尚書都令史	尚書諸曹令史
	尚書吏部都令史	正令史 書令史
	尚書都令史	尚書令史 譯令史 書令史
		正令史 書令史
	尚書吏部都事	尚書吏部諸曹令史
尚書左司主事	尚書左司都事	尚書吏部令史 書令史
尚書左司主事	六部監門官 尚書左司都事	吏部令史 書令史 守當官
	掌南院頭子	南樞密院敞史 南院郎君 南院椽史
	左司都事	女直令史 譯史
	左司都事 左三部照磨	吏部譯史 蒙古筆且齊
	吏部司務廳司務	

謹案六官分職始自成周而今之六部其原實起於漢魏以下之尚書諸曹前後尚書分四曹後漢六曹魏五尚書二十三曹西晉六尚書三十六曹東晉五尚書十五曹宋齊六尚書二十曹梁六尚書二十三曹陳六尚書二十一曹北魏五尚書三十六曹後增置不一西魏十二部北齊六尚書二十八曹隋始置六部尚書分二十四司唐宋迄元則爲尚書六部隸於尚書都省以尚書令左右僕射總統六部之事左丞及左司郎中員外郎分轄吏戶禮三部右丞及右司郎中員外郎分轄兵刑工三部其都省之制以令僕所居爲都堂當省之中左爲吏戶禮部分三行每行四司右爲兵刑工部分三行每行四司皆東西相向見於通典及葉夢得石林燕語者甚詳元代廢尚書省移入中書六部亦隨之改隸元人析津志載六部俱列中書外垣則其制亦與唐宋無異故當時六部署銜皆曰尚書某部中書某部以其統屬於都省故也自明太祖罷丞相革中書省仿古六卿之制析其職歸之六部以尚書分掌庶政侍郎佐之於是六部始各爲分署事皆專達而都省之制遂廢

本朝因之臣等纂次六部各表悉依今制分列而以前代尙書諸曹職掌相承者繫之於下至都省制度難於析載謹附識於吏部表末以存舊式其尙書侍郎郎中等官建置所自亦各於吏部篇內分條備考以著源委焉

吏部

國朝官制

吏部尚書滿洲漢人各一人初定滿洲一品漢人二品順治十六年改俱為二品康熙六年復改滿洲為一品九年定俱為正二品雍正八年升為從一品各部院同

掌中外文職銓敘勳階黜陟之政釐飭官常以贊邦治其屬有文選考功稽勳驗封四清吏司

國朝自天聰五年始設六部每部一貝勒主之吏部置滿洲承政一員蒙古承政一員漢人承政一員參政八員啟心郎一員崇德三年更定吏部設滿洲承政一員左參政二員右參政三員滿洲啟心郎一員漢人啟心郎二員順治元年停貝勒總理例改承政為尚書參政為侍郎各部同五年定滿漢尚書各一人七年增設滿洲尚書一人八年仍令親王郡王兼攝部務九年停各部同十年復裁滿洲尚書一人十五年裁啟心郎雍正元年以來常以大學士兼理部務與尚書率其屬以敘正羣吏焉

左右侍郎滿洲漢人各一人初定滿洲漢軍二品漢人三品順治十六年改俱爲三品康熙六年復改滿洲爲二品九年定俱爲正三品雍正八年陞爲從二品乾隆十四年復陞爲正二品各部院同

順治十五年定額掌佐理銓衡以貳尚書漢右侍郎初制兼翰林院學士銜其非翰林出身者不兼尋罷兼銜

文選淸吏司郎中滿洲三人蒙古漢人各一人初制滿洲郎中三品順治十六年改爲五品十八年改爲四品康熙六年復爲三品九年定與蒙古漢軍漢人俱爲正五品各部院同員外郎滿洲漢人各二人初制滿洲員外郎四品順治十六年改爲五品康熙六年復爲四品九年定與蒙古漢軍漢人俱爲從五品各部院同主事滿洲一人漢人二人初制滿洲主事四品順治十六年改爲六品康熙六年改爲五品九年定與蒙古漢軍漢人俱爲正六品各部院同

掌班秩遷除均平銓法崇德三年吏部設理事官四員副理事官六員順治元年改理事官爲郎中副理事官爲員外郎各部同設滿洲郎中四人漢軍郎中二人滿洲蒙古員外郎八人漢軍員外郎六人主事四人十二年增滿洲郎中四人員外郎停兼用蒙古十八年復設蒙古員外郎一人康熙元年仍省三十八年裁漢軍員外郎四人五十七年增設蒙古郎中一

人主事一人復設蒙古員外郎一人雍正五年裁漢軍郎中員外郎初制滿洲蒙古漢軍司官皆統爲員額不分專曹悉聽堂官調撥後始分司定缺各部同 其漢人司官則順治元年卽隨曹置額文選司初設漢郎中一人員外郎一人主事二人雍正五年增設漢員外郎一人凡漢缺郎中員外郎主事皆以由科甲出身者注授各司同

考功清吏司郎中滿洲三人漢人一人員外郎滿洲二人蒙古漢人各一人主事滿洲一人漢人二人

掌論劾考察旌別功過順治元年設漢郎中員外郎主事各一人雍正元年增設漢主事一人

稽勳清吏司郎中滿洲漢人各一人員外郎滿洲二人漢人一人主事滿洲漢人各一人

掌更名改籍終養服制兼稽在京文員俸廩漢司官員額順治元年定

驗封清吏司郎中滿洲漢人各一人員外郎滿洲二人漢人一人主事滿洲蒙

古漢人各一人

掌

封贈襲廕土司嗣職漢司官員額亦順治元年定

堂主事滿洲四人漢軍一人

掌文案者滿洲二人掌章奏者滿洲二人漢軍一人順治元年定額

司務廳司務滿洲漢人各一人初制從九品乾隆三十六年升爲正八品各部寺同

掌出納文書稽察胥吏各部同 順治元年止設漢人司務二人四年裁一人

十五年定設滿洲漢人各一人

筆帖式滿洲五十七人蒙古四人漢軍十二人由舉人恩拔歲副貢生考取者七品由生員監生考取者八品由官學義學生等考取者九品各部院同

掌繙譯清漢章奏文籍各部同 天聰五年始令六部辦事筆帖式各酌量補

授吏部筆帖式滿洲初設六十五員後省八員蒙古初設二員後增二員

漢軍初設十六員後省四員分隸各司視事之繁簡以爲額

歷代建置

三代

(禮記曲禮)天子建天官先六大曰大宰(鄭康成註)此蓋殷時制也

(尚書周官)冢宰掌邦治統百官均四海

謹案舜典納於百揆蔡氏沈以爲猶周之冢宰而當時未有官號今故仍託始於殷周焉

(周禮天官)治官之屬大宰卿一人小宰中大夫二人宰夫下大夫四人上士八人中士十有六人旅下士三十有二人太宰之職掌建邦之六典以佐王治邦國小宰之職掌邦之六典八灋八則之貳以逆邦國都鄙官府之治宰夫之職掌治灋以攷百官府羣都縣鄙之治(鄭康成註)六官皆總屬於冢宰冢宰於百官無所不主變冢言大進退異名也百官總焉則謂之冢列職於王則稱大冢大之上也

(唐六典)吏部尚書周之天官卿也侍郎周之天官小宰中大夫也太宰屬官有下大夫蓋吏部郎中之任也有上士蓋今員外郎之任也

〔周禮夏官〕司士下大夫二人中士六人下士十有二人府二人史四人胥四人徒四十人掌羣臣之版以治其政令歲登下其損益之數辨其年歲與其貴賤周知邦國都家縣鄙之數卿大夫庶子之數以詔王治

〔杜佑通典〕參詳古今徵考職任天官太宰當爲尙書令非吏部之任今吏部宜出於夏官之司士

〔春秋左氏傳〕晉侯作執秩以正其官杜預曰主爵秩之官

〔周禮夏官〕司勳上士二人下士四人府二人史四人胥二人徒二十人掌六鄉賞地之法以等其功王功曰勳國功曰功民功曰庸事功曰勞治功曰力戰功曰多

謹案後世以六部分配六官吏部實準周禮天官之職然考太宰總百官以掌邦治與後世專司銓選者不同故杜佑以爲吏部之任出於夏官之司士其說最允至執秩爲今驗封之職司勳爲今稽勳之職沿襲所自尙有可徵今並著之於表又考春官內史掌王之八枋之法以詔

王治一曰爵二曰祿三曰廢四曰置五曰殺六曰生七曰予八曰奪凡命諸侯及孤卿大夫則策命之鄭康成註云太宰既以詔王內史又居中貳之是今吏部文選考功驗封三司之事其源又當出於內史又案晏子春秋齊景公燕賞於國內萬鍾者三千鍾者五令三出而職計莫之從公怒令免職計令三出而士師莫之從是後世考功之法亦春秋時士師所兼掌矣謹附著於此

秦

(通典)秦尚書四人不分曹名

謹案秦代雖未有曹名然尚書官號實肇置於此故特著之吏部條下以明權輿所自至尚書尚字陸德明經典釋文讀作常音而岳珂媿郯錄則云秦世少府遣吏四人在殿中主發書故謂之尚書尚猶主也漢初有尚冠尚衣尚食尚浴尚席尚書謂之六尚戰國時已有尚衣尚冠之屬然則尚書之稱尚書從去聲而非平聲今案藝文類聚引韋昭辯

釋名曰尙猶奉也百官言事當省案平處奉之故曰尙尙食尙方亦然

如淳注漢書亦云主天子文書曰尙書如主壻曰尙主據此則尙字之

當讀去聲似爲有本然自六朝以後文人詞賦無不用作辰羊切者則

其讀平聲亦已久矣

漢

〔後漢書百官志〕尙書六百石常侍曹尙書主公卿事二千石曹尙書主

郡國二千石事侍郎四百石主作文書起草令史二百石

〔晉書職官志〕漢成帝建始四年置尙書四曹各有其任其一曰常侍曹

主丞相御史公卿事其二曰二千石曹主刺史郡國事後又置三公曹爲

五曹後漢光武以三公曹主歲盡考課諸州郡事改常侍曹爲吏部曹主

選舉祠祀事尙書雖有曹名不以爲號靈帝以侍中梁鵠爲選部尙書於

此始見曹名

〔後漢書馮勤列傳〕勤爲郎中給事尙書使與諸侯封事

（劉昭後漢志注）蔡質漢儀曰三公曹典天下歲盡集課事三公尚書二人典三公文書尚書郎初從三署詣臺試初上臺稱守尚書郎中歲滿稱尚書郎三年稱侍郎

（漢書百官公卿表）郎掌守門戶出充車騎有議郎中郎侍郎郎中皆無員

（徐堅初學記）秦初置郎中令其屬官有三署五官中郎將左中郎將右中郎將凡三署也中有郎中侍郎無員多至千人郎中秩比三百石侍郎比四百石以其爲郎居中故曰郎中以其爲內侍故曰侍郎

尚書郎初從三署郎選詣尚書臺試故郎中侍郎之名猶因三署本號也西漢言郎者多非尚書郎惟田蚡少爲諸曹郎是也其馮唐爲郎中顏駟爲郎揚雄爲侍郎及諸言以貲爲郎父任爲郎皆三署郎至東漢猶難分有尚書及曹名冠首者即尚書郎直言爲郎亦三署郎魏以後即無三署郎自漢以來諸曹郎中侍郎或不兩置或惟置郎中或惟置侍郎然二者亦通爲尚書郎漢世兩置有郎中侍郎

（通典）後漢尚書令史皆選於蘭臺符節簡練有吏能者爲之尚書郎與令史皆主文簿

謹案今六部之名始於隋代由漢以迄南北朝則統爲尚書諸曹其名增損不一大抵隨宜設官不必依六典以爲區別故以今制配隸不盡相準今第取職掌可考者分繫各部之下以明沿革如常侍二千石三公考功定課諸曹則繫之吏部三公本主斷獄又別繫之刑部金部度支農部倉曹民曹則繫之戶部至侍郎郎中官名本出秦漢三署因以爲尚書郎之通稱原無差別故杜佑謂漢魏以來尚書屬或有侍郎或有郎中或曰尚書郎或曰某曹郎或則兼置或爲互名雖稱號不同其職一也自隋煬帝置六侍郎增品第四以貳尚書之職改諸司侍郎但曰郎於是侍郎始爲六部長官唐初又於郎下復加中字而郎中亦遂沿爲曹屬定名然則隋以前侍郎乃即今各部郎中之職其郎中與侍郎並置者郎中乃今員外郎之職而今各部堂官之侍郎則前代所無隋以後始置名雖同而實則異矣

三國

(通典)魏改選部爲吏部主選事陳羣始建九品官人法拜吏部尚書吳

暨豔爲選曹尚書

（初學記）吏部自漢及魏授此職者或云吏部尚書若授諸曹尚書直云尚書漢魏晉世若授吏部者即云以某爲吏部尚書若授他曹云某爲尚書至晉宋齊以後始云某授工部刑部五兵度支等尚書耳故歷代職官之書皆別紀吏部尚書不與諸曹同

（晉書百官志）魏尚書郞有吏部二千石考功定課案定課宋書百官志作定科

（通典）魏自黃初改祕書爲中書置通事郞掌詔草而尚書郞非復漢時職任

謹案漢之尚書郞下筆爲詔策出言爲詔命其所掌蓋即今內閣之任自魏文帝改其職入中書而尚書郞惟理庶務乃與今六部司員無異世俗相沿以明光起草含香奏事用爲部曹典故不知此乃漢尚書郞職儀其實與後世曹郞並無涉也

晉

（宋書百官志）晉有吏部尚書

〔晉書職官志〕晉受命武帝罷定課置吏部二千石曹郎康穆以後又無二千石郎但有吏部

〔唐六典〕晉尚書郎曹有考功郎中一人

〔通典〕晉有尚書都令史秩二百石與左右丞總知都臺事又賈充置省事吏品職與諸曹令史同

宋齊梁陳

〔鄭樵通志〕宋時吏部尚書領吏部刪定三公比部四曹孝武不欲威權在下大明二年分吏部尚書置二人以輕其任而省五兵後還置一吏部尚書

〔宋書百官志〕太祖元嘉十八年增刪定曹郎次在左民曹上蓋魏世之定科郎（即定課）也三十年又置功論郎次都官之下在刪定之上

〔南齊書百官志〕吏部尚書領吏部刪定三公比部四曹

謹案宋齊以比部主法制故領於吏部尚書而隋以後則皆屬刑部又

功論郎所掌本考功法而南齊志所載乃領於都官尚書不隸吏部蓋時未有六部定制故隨宜統攝不相畫一也今悉以現行職掌所承爲定以功論郎繫之吏部而比部郎則仍列入刑部表內他並仿此

〔隋書百官志〕梁置吏部尚書吏部刪定三公比部等郎天監三年置侍郎其郎中在職勤能滿二載者轉之陳承梁皆循其制吏部尚書中二千石品第三尚書吏部侍郎郎中六百石品第四

〔通典〕尚書都令史宋齊八人梁五人謂之五都令史舊用人常輕武帝詔用士人乃以司空法曹參軍劉顯兼吏部都○晉宋蘭臺寺正書令史雖行文書皆有品秩朱衣執板給書僮梁陳同

北魏

〔魏書官氏志〕吏部尚書第三品尚書吏部侍郎第四品尚書郎中第六品尚書都令史主事令史從第八品皇始四年復尚書三十六曹置代人令史一人譯令史一人書令史一人

謹案主事之名本起於漢之光祿勳〔後漢書范滂傳〕滂遷光祿勳主事時陳蕃爲光祿勳滂執公儀詣蕃

蓄不止之滂投版棄官去自魏於尙書諸司各置主事令史隋代又去令史字遂爲今各部主事之權輿然唐宋多用流外其品猶卑金始用士人大定中弇用進士而所掌不過吏職故明初尙爲首領官至洪武中改主事爲司官乃與郞中員外郞並稱淸選矣

後周

〔後周書蘇綽列傳〕太祖依周禮建六官天官府管冢宰等衆職

〔馬端臨文獻通考〕後周有吏部中大夫一人掌羣臣及諸子之簿辨其貴賤與其年歲歲登下其損益之數依六勳之賞頒祿之差小吏部下大夫一人掌貳吏部之事領司勳上士等官屬大司馬

隋

〔隋書百官志〕高祖置吏部尙書統吏部侍郞二人主爵侍郞一人司勳侍郞二人考功侍郞一人〇尙書省二十四司各置員外郞一人以司其曹之籍帳侍郞闕則釐其曹事煬帝定尙書六曹各侍郞一人以貳尙書

之職諸曹侍郎並改爲郎又改吏部爲選部郎（諸部別見後）以異六侍郎之名
廢諸司員外郎而每增置一曹郎各爲二員尋又每減一郎置承務郎一
人同員外之職

（通典）開皇三年置員外郎今尚書員外郎自此始以前歷代皆謂之尚
書郎或謂之侍郎皆無員外之號前代史傳及職官要錄或有言員外郎
者蓋謂員外散騎侍郎耳非尚書之職

（通志）尚書都令史隋改都事煬帝分隸六尚書置六人領六曹事○主
事令史煬帝去令史之名但曰主事隨曹閑劇每十令史置一主事不滿
十者亦一人雜用士人○令史後魏謂之流外勳品北齊尚書郎判事正
令史側坐書令史過事自隋以來漸爲卑冗煬帝以四省三臺皆曰令史
九寺五監諸府衞皆曰府史

謹案前代尚書曹名增減不一自隋文帝置吏部禮部兵部都官度支
工部六曹旋復改度支爲民部都官爲刑部於是六部之名至今沿爲

定式其侍郎員外郎主事諸官亦皆定於隋代漢魏以來尚書規制至此而斟酌漸密故後來多本之焉

唐

（舊唐書百官志）吏部尚書一員（正三品龍朔二年改為司列太常伯光宅元年改為天官尚書神龍復為吏部尚書）侍郎二員（正四品上龍朔改為司列少常伯咸亨復總章元年吏部兵部各增置侍郎一員）掌天下官吏選授勳封考課之政令其屬有四一曰吏部二曰司封三曰司勳四曰考功總其職務而行其制命尚書侍郎分為三銓（尚書為尚書銓侍郎二人分為中銓東銓）擇人以四才校功以三實據其官資量其注擬以定九流之品格郎中二員（並從五品上龍朔為司列大夫咸亨光宅並隨曹改）員外郎二員（並從六品上）郎中一人掌考天下文吏之班秩階品郎中一人掌小銓以其在九流之外謂之流外銓亦謂之小選（小銓舊委郎中專知開元二十五年又敕銓試訖留放皆尚書侍郎定之也）員外郎一人掌判南曹（曹在選曹之南故謂之南曹）員外郎一人掌判曹務○司封郎中一員（從五品上隋曰主爵郎武德因之龍朔改為司封大夫光宅改司封郎中）司封員外郎一員（從六品上）掌國之封爵○司勳郎中一員（從五品上隋曰司勳郎武

德初乃加中字龍朔改為司勳大夫咸亨復司勳員外郎二員從六品上掌邦國官人之勳級○考功郎中一員從五品上龍朔二年改為司績大夫咸亨初乃復考功員外郎一員從六品上掌內外文武官吏之考課

〔司馬光資治通鑑〕天寶十一年三月乙巳改吏部為文部至德二載復舊

〔唐六典〕尚書左右司各掌付十有二司之事以舉正稽違省署符目都事監而受焉左右司都事從七品上主事從九品上

謹案唐宋以來尚書左右司本都省僚屬說已具前自明代分建六部革都省之制左右司郎中員外郎俱已久廢惟今各部堂主事司務所掌如受遣文書考察掾史諸務尚即前代左右司都事主事之舊職謹以隸左司者著之吏部表內他部仿此

〔新唐書百官志〕吏部主事四人司封主事二人司勳主事四人考功主事三人〔胡三省通鑑注〕唐主事並用流外入流者補之吏部令史三十人書令史六十人制書令史十四人甲庫令史十三人亭長八人掌固十二人司封令史四人書令

史九人掌固四人司勳令史三十三人書令史六十七人掌固四人考功令史十五人書令史三十人掌固四人

謹案唐承隋制尚書六部部各四曹凡二十四曹其每部首曹卽以本部爲曹名佐其長而行政令謂之本曹如吏部郎爲尚書吏部郎中員外郎戶部郎爲尚書戶部郎中員外郎其餘三曹各以職掌分列而署銜則不冠以本部名謂之子司如司封則但曰尚書司封郎中員外郎司勳則但曰尚書司勳郎中員外郎並不冠以吏部宋制因之所謂吏勳封考戶度金倉禮祠主膳兵職駕庫刑都比門工屯虞水者是也金元六部皆無分曹明初復仍唐制部設四曹而首曹之以本部爲名者則改稱總部尋又改吏禮兵工四總部爲文選儀制武選營繕四清吏司至此始別置曹名後遂沿爲定制然溯其源流則固唐宋之本曹也至考功自唐迄明皆爲吏部第四曹

本朝始改列文選之次蓋一司銓政一司考課相輔而行於體制斯爲允稱矣

（唐會要）唐因隋制吏部尚書掌銓六品七品選侍郎掌銓八品九品選至景雲元年宋璟爲吏部尚書始相通與侍郎分知因爲故事

（通典）自開元以來宰相員少資地崇高又以兵吏尚書權位尤美而宰臣多兼領之但從容衡軸不自銓綜其選試之任皆侍郎專之尚書通署而已遂爲故事或分領其事則列爲三銓四年六月勅員外郎御史幷餘供奉官直進名勅授自此不在吏部尚書掌其一侍郎掌其二

（顧炎武日知錄）唐貞觀元年京師穀貴始分人於雒州置選至開耀元年以河雒天下之中詔東西二曹兩都分簡謂之東選是東都一掌選也黔中嶺南閩中官不由吏部委都督選擇土人補授上元三年勅每年遣五品已上官充南選使仍令御史同往注擬大曆十四年詔專委南選使停遣御史是黔中嶺南閩下各一掌選也李峴傳曰代宗徵峴爲荆南節度知江淮選補使又曰罷相爲吏部尚書知江淮選舉置銓於洪州劉滋傳曰興元元年改吏部侍郎往洪州知選事是江南又一掌選也

（李肇國史補）郎官故事吏部郎中二廳先小銓次格式員外郎二廳先

南曹次廢置其制尚矣

（王定保唐摭言）俊秀等科比皆考功主之開元二十四年廷議以省郎

位輕不足以臨多士乃詔禮部侍郎專之

謹案考功本掌貢舉及議諡之事其後貢舉雖歸之禮部而議諡之職

至宋猶然明初始以屬之內閣云

（錦繡萬花谷）無撰人名 尚書郎自兩漢後妙選其人唐貞觀以來尤重其職

吏部前行最爲要劇自後行改入皆爲美遷案唐制尚書六曹以吏部兵部爲前行戶部刑部爲中行禮部工部爲後行

考功員外郎專掌貢舉員外郎之最望者也

五季

（五代史本紀）吏部侍郎于兢爲中書侍郎

（五代史列傳）李琪遷吏部尚書

謹案五代新史闕職官志舊史雖有之而簡陋殊甚故官制無可考見

以紀傳核之六曹官名大約多仍唐舊今略採二條以見其概又亙盧革傳載唐梁之際吏部銓文書不完因緣爲姦利郭崇韜請論以法選人吳延皓改告身事發尚書左丞判吏部銓崔沂等皆貶據此則後唐吏部銓又嘗以他官掌之亦不盡用三銓之法也

宋

（文獻通考）宋朝典選之職自分爲四文選二曰審官東院（淳化二年置磨勘京朝官院又以差遣院併入號磨勘差遣院亦名考課院淳化四年以考課京朝官院爲審官院熙寧間置審官西院以主武選於是改審官院爲審官東院爲）曰流內銓武選二曰審官西院曰三班院元豐定制以審官東院爲尚書左選審官西院爲尚書右選流內銓爲侍郎左選三班院爲侍郎右選掌文武官選授勳封考課之政令文臣寄祿官自朝議大夫職事官自大理正以下歸尚書左選武臣陞朝官自皇城使職事官自金吾衞仗司以下歸尚書右選自初仕至州縣幕職官歸侍郎左選自借差監當至供奉官軍使歸侍郎右選凡分職爲三封爵贈官之事司封主之賜功定省之

事司勳主之官資課最名諡之事考功主之

〔宋史職官志〕吏部尚書掌文武二選之法所隸官分掌其事兼總於尚書驗實而後判成置吏曰主事令史曰書令史曰守當官二十四司亦如之南渡初諸曹長貳互置惟吏部備官紹興八年置權尚書以處未應資格之人〇侍郎分左右選建炎四年置權侍郎滿二年爲眞舊制吏部除侍郎二員分典左右選總稱吏部侍郎閼命官兼攝惟稱左選侍郎或右選而已紹興三年始有侍左侍郎侍右侍郎之稱既而徑入除目相承不改〇郎中員外郎舊主判二人以朝官充元豐官制行置吏部郎中主管尚書左右選及侍郎左右選各一員參掌選事而分治之凡郎官並用知府資序以上人充未及者爲員外郎紹興八年呂希常兼權侍右郎官紹興三十一年李端明除尚右郎官既而何俌揚倓賚行之除吏部郎官皆有侍左侍右尚左尚右之稱自此相承不改〇司封郎中員外郎掌官封敘贈承襲之事〇司勳郎中員外郎掌勳賞之事〇考功郎中員外郎掌

文武選敘磨勘資任考課之政令○尚書左右司分房十置都事三人主事六人
謹案唐以吏部主文選兵部主武選宋則文武二選悉歸之吏部且有由中書樞密除授併不經吏部二選者宋六曹悉仍唐制惟選法視唐爲較異云
〔李心傳建炎以來朝野雜記〕六部監門官紹興二年初置秩比寺監丞郎官有缺得兼之內選則爲寺監丞或權郎外除至有爲諸路總領者六部架閣官崇寧閒始置迄宣和再置再省紹興三年立六部架閣庫十五年復置官四人
謹案宋六部同建於尚書都省故監門官得統司六部之事以其職考之似卽今之司務也至宋制六部成案留部二年然後藏之架閣庫又八年則委之金耀門文書庫故特設官以掌之今之六部文案各留本司諸曹皆自爲典守是以前代架閣掌固之官悉罷之而不設焉

遼

（遼史百官志）契丹南樞密院掌文銓部族丁賦之政凡契丹人民皆屬焉以其牙帳居大内之南故名南院○南院樞密使○知南院樞密使事○知南院樞密事○南院樞密副使○知南院樞密副使事○同知南院樞密使事○簽書南樞密院事○南院都承旨○南院副承旨○南院林牙○知南院帖黄○給事南院知聖旨頭子事○掌南院頭子○南樞密院敞史○南院郎君○南樞密院通事○南院掾史

謹案遼代北面官僚不設六部遼史百官志謂南樞密院視吏部今特著之於表以存一代之沿革其南北二王等官之視各部者均仿此分繫至南面漢官多依唐制而百官志亦不能具詳惟吏部尚書劉績見於聖宗本紀開泰元年今並著於表以見其概焉

金

（金史百官志）吏部尚書一員正三品侍郎一員正四品郎中二員從五

品員外郎從六品掌文武選授勳封考課出給制誥之政以才行勞效比仕者之賢否以行止文冊貼黃簿制各闕之機要正七品以上以名上省聽制授從七品以下每至季月則循資格而擬注自八品以上則奏以下則否侍郎以下皆爲尚書之貳郎中掌文武選流外遷用官吏差使行止名簿封爵制誥一員掌勳級酬賞承襲用廕循遷致仕考課議謚之事員外郎分判曹務及參議事所掌與郎中同主事四員從七品掌知管差除校勘行止分掌封勳資考之事惟選事則通署及掌受事付事檢勾稽失省署文牘兼知本部宿直檢校架閣餘部主事自受事付事以下所掌並同此皇統四年六部主事始用漢士人大定三年用進士非特旨不得擬吏人令史六十九人內女直二十九人譯史五人通事二人架閣庫管勾正八品同管勾一員尚書左右都事正七品掌檢勾稽失省署文牘

謹案金代六部統爲一署不設曹屬而以郎中員外郎分判諸務元制亦同俱視唐宋爲稍異惟吏部兼文武兩銓則猶沿宋之舊也

（元史百官志）吏部尚書三員正三品侍郎二員正四品郎中二員從五品員外郎二員從六品掌天下官吏選授之政令凡職官銓綜之典吏員調補之格封勳爵邑之制考課殿最之法悉以任之主事三員蒙古筆且齊蒙古語寫字人也原作必闍赤今改正三人令史二十五人回回令史二人克呼穆爾齊蒙古語通事也原作怯里馬赤今改正一人知印二人奏差六人銓寫五人典吏一十九人○左三部照磨所秩正八品照磨一員掌吏戶禮三部錢穀計帳之事典吏八人

（富大用事文類聚）元左右司各置都事吏部掌天下文武官吏選授勳封考察廉能出給制誥等事司封司勳考功無專曹有封誥科勳封科考選科以令史分頭掌之

謹案元中統初以吏戶禮爲左三部兵刑工爲右三部至元中又以吏禮爲一部兵刑爲一部戶工各爲一部其後始分列尚書六部迨尚書

省廢後以其職併入中書六部遂改統於中書省故元代文移皆稱中書某部云

明

（鄧球泳化類編）洪武戊申始設六部官職以分理天下庶務仍統於中書省庚申春革中書省罷丞相永不許設遂定六部尚書正二品左右侍郎正三品郎中正五品員外郎從五品主事從六品及都察院通政司大理寺爲正九卿衙門自是中書之政分於六部

（明史職官志）吏部尚書一人左右侍郎各一人其屬司務廳司務二人文選驗封稽勳考功四清吏司各郎中一人員外郎一人主事一人尚書掌天下官吏選授封勳考課之政令以甄別人才贊天子治視五部爲特重侍郎爲之貳司務掌催督稽緩勾銷簿書明初設主事司務各四人爲首領官有主事印洪武二十九年改主事爲司官裁司務二人各部並同文選掌官吏班秩遷陞改調之事驗封掌封爵襲廕褒贈吏算之事稽勳掌勳級名籍喪養之事考功掌官吏考課黜陟之

事明初設四部於中書省分掌錢穀禮儀刑名營造之務洪武元年始置六部吏部設總部司勳考功三屬部十三年罷中書省倣周官六卿之制陞六部秩每部分四屬部吏部屬部加司封二十二年改總部爲選部二十九年定爲文選驗封稽勳考功四司並五部屬皆稱清吏司景泰中吏部嘗設二尚書天順初復罷其一吏部尚書表率百僚進退庶官銓衡重地其禮數殊異無與並者永樂初選翰林官入直內閣其後大學士楊士奇等加至三孤兼尚書銜然品敘列尚書蹇義夏原吉下景泰中左都御史王文陞吏部尚書兼學士入內閣其班位猶以原銜爲序次自弘治六年二月內宴大學士邱濬遂以太子太保禮部尚書居太子太保吏部尚書王恕之上其後由侍郎詹事入閣者班皆列六部上矣

〔永樂大典〕吏部原設總部司封司勳考功銅印各一顆各設郎中員外郎首領官主事銅印各一顆洪武二十二年二月將總部改爲選部二十九年八月將選部等部改爲文選等清吏司郎中員外郎主事連銜書卷

主事印華去

謹案歷代省署以令史掌文書其官起於前漢史記酷吏傳趙禹補中都官用廉爲令史是也東漢尚書令史秩二百石華嶠後漢書稱郎主文案與令史不殊應劭漢官儀亦云尚書令史滿歲爲尚書郎出亦與郎同宰百里郎與令史分職受事蓋其遷除之重如此三國魏令史第八品晉亦二百石宋齊梁陳品並第八朱衣執板進賢一梁冠梁武帝至擇朝臣才地並美者以充其選北魏有譯令史書令史亦皆八品隋初著令以爲流外勳品唐代限考始入流於是遂爲吏途宋亦案考出職至諸州上佐金尚書省有契丹令史女直令史譯史等職選用之途有四曰文資曰女直進士曰右職曰宰執子其遷轉視唐宋較優元虞集經世大典敘錄稱元入官之制自吏業進者爲多卿相守令於此焉出故補吏法最爲詳密六部令史以諸路儒學歲貢人充之其譯史蒙古筆且齊諸職亦多以從七品流官補用綜其資格雖代有升降而周

禮所謂掌官書以贊治者固亦職之一也
本朝諸司衙門各置滿洲蒙古漢軍筆帖式以繙譯清漢章奏文牘蓋即
金元女直令史譯史蒙古筆且齊之職而其原實沿歷代令史遺制特
是唐宋用人頗輕而今筆帖式爲八旗子弟進身之階自舉人貢監任
子以逮官學義學生皆得預選集試而後命之引
見而後官之爲之內外升轉之法以激勵之掄擢維精人材奮起蓋登用之
廣視金制而詳慎彌加遷擢之優視漢制而考核尤備洵非前代僅稱
雜流者所可比擬矣謹略採沿革著之於表而復論次大概附識於吏
部篇末云
又案明代銓政主於文選一司自部院屬官府縣正佐皆聽吏部擇人
注授初無成法而大僚則由廷議會推是以用舍大權悉歸臣下掌握
然究其所推者又不必盡孚輿論大抵仍視大臣居首者意指所向而
羣相附和之其闕門聚議不過沿習具文並無一人能主持公道是即

所推者果克當其任而恩怨所在其不預推者勢不能不生觖望營求
傾軋將從此起又況所推不出於至公而徒以朝廷爵祿榮途爲諸臣
網利徇私之具其弊又何可勝道我
朝慎重名器董正治官首罷廷推之制凡內外大員皆由
特簡即一命以上由部案例注闕者亦必經引
見而後給憑赴職用人行政事事悉仰承
睿斷
乾綱獨攬柄不下移信億萬禩所當永爲法守也

欽定歷代職官表卷五

欽定歷代職官表卷六

戶部表

	戶部尚書
三代	夏司徒 殷司徒 周地官大司徒卿
秦	尚書不分曹
漢	計相 大司農 民曹尚書
後漢	大司農卿 民曹尚書
三國	魏度支尚書 左民尚書 民曹尚書 吳戶曹尚書
晉	度支尚書 左民尚書 右民尚書
宋齊梁陳	度支尚書 左民尚書
北魏	度支尚書 左民尚書 右民尚書
北齊	度支尚書
後周	大司徒卿
隋	度支尚書 民部尚書
唐	度支尚書 司元太常伯 戶部尚書 地官尚書
五季	戶部尚書
宋	戶部尚書
遼	北院大王 知北院大王事 南院大王 知南院大王事
金	戶部尚書
元	戶部尚書
明	戶部尚書

戶部左右侍郎
小司徒中大夫 司會中大夫
民部中大夫
民部侍郎
戶部侍郎 司元少常伯 地官侍郎
戶部侍郎
戶部侍郎
戶部侍郎
戶部侍郎
戶部侍郎
戶部左右侍郎

戶部十四司郎中
鄉師下大夫 司會下大夫
主戶口墾田尙書郎 主財帛委輸尙書郎
大司農丞
魏金部郎 度支郎 農部郎 倉部郎 民曹郎 吳尙書戶曹郎
金部郎 倉部郎 度支郎 左民曹郎 右民曹郎 運曹郎
度支郎 金部郎 倉部郎 左民郎
度支郎中 倉部郎中 左民郎中 右民郎中 金部郎中
度支郎中 倉部郎中 左民郎中 右民郎中 金部郎中
計部大夫
戶部郎 度支郎 金部郎 倉部郎
戶部郎中 度支郎中 金部郎中 倉部郎中 司元大夫 司度大夫 司珍大夫 司庾大夫 司金大夫 司儲大夫
戶部郎中 度支郎中 金部郎中 倉部郎中
戶部左曹郎中 戶部右曹郎中 度支郎中 金部郎中 倉部郎中
戶部郎中
戶部郎中
戶部浙江江西湖廣陝西廣東山東福建河南山西四川廣西貴州雲南十三清吏司郎中

戶部十四司員外郎
鄉師上士 司會上士
戶部員外郎 度支員外郎 金部員外郎 倉部員外郎 民部承務郎 度支承務郎 金部承務郎 倉部承務郎
戶部員外郎 度支員外郎 金部員外郎 倉部員外郎
戶部員外郎 度支員外郎 金部員外郎 倉部員外郎
戶部左曹員外郎 戶部右曹員外郎 度支員外郎 金部員外郎 倉部員外郎
倉部員外郎
戶部員外郎
戶部員外郎
戶部浙江江西湖廣陝西廣東山東福建河南山西四川廣西貴州雲南十三清吏司員外郎

戶部十四司主事	堂主事
司徒中士 旅下士 司會中士	
尚書主事 令史	
左民主事	
民部主事 度支主事 金部主事 倉部主事	
戶部主事 度支主事 金部主事 倉部主事	尚書左司主事
戶部主事 度支主事 金部主事 倉部主事	尚書左司主事
戶部主事	
戶部主事	
戶部浙江 江西 湖廣 陝西 廣東 山東 福建 河南 山西 四川 廣西 貴州 雲南 十三清吏司主事	

司務	筆帖式	內倉監督
		春人
	令史	導官令
	尚書令史	導官令
	令史	
尚書都令史	尚書諸曹令史	導官令
金部都令史 左民都令史	正令史 書令史	導官令
尚書都令史	尚書令史 譯史	
	正令史 書令史	導官令 御細部倉督
尚書民部都事	尚書民部諸曹令史	導官令 御細倉督
尚書左司都事	尚書戶部令史 書令史	導官署令
六部監門官 尚書左司都事	尚書戶部令史 書令史 勾當官	
左司都事 戶部勾當官	戶部女直令史 譯史	主廩
左司都事	戶部蒙古筆且齊 令史 蒙古書寫	
戶部司務廳司務		

謹案帝典舜命禼爲司徒周官司徒掌邦教敷五典擾兆民此地官之始漢代尚書郎雖分主戶口財帛而司農少府二寺綜治錢穀自魏立度支一曹以理財賦厥後左民右戶建置相沿國用始歸南省至隋唐定爲六部而戶部所掌遂當周禮地官之任然司農太府兩卿北魏改少府爲太府歷代尚兼置不廢逮明太祖罷司農等官職乃盡歸戶部矣惟是自魏晉以來司農但領倉儲太府獨司庫藏戶部雖有金倉二子部而出納給受之事仍以屬之兩寺蓋曹司繁劇財計事重一切委輸勾檢不能不別有專司者勢也故明代雖併其事於戶部而中葉分設倉場侍郎專督糧儲不治部事仍無殊前代司農卿太倉令之職守至

本朝戶部三庫卽唐宋之太府左右藏庫而

特簡大臣綜理月要歲會以受其成則又近於唐之度支使宋之三司使雖職事原屬相關而司存所在不可不詳加條別謹參考史傳以戶部沿革詮次於篇而戶部三庫倉場衙門則各爲一表系諸戶部之後又寶

泉局與寶源局雖分隸兩部而職司圜法源委無殊今合爲一表併附於戶部焉

戶部

國朝官制

戶部尚書滿洲漢人各一人

掌天下土田戶口財穀之政平準出納以均邦賦所屬有山東山西河南

江南江西福建浙江湖廣陝西四川廣東廣西雲南貴州十有四司

國初戶部設承政二員蒙古承政一員漢承政一員參政八員啓心郎一員崇

德三年改設承政一員左參政二員右參政四員啓心郎滿洲一員漢人

二員順治元年改承政參政爲尚書侍郎其滿漢尚書無定員五年定滿

漢各一員七年增滿洲一員十年裁十五年裁啓心郎康熙六年復增滿

洲尚書一員八年裁雍正元年以來親王及大學士奉

命兼理部務皆由

特簡不常置

左右侍郎滿洲漢人各一人

順治元年定掌審計國用以貳尚書滿漢右侍郎兼管理錢法堂事務
山東清吏司郎中滿洲二人漢人二人員外郎滿洲三人漢人一人主事滿洲
漢人各一人
掌稽山東省及奉天民賦收支奏冊青州德州駐防
盛京吉林黑龍江將軍所屬兵糈出納並參票畜稅之事兼覈長蘆兩淮河
東兩浙福建廣東四川雲南等處鹽課請引疏銷初滿洲司屬不分曹聽
委於其長順治元年定戸部滿洲郎中十八人蒙古郎中四人漢軍郎中
二人滿洲員外郎三十八人蒙古員外郎五人漢軍員外郎六人滿洲主
事十四人蒙古主事一人康熙三十八年裁蒙古漢軍郎中員外郎五十
七年復設蒙古郎中一人員外郎一人增設蒙古主事一人漢人司官自
順治元年卽隨司置額十四司各郎中一人員外郎一人主事三人十一
年裁漢人主事各司一人康熙六年又裁江南浙江江西湖廣福建河南
陝西廣西四川貴州司各一人三十八年又裁山東山西廣東雲南司各

司一人今漢人主事各一人

山西清吏司郎中滿洲漢人各一人員外郎滿洲蒙古漢人各一人主事滿洲漢人各一人

掌稽山西省民賦收支奏冊兼覈游牧察哈爾地畝土默特地糧喀爾喀四部定邊左副將軍辦事官屬張家口賽爾烏蘇臺站官兵俸餉及烏里雅蘇臺科布多屯田官兵番換之事

河南清吏司郎中滿洲漢人各一人員外郎滿洲二人漢人一人主事滿洲漢人各一人

掌稽河南省民賦收支奏冊兼覈河南城守尉游牧察哈爾及圍場捕盜官兵俸餉勾檢各省採買事彙而奏之

江南清吏司郎中滿洲漢人各一人員外郎滿洲二人漢人一人主事滿洲漢人各一人

掌稽江蘇安徽二省民賦收支奏冊兼覈江寧蘇州織造支銷奏冊江寧

京口駐防官兵俸餉

江西清吏司郎中滿洲漢人各一人員外郎滿洲二人漢人一人主事滿洲漢人各一人

掌稽江西省民賦收支奏冊

福建清吏司郎中滿洲漢人各一人員外郎滿洲五人漢人一人主事滿洲蒙古漢人各一人

掌稽直隸福建二省民賦收支奏冊兼覈

東西陵及熱河密雲等處駐防官吏兵丁俸餉與其乳牛馬牧之政令文武鄉會試支供五城振粟皆屬焉

浙江清吏司郎中滿洲漢人各一人員外郎滿洲二人漢人一人主事滿洲漢人各一人

掌稽浙江省民賦收支奏冊兼覈杭州織造支銷奏冊杭州乍浦駐防官兵俸餉

湖廣清吏司郎中滿洲二人漢人一人員外郎滿洲二人漢人一人主事滿洲漢人各一人

掌稽湖北湖南二省民賦收支奏冊兼覈荊州駐防官兵俸餉凡各省耗羨之數合其籍帳以時奏之

陝西清吏司郎中滿洲蒙古漢人各一人員外郎滿洲三人漢人一人主事滿洲漢人各一人

掌稽西安甘肅二省民賦收支奏冊幷行銷茶引兼覈伊犂烏魯木齊屯田支銷奏冊在京漢官俸廩外藩俸幣及巡捕五營俸餉各衙門經費

四川清吏司郎中滿洲漢人各一人員外郎滿洲二人漢人一人主事滿洲漢人各一人

掌稽四川省民賦收支奏冊兼覈兩金川等處新疆屯務本省關稅在京入官戶口贓罰銀錢各部院等衙門紙硃支費察直省郡縣之豐歉水旱歲具其數而上之

廣東清吏司郎中滿洲漢人各一人員外郎滿洲三人漢人一人主事滿洲漢
人各一人
掌稽廣東省民賦收支奏冊兼覈八旗繼嗣歸宗更正戸口壽民孝子節
婦之受旌者給以坊直諸倉諸局諸關差之滿歲者則以期請代焉
廣西清吏司郎中滿洲漢人各一人員外郎滿洲四人漢人一人主事滿洲漢
人各一人
掌稽廣西省民賦收支奏冊兼覈京省錢局運銅鼓鑄及內倉支放供應
芻豆
雲南清吏司郎中滿洲二人漢人一人員外郎滿洲三人漢人一人主事滿洲
一人漢人一人
掌稽雲南省民賦收支奏冊兼覈山東河南江南江西浙江湖廣等省歲
運漕糈京通倉儲及江寧等處水次六倉收支考覈
貴州清吏司郎中滿洲漢人各一人員外郎滿洲三人漢人一人主事滿洲漢

人各一人

掌稽貴州省民賦收支奏冊兼覈太平等二十有四關徵收稅課

堂主事滿洲四人漢軍二人

直南檔房者滿洲二人掌八旗編審直北檔房者滿洲二人漢軍二人掌

酌撥餉銀校勘章疏俱順治元年定額

司務廳司務滿洲漢人各一人

順治元年定額職事見吏部篇

筆帖式滿洲百人蒙古四人漢軍十有六人

滿洲筆帖式初置九十有九人後增至一百三十有五人續改定員數如

今制蒙古筆帖式初置二人續增設二人漢軍筆帖式初置十有六人後

增至三十二人續裁定員數如初制分隸各司視事之繁簡以爲額職事見吏部篇

謹案戸部自十四司外其别領者有三曰井田科掌覈八旗土田內府

莊戸凡入官房宅地畝及歲租斂給之數悉以咨之雍正十二年置曰
俸餉處掌覈八旗官兵俸餉庫銀丁冊視所由牒請畫一而給受之曰
現審處掌治八旗戸口田房之訟會刑部以聽其成皆鑄給關防乾隆
十三年置堂官遴司屬分治其政令無定員

內倉監督滿洲二人

內倉本明內官監倉順治十年改今名專隸本部以供
內府奉祭祀待外藩屬國朝貢之饔餼教習官役之廩粟牧馬之豆咸貯焉
監督應時而給之初屬之廣西司滿漢司官康熙三十二年定於應除小
差之滿洲蒙古漢軍年久司官內次除一人管理雍正元年改定於本部
滿洲司官內委用二年而代

歷代建置 尚書以下諸官沿革互詳吏部篇他部倣此

三代

（杜佑通典）舜命禼爲司徒元孫之子微爲夏司徒

（禮記曲禮）天子之五官曰司徒鄭康成注此殷時制也

（尚書周官）司徒掌邦教敷五典擾兆民

（周禮地官）教官之屬大司徒卿一人小司徒中大夫二人鄉師下大夫四人上士八人中士十有六人旅下士三十有二人府六人史十有二人胥十有二人徒百有二十人大司徒之職掌建邦之土地之圖與其人民之數以佐王安擾邦國小司徒之職掌建邦之教法以稽國中及四郊都鄙之夫家九比之數鄉師之職各掌其所治鄉之教而聽其治以國比之法以時稽其夫家衆寡鄭康成注師長也司徒掌六鄉鄉師分而治之二人者共三鄉之事相左右也

（周禮天官）司會中大夫二人下大夫四人上士八人中士十有六人府四人史八人胥五人徒五十人以九貢之法致邦國之財用以九賦之法令田野之財用以九功之法令民職之財用以九式之法均節邦之財用掌國之官府郊野縣都之百物財用凡在書契版圖者之貳以逆羣吏之治而聽其會計

〔唐六典〕戶部尚書周之地官卿也侍郎周之小司徒中大夫也司徒屬官有下大夫蓋郎中之任有上士蓋員外郎之任

〔通典〕案今戶部之職與地官之任雖亦頗同若徵其承受考其沿襲則戶部合出於度支度支主計算之官也算計之任本出於周禮天官之司會云

謹案司徒本職在敬敷五教故杜佑以爲後世戶部之任當出於天官司會然考周官司徒所屬皆泉布貨賄之政以及萬民之判百族之市圜不聽其治焉正如今所謂戶婚田土之事其以教爲職者不過師氏保氏數官耳至鄉師分治六鄉則今戶部之十四清吏司案省分職蓋猶其遺意也

〔周禮地官〕舂人奄二人女舂抌二人奚五人掌共米物祭祀共其齍盛之米賓客共其牢禮之米凡饗食共其食米掌凡米事○司市掌市之治教政刑量度禁令質人掌成市之貨賄人民牛馬兵器珍異凡賣儥者質

劑焉廛人掌斂市絘布總布質布罰布廛布而入於泉府胥師各掌其次之政令而平其貨賄賈師各掌其次之貨賄之治辨其物而均平之司虣掌憲市之禁令司稽掌巡市而察其犯禁者（鄭康成注）司市市官之長自胥師以及司稽皆司市所自辟除也

謹案地官舂人當爲今內倉之職所自出謹著之於表至司市以下諸官俱掌市肆辨物平價之政令歷代因之置市令丞平準令丞或屬京兆河南尹或屬司農或屬少府今惟戶部現審處所掌猶近質人之職說見後而順天府通判典治牙儈亦當爲兩漢長安市長丞雒陽市長丞之任說具順天府篇中若其他征稅禁令之事掌於戶部者皆分隸各司並無專官今故考論大略於此不復系諸表內又案晏子春秋載齊有職計蓋亦掌財賦之官已互見吏部篇云

漢

（唐六典）漢成帝置尚書五人其三曰民曹主吏人上書事後漢以民曹

兼主繕修工作當工官之任

（宋書百官志）漢儀尚書郎四人一主戶口墾田一主財帛委輸

（史記高祖功臣侯表）北平侯張蒼爲計相四歲（漢書如淳注）計相官名但知計會杜佑曰計相殆掌度支之任王應麟曰周以司會質歲成漢以計相經國用

（漢書百官公卿表）大農令武帝更名大司農

（後漢書百官志）大司農卿一人中二千石掌諸錢穀金帛諸貨幣郡國四時上月旦見錢穀簿其逋未畢各具別之邊郡諸官請調度者皆爲報給損多益寡取相給足丞一人比千石

謹案漢尚書郎之主戶口財帛者卽今戶部郎中員外郎之任而民曹尚書則未掌財用故杜佑通典以爲非戶部之例說具後然考戶部本於民部民部本於民曹官制相承實由此出故唐六典卽繫之戶部沿革今亦從之又張蒼以善算爲計相雖非常置之官而其職實同戶部今並著之於表至司農一寺舊說皆以戶部當之然司農本出於秦治粟

內史爲典司委積之官故以農爲名漢桑宏羊領大農盡斡天下鹽鐵雖其職似今戸部而自晉以後金帛會計已別領之度支司農遂專主倉廩租穀實爲今倉場之職不可以概地官之任今但取漢代建置兼載於此而其餘則專繫諸倉場篇內焉

（漢書百官公卿表）少府屬官有導官令丞（師古曰導官主擇米）

（後漢書百官志）導官令一人六百石主舂御米丞一人屬大司農

三國

（晉書列傳）魏文帝置度支尚書專掌軍國支計

（宋書百官志）魏世有左民民曹尚書金部度支農部倉部民曹郎

（謝維新合璧事類）魏晉儀注曰魏有農部郎中

（三國吳志）孫休升便殿止東廂戸曹尚書前卽階下讀奏

謹案通典引此文作戸部尚書而三國志實作戸曹疑通典傳刻之訛也

（三國吳志）殷禮本占候召張溫乞將到蜀禮還當親本職而令守尚書戶曹郎

謹案通典亦引此事稱吳時張溫爲尚書戶曹郎核之吳志乃溫擅以殷禮守戶曹郎故孫權指爲溫罪非溫自爲此官也蓋杜佑徵引之誤

晉

（通典）晉有度支主算計

（太平御覽）晉起居注曰咸寧五年詔曰一年不收使公私俱匱不惟天時乃人事有不盡也故總要者正在度支尚書也其以中書令張華爲度支尚書

（唐六典）左民尚書晉初省之太康中又置惠帝時有右民尚書

（宋書百官志）晉西朝則金部倉部度支左民右民曹郎後又置運曹江左無民運曹郎康穆以來有倉部度支左民曹郎

（晉書職官志）大司農統導官令

宋齊梁陳

(宋書百官志)度支尚書領度支金部倉部起部四曹左民尚書領左民駕部二曹度支主算支派也度量也餘曹所掌各如其名導官令一人丞一人漢東京置導擇也擇米令精也

(南齊書百官志)度支尚書領度支金部倉部起部四曹左民尚書領左民駕部二曹大司農領導官令一人丞一人

(隋書百官志)梁武受命尚書省置度支左戶等尚書度支金部倉部左戶等郎天監九年詔五都令史視奉朝請以太學博士孔虔孫兼金部都司空法曹參軍蕭軌兼左戶都○司農卿統導官令

(唐六典)梁陳置左戶尚書並掌戶籍兼知工官之事民部曹梁陳爲左戶郎

(隋書百官志)陳承梁皆循其制官

北魏

（魏書官氏志）始光元年正月置右民尚書

（通典）後魏度支亦掌支計崔亮爲度支尚書經營費用歲減億計

（冊府元龜）後魏度支尚書之屬統度支掌計會凡軍國損益及軍役糧廩事倉部掌諸倉帳出入事左戶掌天下計掾戶籍等事右戶掌天下公私田宅租調等事金部掌權衡量度內外諸庫藏文帳等事

北齊

（隋書百官志）後齊置度支尚書統度支掌計會凡軍國損益軍役糧廩等事倉部掌諸倉帳出入等事左戶掌天下計帳戶籍等事右戶掌天下公私田宅租調等事金部掌權衡量度內外諸庫藏文帳等事郎中並一人左戶量置掌故主事員

（唐六典）北齊導官有御細部等倉督

後周

（馬端臨文獻通考）後周置大司徒卿一人如周禮之制其屬有民部中大夫二人掌承司徒教以籍帳之法贊計人民之衆寡

（冊府元龜）後周又有計部大夫其戶部度支金部倉部咸準六官各以其差次屬焉

隋

（隋書百官志）高祖受命尚書省總度支曹度支尚書統戶部侍郎各二人金部倉部侍郎各一人開皇三年以度支尚書爲戶部尚書煬帝增六曹各侍郎一人以貳尚書諸曹侍郎並改爲郎又改戶部爲人部郎以異侍郎之名○導官置令二人導官有御細倉督二人

謹案今戶部之名肇於唐高宗時隋世戶部尚稱爲民部煬帝時韋沖爲民部尚書武德二年隋民部尚書蕭瑀爲相府司錄隋志修於貞觀之世避太宗御名故改民字爲戶字其實隋代並無戶部尚書侍郎也惟人部郎當爲戶部郎隋志既改民部爲戶部嫌其同名故又別改作人字耳

（通典）漢有民曹主吏民上書後漢光武改主繕修工作鹽池苑囿魏置左民尚書晉又加置右民尚書至於宋齊梁陳皆有左民尚書而後魏有

左民右民等尚書多領工役非今戶部之例而梁陳兼掌戶籍此則略同

自周隋有民部始當今戶部之職

唐

〔新唐書百官志〕戶部尚書一人正三品侍郎二人正四品下掌天下土地人民錢穀之政貢賦之差其屬有四一曰戶部二曰度支三曰金部四曰倉部戶部郎中員外郎掌戶口土田賦役貢獻蠲免優復婣婚繼嗣之事以男女之黃小中丁老爲之帳籍以永業口分園宅均其土田以租庸調歛其物以九等定天下之戶以爲尚書侍郎之貳其後以諸行郎官判錢穀而戶部度支郎官失其職矣會昌二年著令以本行郎官分判錢穀

戶部巡官二人主事四人度支主事二人金部主事三人倉部主事三人高宗即位改民部曰戶部龍朔二年改戶部曰司元度支曰司度金部曰司珍倉部曰司庾光宅元年改戶部曰地官天寶十二載改金部曰司金倉部曰司儲有戶部令史十七人書令史三十四人計史一人亭長六人掌固十人度支令史十六人書令史三十三人計史一人掌固四人金部令史十人書令史二十一人計史一人掌固四人倉部令史十二人書令史二十三人計史一人掌固四人

○度支郎中員外

郎各一人掌天下租賦物產豐約之宜水陸道涂之利歲計所出而支調之以近及遠與中書門下議定乃奏○金部郎中員外郎各一人掌天下庫藏出納權衡度量之數兩京市互市和市宮市交易之事百官軍鎮蕃客之賜及給宮人王妃官奴婢衣服○倉部郎中員外郎各一人掌天下庫儲出納租稅祿糧倉廩之事以木契百合諸司出給之數以義倉常平倉備凶年平穀價

〔通典〕大唐永徽初改民部爲戶部廟諱故也顯慶元年改戶部爲度支龍朔二年改度支尚書爲司元太常伯咸亨元年復爲戶部尚書初戶部居禮部之後武太后改置天地四時之官以戶部爲地官由是遂居禮部前戶部郎中二人員外郎二人建中三年戶部侍郎判度支杜佑奏天寶前戶部事繁所以郎中員外各二人判署自兵興以後戶部事簡度支事繁惟郎中員外各一人請回輟郎中員外各一人分判度支案待天下兵革已息卻歸本曹奉敕依

〔唐會要〕垂拱四年四月加戶部侍郎一員元和六年戶部奏請置巡官
二人從之
〔舊唐書食貨志〕高祖成帝業其後掌財賦者世有人焉開元以前事歸
尚書省開元以後權移他官由是有轉運使租庸使鹽鐵使度支鹽鐵轉
運使常平鑄錢鹽鐵使租庸青苗使水陸運鹽鐵租庸使兩稅使隨事立
名沿革不一

謹案唐代錢穀之改其初專屬之戶部自中葉以後始令他官主判遂
各立使名分掌利權戶部本曹浸失其職凡前後所置名目猥多至爲
繁雜今以食貨志所載考之如轉運使水陸運使專司轉漕當爲今漕
運總督之職鑄錢使專掌鼓鑄當爲今戶工二部錢法侍郎之職今已
各據職掌別繫於表又度支使鹽鐵使判戶部當時謂之三司專主財
用出納皆命重臣領使後遂以宰相兼之與今
特簡大臣綜理戶部三庫者其制頗近今亦析繫三庫表內至若青苗使代宗

即位分遣憲官稅天下地青苗錢及稅地錢物使代宗時以御史大夫充之戶口色役使元宗時楊愼矜爲之

諸名乃一時權宜之法租庸寶應元載爲租庸使常平永泰閒劉晏第五琦俱帶常平使兩稅德宗時楊炎作兩稅法置使總之諸使其職掌今悉隸各布政司而以戶部總之唐代建置紛紜徒滋冗瑣今并附識於此以著其弊焉

（唐六典）導官署令二人正八品上丞四人正九品上掌供御導擇米麥之事

五季

（舊五代史食貨志）天成四年戶部奏三京鄴都諸道州府所徵夏秋稅分立限期

（舊五代史職官志）同光元年尚書倉部員外郎趙鳳戶部尚書盧質天成元年尚書戶部侍郎馮道

謹案五季戶部官制格式不著於史今略採薛居正舊史二條以見當時職掌名額大抵多仍唐舊也

〔合璧事類〕宋初戶部判部事一人以兩制以上充凡戶口田產錢穀食貨之政令皆歸于三司三司謂鹽鐵戶部度支也本曹但受天下之土貢元會陳于庭而已續會要元豐改官制罷三司歸戶部左右曹而三司之名始泯矣四朝志初除安燾爲戶部尚書續會要戶部掌天下人民錢穀之政令貢賦征役之事以版籍考戶口之登耗以稅賦待軍國之歲計以土貢辨郡縣之物宜以征榷抑兼幷而佐調度以孝義婚姻繼嗣之道和人心以田務券責之理直民訟凡此歸於左曹以常平之法平豐凶時斂散以免役之法通貧富均財力以伍保之法聯比閭察盜賊以義倉賑濟之法救饑饉恤艱阨以農田水利之政治荒廢務稼穡以坊場河渡之課酬勤勞省科率凡此歸於右曹其屬有三曰度支上供俸賜及邦國經度會計之事隸焉曰金部貨賄出納之制及權衡度量頒禁之令隸焉曰倉部凡國之倉廩儲積及其給受之事隸焉尚書掌軍國用度財賦出納州縣廢置升降凡四司

所治之事侍郎爲之貳郎中員外郎參領之獨右曹事弗預專隸所掌侍
郎若事屬本曹而歷郡縣監司不能直則受其訟焉舊三司使即今尚書
舊三司副使即今侍郎其權發遣副使即今權侍郎舊三司判官推官即
今郎中員外郎之任也續會要神宗正史職官志
（宋史職官志）戶部凡官十有三尚書一人侍郎二人郎中員外郎左右
曹各二人度支金部倉部各二人○尚書侍郎掌軍國用度以周知其出
入盈虛之數左曹分案五置吏四十右曹分案五置吏五十有六建炎後
左曹分案三曰戶口曰農田曰檢法設科有三曰二稅曰房地曰課利右
曹分案六曰常平曰免役曰坊場曰平準曰檢法曰知雜裁減吏額左曹
四十人右曹三十人舊制戶部侍郎二人中興初止除長貳各一員或止
除尚書若侍郎一員紹興四年七月詔戶部侍郎二員通治左右曹自此
相承不改○郎中左曹右曹員外郎掌分曹治事建炎三年詔省侍郎曹惟戶
部五司以職事煩劇不併仍各置一員初制主管左右曹總稱戶部郎官

紹興七年閻彥昭兼左曹郎官紹興三十二年徐康正除左曹郎官自是相承不改○度支郎中員外郎參掌計度軍國之用量貢賦稅租之入以爲出分案五曰度支曰發運曰支供曰賞賜曰知雜吏額置五十人淳熙十三年減四人○金部郎中員外郎參掌天下給納之泉幣計其歲之所輸歸於受藏之府以待邦國之用分案六曰左藏曰右藏曰錢帛曰榷易曰請給曰知雜吏額共六十人淳熙十四年減四人○倉部郎中員外郎參掌國之倉庾儲積及其給受之事分案六曰倉場曰上供曰糶糴曰給納曰知雜曰開拆吏額共置二十五人續又減二人

謹案自隋置度支民部金部倉部四司唐惟改民部爲戸部而戸度金倉四司如故宋亦因之金元不分曹以令史分頭掌之明初復以各布政司分隸戸部設十三司而其制遂變今戸部各司書吏尚區爲四科曰民科曰支科曰金科曰倉科分案管理蓋猶沿唐宋四司之名目也

(宋史職官志)熙寧三年以三司推勘公事歸大理寺元祐三年三省言

大理寺右治獄並罷依三司條例戶部置推勘檢法官治在京官司凡錢

穀事

謹案周禮地官質人掌治質劑者鄭康成註謂齎劵契者來訟也蓋所以平爭而禁僞故特設官以治之歷代並無專司惟宋元置檢法官於三司戶部頗合周禮遺意今戶部有現審處主平旗民戶口田土之訟亦質人之制也

遼

（遼史百官志）初太祖分達喇額爾奇木原本作迭剌夷離堇今改正爲北南二大王視戶部北院大王知北院大王事南院大王知南院大王事分掌部族軍民之政○南面官僚其始漢人尚書省戶工有主事中葉彌文於庫部虞部倉部員外出使則知備郞官列宿之員矣

金

（金史百官志）戶部尚書一員正三品侍郞二員正四品郞中二員從五

品員外郎三員從六品郎中而下皆以一員掌戶籍物力婚姻繼嗣田宅財業鹽鐵酒麴香茶礬錫丹粉坑冶榷場市易等事一員掌度支國用俸祿恩賜錢帛寶貨貢賦租稅府庫倉廩積貯權衡度量法式給授職田拘收官物幷照磨計帳等事主事五員從七品女直司二員通掌戶度金倉等事漢人司三員同員外郎分掌曹事兼提控編附條格管勾架閣等事令史七十二人內女直十七人譯史五人通事二人泰和八年增八人架閣庫管勾一員正八品掌戶禮兩部架閣大安三年以主事各兼之同管勾從八品檢法從八品勾當官五員各八品貞元二年設幹辦官尋罷之四年更設爲勾當官專提控支納管勾勘覆經歷交鈔及香茶鹽引照磨文帳等事

（金史百官志）主廩太倉兼屬衛尉司

元

（元史百官志）戶部尚書三員正三品侍郎二員正四品郎中二員從五品員外郎三員從六品掌天下戶口錢糧田土之政令凡貢賦出納之經

金幣轉通之法府藏委積之實物貨貴賤之直斂散准駁之宜悉以任之中統元年以吏戶禮爲左三部至元元年分立戶部尚書三員侍郎郎中四員員外郎三員三年復爲左三部五年復分爲戶部尚書一員侍郎郎中各一員員外郎省爲二員七年始列尚書六部尚書二員侍郎二員郎中二員員外郎如故十三年尚書增置一員侍郎郎中員外郎如故十九年郎中員外郎俱增至四員二十三年六部尚書侍郎郎中定以二員爲額明年以戶部所掌視他部特爲繁劇增置二員成宗大德五年省尚書一員員外郎亦省一員各設三員主事八員掌古筆且齊原本作必闍赤今改正七人令史六十一人回回令史六人克呼穆爾齊原本作怯里馬赤今改正一人知印二人奏差三十二人蒙古書寫一人典吏二十二人司計官四人

（富大用事文類聚）元戶部令史分掌名頭有金科倉科內度科外度科

糧草科審計科

明

（明史職官志）戶部尚書一人（正二品）左右侍郎各一人（正三品）其屬司務廳司務二人（從九品）浙江江西湖廣陝西廣東山東福建河南山西四川廣西貴州雲南十三清吏司各郎中一人（正五品宣德以後增設山西司郎中三人陝西貴州雲南三司郎中各二人山東司郎中一人）員外郎一人（從五品宣德七年增設四川雲南二司員外郎各一人後仍革）主事二人（正六品宣德以後增設雲南司主事七人浙江江西湖廣陝西福建河南山西七司主事各二人山東四川貴州三司主事各一人）照磨所照磨一人（正八品）檢校一人（正九品）尚書掌天下戶口田賦之政令侍郎貳之稽版籍歲會賦役實徵之數以下所司十年攢黃冊差其戶上下畸零之等以周知其登耗凡田土之侵占投獻詭寄影射有禁人戶之隱漏逃亡朋充花分有禁繼嗣婚姻不如令有禁皆總覈而糾正之天子耕耤則尚書進耒耜以墾荒業貧民以占籍附流民以限田裁異端之民以圖帳抑兼幷之民以樹藝課農官以芻地給馬牧以召佃盡地利以銷豁清賠累以撥給廣恩澤以給除差優復以鈔錠節賞賚以讀法訓利民以權量和市糴以時估平物價以積貯之政恤民困以山澤陂池關市坑冶之政佐邦國贍

軍輸以支兌改兌之規利漕運以蠲減賑貸均糴捕蝗之令憫災荒以輸轉屯種糴買召納之法實邊儲以祿廩之制馭貴賤十三司各掌其分省之事兼領所分兩京直隸貢賦及諸司衞所祿俸邊鎭糧餉幷各倉場鹽課鈔關初洪武元年置戸部六年設尚書二人侍郎二人分爲五科一科二科三科四科總科每科設郎中員外郎各一人主事四人惟總科郎中員外郎各二人主事五人八年中書省奏戸刑工三部事繁戸部五科每科設尚書侍郎各一人郎中員外郎各二人主事五人內會總科主事六人外牽照科主事二人十三年陞部秩定設尚書一人侍郎二人分四屬部總部度支部金部倉部每部郎中員外郎各一人總部主事四人度支部金部主事各三人倉部主事二人二十二年改總部爲民部二十三年又分四部爲河南北平山東山西陝西浙江江西湖廣廣東廣西四川福建十二部（四川部兼領雲南）部設郎中員外郎各一人主事二人各領一布政司戸口錢糧等事量其繁簡帶管京畿每一部內仍分四科管理又置照磨

檢校各一人稽文書出入之數而程督之二十九年改十二部爲十二清
吏司建文中仍爲四司成祖復舊制永樂元年改北平司爲北京司十八
年革北京司設雲南貴州交阯三清吏司宣德十年革交阯司定爲十三
司其後歸併職掌凡宗室勳戚文武官吏之廩祿陝西司兼領之北直隸
府州衛所福建司兼領之南直隸府州衛所四川司兼領之天下鹽課山
東司兼領之關稅貴州司兼領之漕運及臨德諸倉雲南司兼領之御馬
象房諸倉廣西司兼領之
（明官志）戸部御馬倉大使從九品副使未入流長安門倉副使東西北
安門倉副使俱未入流

欽定歷代職官表卷七

戶部三庫表

	管理三庫大臣
三代	
秦	
漢	大司農
後漢	大司農卿
三國	
晉	
宋齊梁陳	太府卿
北魏	太府卿 太府少卿
北齊	太府寺卿
後周	
隋	太府寺卿
唐	太府寺卿 太府寺少卿 太府出納使 司農出納錢物使 左藏出納使 延資庫使 判度支 判戶部度支使
五季	建昌宮使 國計使 判三司 三司使
宋	三司使 總計使 左右計使 提舉三司會計司 三司副使 太府寺卿 太府寺少卿
遼	戶部使司 度支使司 三司使司 知戶部使事 三司副使
金	太府監 太府少監
元	太府太卿 太府太監 太府少監
明	

三庫郎中	
殷司土司木司水司草司器司貨周太府下大夫太府上士職幣上士職金上士	
守宮令中藏府令大司農丞	
魏中藏府令	
中黃藏令左藏令右藏令庫曹御史	
庫曹御史左藏令右藏令	
左藏署令黃藏署令右藏署令	
太府中大夫外府上士	
左藏署令右藏署令黃藏署令左藏署監右藏署監黃藏署監	
左藏署令右藏署令	勾當度支使知度支事
監左藏東西庫左藏庫提轄官提領左藏南庫	
錢帛司都提點	
左藏庫使	
萬億寶源庫都提舉萬億廣源庫都提舉萬億綺源庫都提舉萬億賦源庫都提舉右藏提點左藏提點	

三庫員外郎

大府下士 外府中士 職幣中士 職金下士
守宮丞 中藏府丞
魏中藏府丞
中黃藏丞 左藏丞 右藏丞
上庫丞
左藏署丞 黃藏署丞 右藏署丞
左藏署丞 右藏署丞 黃藏署丞
左藏署丞 右藏署丞
左藏庫副使 右藏庫副使
萬億寶源庫提舉 萬億廣源庫提舉 萬億綺源庫提舉 萬億賦源庫提舉 富寧庫提舉
管理太倉銀庫員外郎

三庫堂主事
司書上士司書下士
太府寺丞左藏出納判官
三司判官三部勾院判官都磨勘司判官都主轄支收司判官都憑申司判官太府寺丞
戶部使判官
太府監丞
太府監丞

三庫大使	三庫司庫
	府人 庫人
左藏署典事 右藏署典事	左藏署監事 右藏署監事
萬億寶源庫司庫 萬億廣源庫司庫 萬億綺源庫司庫 萬億賦源庫司庫 富寧庫司庫	右藏大使 左藏大使
	甲字庫大使 承運庫大使 太倉銀庫大使

三庫筆帖式	三庫庫使
太府史 外府史 職幣史 職金史	
守宮員史 中藏府員史	
太府史 左藏署史 右藏署史	太府寺計史
	左藏副使 右藏副使
萬億寶源庫譯史 萬億廣源庫譯史 萬億綺源庫譯史 萬億賦源庫譯史 富寧庫譯史	左藏副使 右藏副使
	甲字庫副使 承運庫副使 太倉銀庫副使

戶部三庫

國朝官制

管理三庫大臣無定員

於大臣內

簡用掌綜理三庫之政令稽其財用出入之數月有要歲有會皆覈實以

聞雍正元年始置特鑄管理三庫銀印以授之

銀庫郎中一人員外郎二人司庫一人大使二人皆滿洲員額掌銀貨解納收

支之政令凡直省田賦及關市鹽茶諸稅課咸入焉歲有常數部覈數無

闕迺移庫準部定權衡受之如啓櫝驗封有作弊及數不實者論初順治

元年止設後庫置滿洲郎中四人員外郎二人司庫六人十三年分建三

庫置理事官二人以總其事增司庫二人康熙二十五年定制三庫各置

郎中一人員外郎一人司庫二人雍正二年三庫各增員外郎一人置大

使各一人省銀庫司庫一人乾隆三年增銀庫大使一人凡郎中員外郎

閱各部院於所屬諸司遴選賢能者送部引
見補用闕三年更選以代司庫大使亦如之
段疋庫郎中一人員外郎二人司庫二人大使一人皆滿洲員額
掌幣物解納收支之政令凡歲用縑帛紗穀咸入焉由織造官市絲民閑
織染輸部部移庫受之所需財用皆給公帑具冊達部以待稽覈有造作
不如法者論
顏料庫郎中一人員外郎二人司庫二人大使一人皆滿洲員額
掌雜物解納收支之政令凡器用所需百物之良若銅錫鉛鐵丹青赭綠
香楮茶蠟之屬咸入焉直省有司各以其土產歲支正賦市自民閑大者
疏
聞下部小者以冊達部覈其數移庫受之擇採不精良者論
三庫堂主事一人滿洲員額
掌三庫文案凡財賄之受藏於庫及取用於庫者皆書其數歲終迺執其

總會三庫羣吏之籍而參考之以待奏銷雍正二年置

三庫筆帖式十有五人庫使二十有六人皆滿洲員額分隸三庫各佐其長以行遣文書稽考出納筆帖式初置十人順治十二年增置二人康熙二十五年定置二十四人雍正二年省九人庫使初置三十二人雍正二年增顏料庫一人省銀庫六人段疋庫一人

歷代建置

三代

（禮記曲禮）六府曰司土司木司水司草司器司貨典司六職（鄭康成註）此蓋殷時制主藏六物之稅周皆屬司徒

（周禮天官）太府下大夫二人上士四人下士八人府四人史八人掌九貢九賦九功之貳以受其貨賄之入頒其貨于受藏之府頒其賄于受用之府凡官府都鄙之吏及執事者受財用焉歲終則以貨賄之入出會之（鄭康成註）太府爲王治藏之長　外府中士二人府一人史二人掌邦布之入出以供百

物而待邦之用凡有灋者歲終則會唯王及后之服不會（鄭康成註）外府主泉藏在外者司書上士二人中士四人府二人史四人掌邦之六典八法八則九賦九正九事邦中之版土地之圖以周知入出百物以敘其財受其幣使入於職幣（鄭康成註）司書主計會之簿書職幣上士二人中士四人府二人史四人掌式灋以斂官府都鄙與凡用邦財者之幣振掌事者之餘財皆辨其物而奠其祿以書楬之以詔上之小用賜予歲終則會其出

（周禮秋官）職金上士二人下士四人府二人史四人掌凡金玉錫石丹青之戒令受其入征者辨其物之媺惡與其數量楬而璽之入其金錫于爲兵器之府入其玉石丹青于守藏之府入其要

謹案太府乃守藏之官卽今三庫所自出若銀庫當爲外府職幣之職顏料庫當爲職金之職三庫堂主事專主鉤考文案則又近於司書之職也至玉府內府職內諸官掌良貨賄之藏在內者秦漢少府卽其職掌今故析繫諸內務府表內云

（王應麟玉海）魯有府人鄭有府人庫人

漢

（漢書食貨志）初大農斡鹽鐵官布多置水衡欲以主鹽鐵及楊可告緡上林財物衆迺令水衡主上林上林既充滿益廣

謹案唐六典謂太府之職秦漢分在司農少府顏師古漢書註謂大司農供軍國之用少府以養天子是此二官者雖皆領財計而職掌有殊至如食貨志所載則水衡上林亦主泉藏應劭註宣帝本紀稱縣官公作仰給司農少府水衡爲天子內藏其說與師古合然則漢之司農當如今戶部三庫而少府水衡則當如今之內務府也但自漢以迄梁陳俱不置太府故府藏官獨隸於少府其司存無可區別今析少府沿革繫之內務府篇而府藏諸令丞則仍互見於此焉

（後漢書百官志）守宮令一人六百石主尚書財用諸物丞一人漢官曰員吏六十九人中藏府令一人六百石掌中幣金銀諸貨物丞一人漢官曰員吏十三人吏從官六人

人

屬少府

〔後漢書桓帝本紀〕建和元年芝草生中黃藏府〔章懷太子〕〔李賢註〕漢官儀曰中黃藏府掌中幣帛金銀諸貨物

〔劉昭後漢書志註〕古今註曰建初七年七月爲大司農置丞一人秩千石別主帑藏

謹案杜佑通典於左右藏沿革惟載後漢之中藏府令丞而不及守宮令然考守宮主尙書財用則府庫出納亦其專司也至本紀所載之中黃藏府疑卽百官志之中藏府觀文選注引曹植令曰皇帝損乘輿之副竭中黃之府云云則當時實有中黃之號其稱中藏者殆從省文耳又司農丞別主司農帑藏與少府分治財賦是卽顏師古所云大農供軍國之用者蓋猶沿前漢之制矣

三國

〔唐六典〕後漢少府屬官有中藏府令丞魏氏因之

（張載註）白藏庫在西城下有屋一百七十四閒秋爲白藏因以爲名大內京邑都內寶藏也

（蕭統文選）左思魏都賦白藏之藏富有無隄同振大內控引世資

晉

（晉書職官志）少府統中黃左右藏等令中黃左右藏等丞

（馬端臨文獻通考）晉江東置御史掌庫曹後分庫曹曰外左庫內左庫

宋齊梁陳

（宋書百官志）宋太祖元嘉中省外左庫而內左庫直云左庫世祖大明中復置廢帝景和元年又省

（杜佑通典）齊曰右藏

謹案自東晉以御史掌庫曹宋沿其制故宋書百官志少府所屬無藏令丞之職南齊書百官志雖未見明文而侍御史有十人與宋制正同則右藏庫當亦御史所掌也

（隋書百官志）梁天監七年加置太府卿爲夏卿位視宗正掌金帛府帑統左右藏令上庫丞

（唐六典）梁始置太府班第十三梁陳有右藏庫無左藏

謹案自梁仿周禮置太府卿於是府庫之關國用者始改隸太府而少府遂爲專供服御之官至唐六典謂梁陳有右藏庫無左藏而今本隋書百官志所載又作左右藏與六典不合然考冊府元龜所引史文實止右藏並無左字疑今本傳刻誤衍左字也

（隋書百官志）陳太府卿中二千石品第三

北魏

（魏書官氏志）太府卿品第三太府少卿品第四

（通典）後魏太和中又改少府爲太府卿兼有少卿掌財物庫藏王顯謂楊固曰吾作太府卿庫藏充實

北齊

（隋書百官志）太府寺掌金帛府庫統左藏黃藏右藏等署令丞

後周

（冊府元龜）後周太府有中大夫掌貢賦貨賄以供國用屬大冢宰

（唐六典）後周有外府上士中士二人掌絹帛絲麻錢物皮角筋骨之藏

隋

（隋書百官志）高祖受命置太府寺統左藏右藏黃藏等署各置令二人黃藏惟置一人丞四人黃藏則一人煬帝卽位分太府寺爲少府監太府但管左右藏等八署改諸令爲監

謹案隋制以左藏爲上署令秩正八品右藏黃藏爲中署令秩從八品蓋當時正供財賦悉送左藏故獨優其等秩也至黃藏一署剏於北齊而隋因之其職掌不槪見疑亦沿漢中黃藏府之名而省其中字者耳

唐

（唐六典）太府寺卿一人從三品龍朔二年改爲外府正卿咸亨元年復故光宅元年改爲司府寺卿神龍初復

舊少卿二人從四品上貞觀中置二人龍朔咸亨光宅神龍並隨寺改復太府卿之職掌邦國貨財之政令舉其綱目修其職務少卿爲之貳以二法平物一曰度量二曰權衡金銀之屬謂之寶錢帛之屬謂之貨絹曰匹布曰端綿曰屯絲曰絇麻曰綟金銀曰鋌錢曰貫凡四方之貢賦百官之俸秩謹其出納而爲之節制焉諸州庸調及折租等物應送京者並貯左藏其雜送物並貯右藏庸調初至京日錄狀奏聞每旬一奏納數○丞四人從六品下掌判寺事凡左右藏庫帳禁人之有見者若請受輸納人物名數皆著於簿書每月以大摹印紙四張爲之簿而以衆官同署月終留一本於署每季錄奏兼申所司○主簿二人從七品上掌印省署抄目勾檢稽失太府寺管木契七十隻十隻與左藏東庫合十隻與左藏西庫合十隻與右藏內庫合十隻與右藏外庫合又十隻與東都左藏庫合十隻與東都右藏庫合各九雄一雌九雄太府寺主簿掌一雌庫官掌又五隻與左藏朝堂庫合五隻與東都左藏朝堂庫合各四雄一雌其契以次行用○錄事二人從九品

上掌受事發辰府二十五人史五十人計史四人亭長七人掌固七人○左藏署令三人從七品下丞五人從八品下府九人史十八人監事八人從九品下典事十二人掌固八人令掌邦國庫藏之事丞爲之貳凡天下賦調先於輸場簡其合尺度斤兩者卿及御史監閱然後納于庫藏皆題以州縣年月所以別麤良辨新舊也凡出給先勘木契然後錄其名數及諸人姓名署印送監門乃聽出若外給者以墨印印之凡藏院之內禁人然火及無故而入者院內常四面持仗爲之防守夜則擊柝分更以巡警焉左藏有東庫西庫朝堂庫又有東都朝堂庫各掌木雌契一與太府主簿合之○右藏署令二人正六品上丞三人正九品上府五人史十三人監事四人從九品下典事七人掌固十人令掌邦國寶貨之事丞爲之貳雜物州土安西于闐之玉饒道宣永安南邕等州之銀揚廣等州之蘇木象牙永州之零陵香廣府之沈香霍香薰陸雞舌等香京兆之艾納香紫草宣簡潤柳鄂衡等州之石綠辰溪州之硃砂相州之白粉嚴州之雌雄

黃絳易等州之墨金州之梔子黃蘗西州之高昌礬石益州之大小黃白
麻紙弓弩弦麻杭婺衢越等州之上細黃狀紙均州之大模紙宣衢等州
之案紙次紙蒲州之百日油細薄白紙河南府許衞懷汝澤潞等州之兔
皮鄜寧同華號晉蒲絳汾等州之狸皮越州之竹管涇寧邠龍蓬等州之
蠟蒲絳鄭貝等州之氈河南府同鄧許等州之膠蒲同虢等州之席涇丹
鄜坊等州之麻京兆岐華等州之木燭凡四方所獻金玉珠貝玩好之物
皆藏之出納禁令如左藏之職右藏有內庫外庫東都庫各木雌契一隻
與太府主簿合之
〈新唐書列傳〉唐舊制財賦皆納左藏庫而太府四時以數聞
〈曾肇曲阜集〉財賦總於地官而太府司其出納
謹案今三庫之制凡
朝廷經費官司庶物之待給者所司籍其數移部部稽其籍相符乃牒諸三
庫主事主事受其牒而書之頒之承用之府覈實而發之每月則執其

總以奏焉出入勾稽至爲詳慎考陸贄翰苑集奏裴延齡姦蠹書有云
總制邦用度支是司出納貨財太府攸職凡事太府出納皆禀度支文
符太府依符以奉行度支憑案以勘覆互相關鍵用絶姦欺其出納之
數則每旬申聞其見在之數則每月計奏皆經度支勾覆又有御史監
臨旬旬相承日月相繼據贄所言是唐代度支之於太府與今戸部之
於三庫其立法正同三庫卽太府寺職掌此尤其明證也至左右藏始
自北齊隋唐以後並仍厥制稽其所貯左藏爲絲絹布帛之屬如今之
緞疋庫右藏爲香楮茶蠟之屬如今之顏料庫而獨無銀庫惟於諸州
雜物內一見之卽通典所載歲貢之數貢銀者三十一州亦止五百餘
兩而已推原其故蓋自秦幷天下制幣爲二等而銀錫之屬祇爲器飾
寶藏不爲幣見於漢書食貨志其後歷代皆然民閒交易惟穀帛與錢
無用銀之例唐時租出穀庸出絹綢出繒布兩稅法行則又令出錢而
未嘗以銀充國賦宋代諸州歲輸緡錢故至今猶相沿謂之錢糧而洪

邁容齋三筆載宋府庫每歲賦入大數自錢穀以外爲絹綢絲布茶蠟並無徵銀之目惟閩廣諸州因其土俗閒許以銀易緡錢故左藏庫亦貯有金銀而不爲常額蘇轍元祐會計錄載歲入銀數止五萬餘兩至金章宗時因錢鈔法弊乃權以銀貨繼復罷錢而專用銀鈔鑄銀名承安寶貨每兩折錢二貫公私同見錢用當時俸給軍須皆銀鈔相兼逮哀宗至大閒鈔竟不行民閒一以銀交易是爲今上下用銀之始然元代貢賦仍徵穀帛成宗本紀所載歲入銀數不過六萬兩明初惟以銀充坑冶之課其天下田賦亦未用銀民閒交易者仍有厲禁自洪武至宣德實錄所紀每歲入數至多者爲銀三十二萬餘兩自英宗正統初從尚書黃福副都御史周銓等之請令南畿浙江江西湖廣福建廣東廣西應輸米麥折銀送京謂之金花銀其後概行於天下諸方賦入悉折銀遂以銀爲惟正之供太倉銀庫之名實起於明之中葉一切中外公私咸取給焉蓋古今異宜其勢有不得不然者矣

（胡三省通鑑注）宋白曰天寶二年始命張瑄充太府出納使

（冊府元龜）天寶初以侍御史楊愼矜充太府出納使四載又以殿中侍御史楊釗充司農出納錢物使乾元元年度支郎中第五琦充兩京司農太府出納使

（洪邁容齋隨筆）楊國忠拜相前銜有兩京太府出納使

（司馬光資治通鑑）天寶十一載左藏出納判官魏仲犀胡三省注左藏舊有令丞而已出納判官蓋帝置也楊國忠方承恩遇領使最多蓋兼左藏出納使而以魏仲犀爲判官

謹案唐之太府左藏既有卿少令丞而又別置使以司其出納今之管理三庫大臣其職制蓋本於此

（新唐書食貨志）會昌末置備邊庫收度支戶部鹽鐵錢物宣宗更號延資庫初以度支郎中判之至是（大中四年八月）以屬宰相其任益重戶部歲送錢帛二十萬度支鹽鐵送者三十萬諸道進奉助軍錢皆輸焉

（新唐書百官志）宰相則爲延資庫使

謹案唐以宰相爲延資庫使蓋亦如今管理三庫之職

（冊府元龜）唐貨財之任多專置使以主之不獨歸於臺閣睿宗景雲二年以蒲州刺史充鹽池使鹽鐵有使自此始也明皇開元二十二年蕭景除太府少卿知度支事二十三年以太府少卿李元祐知度支事天寶七載以給事中楊釗兼御史中丞專判度支肅宗乾元元年以度支郎中第五琦充河南五道度支使兼諸道鹽鐵使胡三省曰度支使始此 二年以兵部侍郎同中書門下平章事充勾當度支使劉晏又充勾當鹽鐵等使代宗廣德二年第五琦充諸道鹽鐵使專判度支德宗建中元年罷劉晏爲右僕射天下錢穀皆歸金倉兩部委中書門下簡兩司郎官准格式條理時本司職事久廢無復綱紀徒收其名莫總其任國用出入無所統之是年三月以戶部侍郎韓洄判度支五年以中書侍郎同中書門下平章事竇參充鹽鐵度支使八年戶部尚書班宏加專判度支諸道鹽鐵使其年七月司

農少卿裴延齡加權判度支自後度支與鹽鐵益殊塗而治十二年戶部尙書裴延齡判度支又以倉部郎中判度支案蘇弁除度支郎中兼御史中丞副知度支事立位於正郎之首副知之號自弁始見

（唐會要）度支自貞元以前他官來判者甚衆自後多以尙書侍郎主之別官兼者稀矣故事度支案郎中判入員外判出侍郎總統押案而已官銜不言專判度支開元以後時事多故遂有他官來判者或尙書侍郎專判乃曰度支使或曰判度支或曰知度支事或曰勾當度支使雖名稱不同其事一也

（資治通鑑）元和六年李絳爲戶部侍郎判本司胡三省註判本司者判戶部職事唐自中世以後戶部侍郎或判度支故以判戶部爲判本司

（容齋續筆）唐自貞觀定制以省臺寺監理天下之務官修其方未之或改明皇時宇文融韋堅楊愼矜王鉷皆以聚歛進然其職不出戶部也楊國忠得志乃以御史大夫判度支權知太府卿及兩京司農太府出納是

時猶未立判使之名也肅宗以後兵興費廣第五琦劉晏始以戶部侍郎判諸使因之拜相於是鹽鐵有使度支有判元琇班宏裴延齡李巽之徒踵相躡遂浸浸以他官主之權任益重憲宗季年皇甫鎛由判度支程异由衛尉卿鹽鐵使並命爲相逮於宣宗率由此途大用馬植裴休夏侯孜以鹽鐵盧商崔元式周墀崔龜從蕭鄴劉瑑以度支魏扶魏謩蔣愼由蔣伸以戶部自是計相不可勝書矣

謹案唐自中葉以後財賦之柄不歸版曹而別有使以領之曰鹽鐵使曰判度支曰判戶部謂之三司其職雖主出納錢物而簿書文案悉由裁遣遂盡分戶部之權致金倉二屬轉爲閑員與今三庫大臣專掌收支勾核者情形較有差別然其制皆特遣重臣爲之至以宰相兼領大要在於均節出入以供軍國故唐書元和十三年中書門下奏三司錢物至年終各具所入所用數分爲兩狀以二月聞奏卽如今三庫奏銷之例參考沿革蓋三庫之職事如太府而其設官則又近於度支戶部

諸判使之制其以戸部侍郞判本司者則如今之以戸部堂官管理三
庫也謹詳稽本末並系諸三庫表內至鹽鐵一使專司鹺務則又別詳
於鹽政篇焉

五季

（舊五代史職官志）梁開平元年四月置建昌院以太祖在藩時四鎭所
管兵車賦稅諸色課利案舊簿籍而主之其年五月中書門下奏請爲建
昌宮使三年九月以門下侍郞平章事薛貽矩兼延資庫使判建昌宮乾
化二年六月廢建昌宮以河南尹魏王張宗奭爲國計使凡天下金穀舊
隸建昌宮者悉主之至後唐同光四年二月以吏部尙書李琪爲國計使
自後廢其名額不置
（資治通鑑）長興元年八月以前忠武節度使張延朗行工部尙書充三
司使三司使之名自此始
（舊五代史職官志）後唐同光二年正月敕鹽鐵度支戸部三司錢物並

委租庸使管轄踵梁之舊制也天成元年四月詔廢租庸院依舊爲鹽鐵戸部度支三司唐朝以來戸部度支掌泉貨鹽鐵時置使名戸部度支則尚書省本司郎中侍郎判其事天寶中楊慎矜王鉷楊國忠繼以聚貨之術媚上受寵然皆守戸部度支本官别帶使額亦無所改作下及劉晏第五琦亦如舊制自後亦以宰臣各判一司不置使額乾符後天下兵興隨處置租庸使以主調發兵罷則停梁時乃置租庸使專天下泉貨莊宗中興秉政者不嫻典故踵梁朝故事復置租庸使明宗嗣位乃詔削除使名但命重臣一人判其事曰判三司至是延朗自許州入再掌國計白於樞密使請置三司名宣下中書議其事宰臣以舊制覆奏授延朗特進行工部尚書充諸道鹽鐵轉運等使兼判戸部度支事從舊制也明宗不從竟以三司使爲名焉

謹案唐之三司以大臣分判而後唐置三司使則張延朗一人總之其任爲更重矣至建昌宮使國計使專典府藏則猶唐出納使之職也

宋

〔玉海〕宋初沿後唐制併度支鹽鐵戸部爲三司使太平興國元年始置副使八年分三司各置使淳化四年五月又併爲一使十月置二使分領左右計閏十月置總計使判左右計事左右計使分判十道事分天下爲十道曰河南河北河東關西劍南淮南江南東西兩浙廣南在京東爲左計京西爲右計各置判官領之五年十二月三司復各置使罷十道左右計復歸三部三使各領一司局分相違簿書交錯綱條失序言論盈庭咸平六年復合爲一使熙寧七年詔三司置會計司以宰臣韓絳提舉元豐五年改官制四月以三司使安燾爲戸部尚書

〔宋史職官志〕三司使一人以兩省五品以上及知制誥雜學士學士充總鹽鐵度支戸部之事以經天下財賦而均其出入副使以員外郎以上歷三路轉運及六路發運使充判官以朝官以上歷諸路轉運使提點刑獄充三部勾院判官各一人以朝官充掌勾稽天下所申三部金穀百物

出納帳籍以察其差殊而關防之都磨勘司判司官一人以朝官充掌覆勾三部帳籍以驗出入之數都主轄支收司判官以判磨勘司官兼掌官物已支未除之數候至所受之處附籍報所由司而對除之天下上供物至京卽日奏之納畢取其鈔以還本州都憑由司掌在京官物支破之事凡部支官物皆覆視無虛謬則印署而還之支訖復據數送勾而銷破之

（富大用事文類聚）鄭湜太府寺廳壁記宋初財賄出納之政顓領於三司

謹案宋初邦計獨掌之三司戶部太府寺雖存虛名而職事悉入三司諸案故當時三司使副實兼有今戶部堂官三庫大臣之任但其所領以貢賦出納爲主且屬吏內如磨勘支收諸司皆專掌勾稽考核與今三庫堂主事正同非戶度金倉分曹領務者可比今並繫之三庫篇內以見元豐以前府藏職掌之所在焉

（宋史職官志）太府寺舊置判寺事一人同判寺一人凡廩藏貿易四方

貢賦百官俸給時皆隸三司本寺但掌供祠祭香幣及校造斗升衡尺而已元豐官制行始正職掌置卿少卿各一人丞主簿各二人卿掌邦國財貨之政及庫藏出納之事少卿爲之貳丞參領之凡四方貢賦之輸於京師者辨其名物視其多寡別而受之儲於內藏者以待非常之用頒於左藏者以供經常之費凡官吏軍兵俸祿賜予以法式頒之先給歷從有司檢察書其名數鈎覆而後給焉供奉之物則承旨以進審奏得畫乃聽除之分案九置吏六十有五所隸官司有左藏東西庫掌受四方財賦之入以待邦國之經費給官吏軍兵俸祿賜予西京南京北京各置左藏庫元豐庫掌受諸路積剩及常平錢物凡封樁者皆入焉徽宗朝又有崇寧庫大觀庫布庫掌受諸道輸納之布辨其名物以待給用茶庫掌受江浙荊湖建劍茶茗以給翰林諸司及賞賚出鬻雜物庫掌受內外雜輸之物以備支用建炎以後所隸惟左藏東西庫如前制所置左藏南庫以待從官提領又置提轄檢察官一員

（玉海）宋初止為左藏一庫太平興國二年正月分為絲綿金銀疋帛三庫置合同憑由印淳化三年分置左右藏各二庫右藏受之左藏給之俟右藏既盈即復以給凡六庫迭為受給四年廢右幷之於左分為四庫曰錢金銀曰絲綿曰生帛疋帛曰雜色疋帛祥符二年併錢金銀絲綿為一庫七年又併生帛雜色二庫為生熟疋緞庫又以祗候庫宣索之物件併入以京朝官諸司使副三班內侍監庫舊兩庫三人後減四人通掌別以三班二人監門政和六年建新庫以東西庫為名

（文獻通考）紹興二十七年詔戶部於轄下丞簿內選一員兼充左藏庫提轄官此提轄官所由始也孝宗即位詔將御前椿管激賞庫撥歸左藏庫以左藏南庫為名專一椿管應副軍期支遣於是有東西南三庫尋罷南庫

遼

（遼史食貨志）五京及長春遼西平州置鹽鐵轉運度支錢帛諸司以掌

出納其制數差等雖不可悉而大要散見舊史

（遼史百官志）五京諸使職名上京鹽鐵使司王棠重熙中爲上京鹽鐵使東京戶部使司張孝傑清寧閒知戶部使事聖宗太平九年見戶部使判官中京度支使司道宗太康三年托卜嘉同知度支使事○托卜嘉原作撻不也今改正南京三司使司劉伸重熙中三司副使南面財賦官諸錢帛職名長春路錢帛司興宗重熙二十二年置大公鼎爲長春州錢帛都提點遼西路錢帛司平州路錢帛司

謹案遼太府監官制無可考見惟三司諸使頗沿唐制食貨志載劉伸爲戶部使歲入羨餘錢三十萬緡擢南院樞密知府藏之積是其專掌今繫之三庫表內至錢帛司雖分置於諸路然皆主財賄出納之官亦如今三庫郎中員外郎之職故並附於表焉

金

（金史百官志）太府監正四品少監從五品丞二員從六品掌出納邦國財用錢穀之事左藏庫使從六品副使從七品興定三年增一員掌金銀珠玉寶貨錢幣右藏庫使從六品副使從七品興定三年添一員掌錦帛絲綿毛褐諸道

常課諸色雜物

謹案金泰和八年嘗省戶部官員置三司使副兼勸農鹽鐵度支戶部三科有簽三司事同簽三司事判官參議規措審計官諸員貞祐中即罷而不設蓋一時權宜之制其職掌亦闕而未詳今故附著於此不列諸表

元

〔元史百官志〕都提舉萬億寶源庫掌寶鈔玉器至元二十五年始置都提舉一員正四品提舉一員正五品同提舉一員從五品副提舉一員從六品知事一員從八品提控案牘一員司吏二十三人譯史二人司庫四十六人內以色目二人參之〇都提舉萬億廣源庫掌香藥紙劄諸物設置同上提控案牘二員司吏一十二人譯史一人司庫一十三人〇都提舉萬億綺源庫掌諸色段疋設置並同上而副提舉則增一員提控案牘設三員後省二員司吏二十二人譯史一人司庫二十六人內參用色目

二人○都提舉萬億賦源庫掌絲綿布帛諸物設置並同上提控案牘二員其後省一員司吏一十七人譯史一人司庫一十五人內參用色目二人○四庫照磨兼架閣庫管勾一員從九品世祖至元二十八年以四庫錢帛事繁始置一員仍給印○提舉富寧庫至元二十七年始創提舉一員從五品同提舉一員從六品副提舉一員從七品分掌萬億寶源庫出納金銀之事吏目一人其後司吏增至六人譯史一人司庫八人○右以上屬戶部其萬億四庫國初以太府掌內帑之出納既設左藏等庫而國計之領在戶部仍置萬億等庫爲收藏之府中統元年置庫官六員而未有品秩俸給至元十六年始爲提舉萬億庫秩正五品二十四年改陞都提舉萬億庫秩正四品二十五年分立四庫以分掌出納至二十七年又別立富寧庫焉

〔事文類聚〕大元改太府爲監置監少監丞掌出納邦國財用錢穀之事

〔元史百官志〕太府監領左右藏等庫掌錢帛出納之數太卿六員正三

品太監六員從三品少監五員從四品丞三員正五品經歷知事照磨各
一員令史八人譯史三人通事知印各一人奏差四人中統四年置至元
四年爲宣徽太府監凡內府藏庫悉隸焉八年陞正二品大德九年改爲
院秩從二品院判簽用官者至大四年復爲監定置如上○右藏提點四
員大使二員副使二員掌收支金銀寶鈔積蘇（原作只孫今改正）段疋水晶瑪瑙
玉璞諸物至元十九年置○左藏提點四員大使二員副使二員掌收支
常課和買紗羅布絹絲綿絨錦木綿鋪陳衣服等物至元十九年置

謹案宋元二代內藏庫與左右藏均隸於太府其寶左右藏爲國家正
帑而內藏庫則如漢魏之御府唐之中藏當出於周官玉府內府之職
今並析繫內務府篇內云

明

（明史職官志）廣積庫大使一人副使一人典史一人贓罰庫大使一人
副使二人甲字乙字丙字丁字戊字庫大使五人副使六人廣盈庫大使

一人副使二人外承運庫大使二人副使二人承運庫大使一人副使一人行用庫大使副使各一人太倉銀庫大使副使各一人

（明史食貨志）兩京庫藏先後建設其制大略相同內府凡十庫承運庫貯緞疋金銀寶玉齒角羽毛而金花銀最大廣積庫貯硫黃硝石甲字庫貯布匹顏料乙字庫貯胖襖戰鞋軍士裘帽丙字庫貯棉花絲纊丁字庫貯銅鐵獸皮蘇木戊字庫貯甲仗贓罰庫貯沒官物廣惠庫貯錢鈔廣盈庫貯紵絲紗羅綾錦紬絹六庫皆屬戶部惟乙字庫屬兵部戊字廣積廣盈庫屬工部通謂之內庫英宗時始設太倉庫初歲賦不徵金銀惟坑冶稅有金銀入內承運庫其稅賦偶折金銀者俱送南京供武臣祿而各邊有緩急亦取足其中正統元年改折漕糧歲以百萬爲額盡解內承運庫不復送南京自給武臣祿十餘萬兩外皆爲御用所謂金花銀也七年乃設戶部太倉庫各直省派剩麥米十庫中綿絲絹布及馬草鹽課關稅凡折銀者皆入太倉庫籍沒家財變賣田產追收店錢援例上納者亦皆入

焉專以貯銀故又謂之銀庫初太倉中庫積銀八百餘萬兩續收者貯之兩廡以便支發而中庫不動遂以中庫爲老庫兩廡爲外庫凡甲字諸庫主事偕科道巡視太倉庫員外郎主事領之而以給事中巡視嘉靖中始兩月一報出納之數

（孫承澤春明夢餘錄）太倉銀庫在倉場總督公署之左中爲銀窖老庫

（明史職官志）萬曆二年另撥戶部主事一人陪庫每日偕管庫主事收放銀兩季終更替

謹案明之內府十庫雖稱隸於有司其實皆以中官司其出納蓋卽如前代之內藏庫而太倉銀庫主之戶部則如前代之左右藏庫也但太倉祇貯銀兩而緞疋在承運庫顏料在甲字庫仍與右藏之專受縑帛雜物者其制相等

本朝順治初祇設後庫十二年分爲三庫銀庫在部署內卽後庫故地緞疋庫在東華門外卽舊裏新庫顏料庫在西安門內卽舊甲字庫而承

運庫分貯紙張乙字庫分貯布蔴諸物以及供用庫之承造香蠟者並屬焉其餘明代諸庫俱已久廢不設但規制雖異而職掌相承故仍詳繫於此用明源委云

欽定歷代職官表卷七

欽定歷代職官表卷八

戶部倉場衙門表

	總督倉場侍郎
三代	
秦	治粟內史
漢	治粟內史 大司農 騪粟都尉 治粟都尉
後漢	大司農卿
三國	魏大司農 蜀大司農 吳大司農
晉	大司農
宋齊梁陳	大司農 司農卿
北魏	大司農
北齊	司農寺卿
後周	
隋	司農寺卿
唐	司農寺卿 司稼寺卿 太倉出納使 含嘉倉出納使
五季	三司使 司農卿
宋	司農寺卿 提點在京倉場所
遼	司農寺卿 三司使
金	
元	京畿都漕運使
明	總督倉場戶部尚書 總督倉場戶部侍郎

坐糧廳	大通橋監督
廩人下大夫	
治粟內史丞太倉令	
大司農丞太倉令騪粟都尉丞	
大司農丞太倉令	
魏大司農丞太倉令	
大司農丞太倉署令	茭庫丞荻庫丞著庫丞
大司農丞	
太倉署令	
司倉下大夫司農上士	
司農寺丞太倉令	
司農寺丞太倉署令	
司農寺丞提領倉監	主管排岸司主管下卸司檢察斛面官
太倉使提舉倉場司使	
京畿都漕運副使新運糧提舉司都提舉	大都陸運提舉司
京糧廳坐廠廳	

京通各倉監督	倉場筆帖式
廩人上士中士下士舍人上士中士倉人中士下士	廩人史倉人史
諸倉農監諸農倉長甘泉倉長	
滎陽敖倉長	
東倉丞石頭倉丞	司農主簿
左部倉丞右部倉丞中部倉丞	司農主簿
梁州水次倉署令石濟水次倉署令	司農寺主簿
太倉米廩督太倉穀倉督黎陽倉監洛口倉監河陽倉監	司農寺主簿
太原倉監永豐倉監龍門等倉監主長安倉	司農寺主簿司農寺錄事
分領在京諸倉侍御史分領在京諸倉郎中諸倉監官	司農寺主簿
監支納使監支納副使	
監支納各倉大使各倉副使	京畿都漕運使司提控案牘兼照磨京畿都漕運使司譯史
監倉員外郎監倉主事	

戶部倉場衙門

國朝官制

總督倉場戶部右侍郎滿洲漢人各一人

掌總稽歲漕之入以均廩祿以儲軍餉凡南北漕艘京通倉庾悉隸焉順治元年初設漢倉場侍郎一人九年設滿洲漢軍倉場侍郎各一人尋裁漢軍員額十五年定制滿洲漢人侍郎各一人駐劄通州新城總理糧務康熙八年復裁漢人員額止設滿洲侍郎一人十八年仍設漢人侍郎一人又有總理滿洲侍郎一人順治四年置與總漕同理漕務八年裁十二年復置十八年仍裁

坐糧廳滿洲漢人各一人

以給事中御史各部郎中員外郎掄選

簡充二年而代掌北河濬淺修築隄岸牐壩催趲漕艘抵壩回空督令經紀車戶轉運輸倉兼司通濟庫銀出納及抽收通州稅課之事所屬通濟庫大

使一人通流慶豐牐官各一人順治元年通州坐糧廳止差戶部漢人司官一人康熙二年添差戶部滿洲司官一人二十六年定制依各關差例以各部院官員通行差遣又初制有坐糧廳筆帖式一人尋省

大通橋監督滿洲漢人各一人

以各倉監督掄選調充凡石壩運到漕白二糧抽驗斛面督催車戶分運京倉及隨糧松板支收之事皆屬焉初差戶部漢人司官一人康熙二年改設滿洲漢人監督各一人尋省四十七年以通州大通橋會清河相隔甚遠事難兼辦仍設滿洲漢人監督各一人管理

京通各倉監督滿洲漢人各一人

在京倉十有四城以內曰祿米倉南新倉舊太倉富新倉興平倉（均在朝陽門內國初因明舊制建）海運倉北新倉（亦在東直門內國初建）恩豐倉（在東華門北乾隆二十八年建）城以外曰太平倉（亦在朝陽門外國初建）本裕倉（在德勝門外清河康熙四十五年建）萬安倉（在朝陽門外雍正元年建）儲濟倉裕豐倉（均在東便門外雍正六年建）豐益倉（在德勝門外安河橋雍正七年建）凡八旗三營兵食官

軍牧馬豆貯焉通州倉二曰西倉曰中倉均國初因明制建舊有南倉乾隆十八年省凡王公

百官俸廩米貯焉惟豐益倉以供守衛圓明園八旗官軍俸餉恩豐倉以供內廷太監廩食俱由

內務府遣官主之其十四倉監督以內閣中書部院寺監屬官掄選引

見注其名於籍有闕員則戶部掣籤以授三年而代掌漕白二糧交納上倉及

收貯支放之事初制差戶部滿洲漢人司官管理諸倉或一人或二人增

損不一康熙五十年始定每倉置滿洲漢人監督二人五十七年令九卿

各舉其屬以待

簡用雍正元年選部曹之候補者充其任二年置副監督以預監督選者於應

代先一年爲之稱職則如期交替不及者罷免四年復以滿洲各部院筆

帖式及漢人之候補道府同知知州者掄選充補勤職者擢用之尋改定

如今制又各倉原設筆帖式一人後俱省

倉場筆帖式滿洲四人

順治元年置掌受遣文書之事

謹案今定制稽察倉儲京倉以都統副都統通倉以通永道通州副將專司其事若倉有滲漏米有盜竊者移倉場治之滿漢御史則每倉歲差一人通稽一歲內收漕發米釐剔弊端以重天庾儲備蓋卽唐監倉明巡倉之職而立法周詳視前代益嚴愼矣

歷代建置

三代

〔周禮地官〕廩人下大夫二人上士四人中士八人下士十有六人府八人史十有六人胥三十人徒三百人掌九穀之數以待國之匪頒賙賜稍食以歲之上下數邦用以知足否以設穀用以治年之凶豐舍人上士二人中士四人府二人史四人胥四人徒四十人掌平宮中之政分其財守以灋掌其出入掌米粟之出入辨其物〔鄭康成注〕政謂用穀之政也分其財守者計其用穀之數分送宮正內宰使守而頒之也而行出于廩人其在空缺則計之還入倉人中士四人下士八人府二人史四人胥四人徒四十人掌粟入之藏辨九穀之物以待邦用

謹案管子稱黃帝使大常爲廩者房元齡注云謂開廩以給人也氏族略稱庾氏爲堯時掌庾大夫以官命氏是委積之政由來已古迨周禮設官分職立法尤詳觀廩人一官而徒至三百人則其出納之多亦概可見矣至鄭康成謂廩人舍人倉人司祿官之長者蓋成周鄉遂出軍兵農合一無後世饋餉之繁故所主惟百官之稍食爲重耳

秦

〔冊府元龜〕秦始皇幷天下有治粟內史掌穀貨有兩丞

〔宋書百官志〕太倉令秦官也

漢

〔漢書百官公卿表〕治粟內史有兩丞景帝後元年更名大農令武帝太初元年更名大司農屬官有太倉令丞又郡國諸倉農監都水六十五官長丞皆屬焉騪粟都尉服虔曰騪者搜索也武帝軍官不常置〔王應麟玉海〕桑宏羊趙過楊敞爲之趙過奏平都令光爲丞

〔漢書食貨志〕元封元年桑宏羊爲治粟都尉領大農

謹案治粟都尉始見於史記淮陰侯傳蓋其官本漢初所置漢書功臣表又作粟客見司馬貞索隱今本作票客殆一官而兩名又宣帝本紀大司農中丞耿壽昌奏設常平倉以給北邊省轉漕云云是大司農丞又得稱中丞也

〔漢書百官公卿表〕水衡都尉都水農倉長丞皆屬焉

〔漢書張敞傳〕察廉爲甘泉倉長〔食貨志〕太倉甘泉倉滿

〔史記倉公列傳〕太倉公者齊太倉長

〔漢書律曆志〕量者龠合升斛也職在太倉大司農掌之

〔三輔黄圖〕太倉蕭何造在長安城外東南有百二十楹細柳倉在長安渭北石徼西有細柳倉東有嘉禾倉初建一百二十楹

〔漢書宣帝本紀〕詔丞相以下至都官令丞入穀輸長安倉

謹案西漢大司農綜治錢穀蓋如今之户部然其官本出於治粟内史

故柏梁詩大司農所賡者但言陳粟萬石揚以箕周禮疏引史游章云漢法穀入司農錢入少府而漢書朱邑爲大司農張敞與邑書曰掌周稷之業顏師古謂司農主百穀趙充國傳亦言大司農所轉穀足支萬人一歲食足知大農所領實以倉廩爲重與今倉場職尤相近也至西漢諸倉史傳尙頗可考而倉長丞等職名員數則志未之詳惟甘泉倉長一見於張敞傳以志核之甘泉丞隸於水衡都尉則甘泉倉長殆亦水衡之所屬歟又朱博傳有護漕都尉官當卽後世轉運之司今別入漕運總督篇內不列於此表

（後漢書百官志）太倉令一人六百石主受郡國傳漕穀丞一人屬大司農滎陽敖倉官中興屬河南尹〔杜佑通典〕後漢河南尹屬官有滎陽穀倉長丞

（唐章懷太子後漢書註）洛陽記曰建始殿東有太倉

（晉書食貨志）漢顯宗永平五年作常滿倉

謹案滎陽敖倉長丞通典及唐六典俱作穀倉疑字誤以西京之制準之當屬水衡都

尉其改屬河南尹者以東漢省幷水衡故也又常滿倉之類於例亦當俱有長丞而史不之及蓋祇就其可考者載之耳

三國

（杜佑通典）建安中爲大農魏黃初元年又改爲司農大司農桓範出奔謂曹爽曰大司農印在吾手所在得開倉而食

（唐六典）魏大司農品第三司農丞太倉令品第七

（冊府元龜）大司農蜀吳多如舊制

晉

（晉書職官志）大司農哀帝省幷都水孝武復置

（唐六典）晉太康中置司農主簿二人

（晉書武帝紀）咸寧二年九月丁未起太倉於城東

（酈道元水經注）洛陽地紀曰大城東有太倉倉下運船常有千計

（王應麟玉海）江左有龍首倉即石頭津倉臺城內倉南塘倉東西大倉東宮

倉

（宋書百官志）晉江左以來又有東倉石頭倉丞各一人

謹案漢代諸農倉長丞不屬司農而隸於水衡都尉晉時都水使者亦職兼運部宋書載懷帝永嘉六年劉曜入洛陽都水使者晏濬先出督運得免是其明證哀帝時遂以司農幷入都水蓋轉漕之事必資河渠故兩職相兼方稗輓運今河漕雖分二督而參掌運道其北河疏濬及閘壩事宜則倉場侍郎及坐糧廳領之蓋即其制也至晉大司農屬有東西南北部護漕掾當如今押運府判之職又本紀太元中置督運御史官當如今巡漕御史之職今俱別附漕運總督篇內焉

宋齊梁陳

（冊府元龜）宋有大司農一人丞一人掌九穀六畜之供膳羞者屬官有太倉令丞南齊大司農官屬並如晉制

（隋書百官志）梁天監七年以大司農爲司農卿位視散騎常侍主農功

倉廩統太倉令又管左右中三倉丞芟庫荻庫箬庫丞陳承梁皆循其制

謹案梁代置芟庫荻庫箬庫諸丞隸於司農者蓋其物皆倉廩貯穀所需故特設官以掌之唐六典載凡輸米粟二斛課稿一圍三斛橛一枚米二十斛籧篨一領粟四十斛箬一簟麥及雜種亦如之以充倉窖所用是卽梁之遺法而其職則已併於太倉令今制每漕糧二石徵席一領二千石徵楞木一根松板九片每船帶大竹一根中竹三根皆隨運輸納於大通橋蓋亦本唐制而損益之而大通橋監督則又兼有梁芟箬諸庫丞之職矣

（唐六典）司農主簿梁置一人在七班之中第三陳因之

北魏

（冊府元龜）後魏初大司農第二品孝文太和二十年改爲第三品少卿第三品亦改爲正第四品上丞第五品中改爲第七品下其主簿省之

北齊

（隋書百官志）司農寺掌倉市薪菜園池果實統太倉梁州水次倉石濟水次倉等署令丞

（冊府元龜）北齊司農寺置卿少卿各一人復置主簿

後周

（通典）後周有司農上士一人掌三農九穀稼穡之政令屬大司徒

（唐六典）後周有司倉下大夫

隋

（隋書百官志）司農寺置卿少卿各一人丞五人主簿二人錄事四人統太倉等署置令二人太倉又有米廩督二人穀倉督四人鹽倉督二人

（唐六典）隋初漕關東之粟以實京邑衞州黎陽倉滎陽洛口倉洛州河陽倉陝州常平倉潼關渭南亦皆有倉以轉運之各有監官

（通典）司農寺隋初與北齊同煬帝置少卿二人穎川太守趙元淑入朝會司農不時納諸郡租穀元淑奏之煬帝曰如卿意者幾時當了元淑曰不過十日即日拜元淑爲司農卿納天下租如言而畢

唐

（鄭樵通志）唐龍朔二年改司農爲司稼咸亨初復舊

（唐六典）司農寺卿一人從三品少卿二人從四品上丞六人從六品上主簿二人從七品上錄事二人從九品上府三十八人史七十六人計史三人亭長九人掌固七人司農卿之職掌邦國倉儲委積之政令謹其出納而修其職務少卿爲之貳凡京都百司官吏祿廩皆仰給焉丞掌判寺事凡天下租稅及折造轉運於京師皆閱而納之每歲自東都轉米一百萬石以祿百官及供諸司若駕行幸東都則減或罷之凡受租皆於輸場對倉官租綱吏人執籌數函其函大五斛次三斛小一斛凡朝會祭祀米物薪芻皆應時而給主簿掌省署抄目勾檢稽失凡署木契二十隻應須出納與署合之錄事掌受事發辰○太倉署令三人從七品下（東都則曰合嘉倉）丞六人從八品下監事十人從九品下府十人史二十人典事二十四人掌固八人令掌九穀廩藏之事丞爲之貳凡鑿窖置屋皆銘甎爲庾斛之

數與其年月日受領粟官吏姓名又立牌如其銘焉凡粟支九年米及雜種三年凡京官之祿發京倉以給給公糧者皆承尙書省符○太原永豐倉監一人正七品下丞二人從八品上錄事一人府三人史六人典事八人掌固六人龍門等諸倉每倉監一人丞二人錄事一人府二人史四人典事六人掌固四人諸倉監各掌其倉窖儲積之事丞爲之貳凡粟出給者每一屋一窖盡賸者附計欠者隨事科徵非理欠損者坐其所由令徵陪之凡出納帳歲終上於寺焉

謹案魏晉以後錢帛領之度支司農遂專司倉廩其職事略見於諸史志而唐六典所載尤詳核其司存正與今倉場衙門無異以官制準之司農卿當如倉場侍郎之職太倉令當如坐糧廳之職諸倉監則各倉監督之職也

〈唐會典〉太倉出納貞元五年俾司農少卿一人專領少卿李堅立太倉石柱記

（冊府元龜）貞元十九年太倉奏請依六典置太倉令二員丞六員監事十員支計官驅使官三人典事六人府史六人元和三年八月司農少卿崔鄯奏停倉丞一員監事二員

（玉海）楊慎矜弟慎名元宗擢爲含嘉倉出納使慎餘主長安倉

（新唐書地理志）河南府鞏有洛口倉河清有柏崖倉陝西三門西有鹽倉東有集津倉陝有太原倉孟州河陰有河陰倉華州華陰有永豐倉臨渭倉河中府龍門有龍門倉開元二年置

謹案據冊府元龜太倉令於貞元中復設則前此嘗省其官而史不載疑或劉晏領轉運時嘗以便宜廢置也至六典所載諸倉監惟太原永豐二倉吏額獨多蓋唐時江淮漕米於河南運至太原倉又遞運至永豐倉及京太倉此二倉當轉輸要地積貯最繁故視他倉爲較劇耳

（新唐書食貨志）文宗召監倉御史問太倉粟數崔虞對粟二百五十萬石

（新唐書百官志）殿中侍御史一人監太倉出納開元十九年以監察御史莅太倉其後以殿中侍御史上一人爲太倉使

謹案唐之監太倉使蓋卽今稽查諸倉御史之職也

五季

（冊府元龜）後唐天成二年九月修魏門倉一百閒充貯轉運斛㪷十一月三司使張延朗奏於洛中預備一二年軍糧帝然之四年二月三司使奏水運自洛口至京至倉門稍遠欲於洛河北岸別鑿一灣引船直至倉門下卸從之

謹案五季倉儲之制史乘闕略據冊府元龜所載則積貯出納皆三司使爲政其時九寺三監雖沿唐舊司農卿蓋特具員而已

宋

（李燾續資治通鑑長編）太祖建隆元年五月乙巳上以畿甸委輸京師多旁緣爲姦民或咨怨命殿中侍御史王伸監察御史王祐戶部郎中沈

義倫等分領在京諸倉

謹案自漢以後太倉令及諸倉監皆設有專官宋太祖始命廷臣以他官分領京倉今之部院寺監官員選充諸倉監督其制蓋此始也

（宋史職官志）司農寺舊置判寺事二人以兩制朝官以上充主簿一人以選人充掌供耤田九種大小中祀供豕與平糴利農之事元豐官制行始正職掌置卿少卿丞主簿各一人卿掌倉儲委積之政令而謹其出納少卿爲之貳丞參領之凡京都官吏祿廩辨其精麤而爲之等諸路歲運至京師遣官閱其名色而分納於倉庾歲具封樁月具見存之數奏聞給兵食則進呈糧樣有負欠者計其虧數上於倉部凡諸疏奏兩雪之闕與過多者皆籍之分案六置吏十有八初熙寧立常平斂散法以付司農而農田水利免役保甲等法悉自司農講行官制行寺監不治外事司農舊職悉歸戸部右曹元祐三年詔司農寺置長貳五年以本寺主簿兼檢法八年復置提轄修倉所紹聖四年罷主簿添丞一員所隸官屬五十〇倉

二十有五掌九穀廩藏之事以給官吏軍兵祿食之用凡綱運受納及封樁支用月具數以報司農○排岸司四掌水運綱船輸納雇直之事○下卸司掌受納綱運○建炎三年罷司農寺以事務併隸倉部紹興三年復置丞二員凡有合行事務申戶部施行四年復置寺仍置卿少十年復置簿隆興元年併省主簿一員明年詔如舊制分案五南北省倉隸焉監倉官分上中下界司其出納諸場皆置監官外有監門官交量則有檢察斛面官綱運下卸有排岸司官各分其事以佐本寺

〔玉海〕京諸倉總二十三所凡受四河運至京師者謂之船般倉永豐通濟萬盈廣衍初通濟有四倉景德四年改第三第四曰萬盈廣衍延豐舊曰廣利景德中改祥符二年增第二順成舊曰常豐景德中改濟遠舊曰常盈景德中改富國太平興國中以迎春苑地為之十倉案倉名止八所其曰十倉者兼通濟延豐第二倉為數也受江淮所運東河永濟永富二倉受懷孟二州所運西河廣濟第一倉受潁壽諸州所運南河廣積廣儲二倉受曹濮諸州所運北河其受京畿之租者曰稅倉京東界則廣濟第二倉受之京北界則廣積第一倉騏驥院天駟

監倉受之京西界則左天廏坊倉受之京南界則大盈右天廏倉受之其受商人入中謂之折中倉元豐元年七月提點在京倉場所言在京諸倉名宜改易其延豐永濟廣積廣濟第一倉依舊名欲以延豐第二爲元豐倉永濟第二爲永豐倉廣積南倉爲大盈倉廣濟倉爲廣阜倉從之

（馬端臨文獻通考）宋諸倉監官每界二人以京朝官及三班使臣充元豐後屬司農中興後又有豐儲倉初紹興以上供米餘數樁管別廩以爲水旱之助後益增廣收糴置監官二員監門官一員淳熙閒命右司爲之提領後以屬檢正非奉朝廷指揮不許支發

謹案宋自元豐改制倉廩職掌始歸之司農獨省太倉令不置所屬惟諸倉監而已南渡後張維作司農寺壁記謂倉儲出納自昔太倉令主之蓋大司農之屬猶今之倉部也以列卿而行太倉令日惟倉部要束是聽位雖高勢出倉部下至於軍餉支給罷於奔命世謂之走卿云云蓋當時司農官屬不備凡監支閱納之事舊屬太倉令者多以卿少兼

任之故其職繁冗如此乃俞文豹吹劍錄外集載有淳熙六年太倉令
葉大廉乞內省取索給憑由下戶部除破一事似宋時又曾置太倉令
者未知其說何據疑文豹有誤也至宋之排岸下卸司掌受納綱運今
大通橋監督督催車戶分運京倉正其職矣
〔富大用事文類聚〕宋仍舊制以三司大將軍爲都糧料使開寶六年改
用京官太平興國五年分諸司馬軍步軍爲三院八年以馬軍步軍合爲
一院雍熙四年命供奉官陳處晦勾當諸司糧料供奉官曾祚勾當馬步
軍糧料自後復分馬步軍爲兩院或以諸司使副分主之端拱二年復以
京朝官主之元豐末併馬步軍與諸司爲二院隸太府寺掌以法式頒廩
祿凡文武百官諸司諸軍俸料以券準給
謹案宋以糧料院爲六院之一掌以法式批支諸軍諸司之廩祿猶今
俸甲諸米戶部繕冊具數付倉場始得支放也自元時已廢其職併入
戶部爲糧草科以其與司農職掌相關均有倉儲出納之責故附載備

考而不列於表焉

遼

〔遼史百官志〕南面朝官寺官職名有司農寺

謹案遼諸道俱置義倉東京沿邊諸州各有和糴倉又有鹽濼倉而五京諸倉獨不見於史司農職守志亦不詳惟考馬人望傳稱人望遷中京度支使半歲積粟十五萬斛判南京三司使事錢粟出納弊甚人望皆使別籍黠吏莫能軒輊又稱驛遞馬牛隸倉司之役破產不給人望使官自募役人以爲便據此是遼之倉司當屬於三司使也

金

〔金史百官志〕太倉使從六品掌九穀廩藏出納之事副使從七品屬太府監〇提舉倉場司（貞祐五年置先吏部辟舉後省擬）使從五品副使從六品掌出納公平及毋致虧敗監支納官八品十六員（以年六十以下廉幹人充女直漢人各一）廣盈倉豐盈倉永豐倉豐儲倉富國倉廣衍倉三登倉常盈倉西一場西二場西三場

東一場東二場南一場北一場北二場〇通濟倉與在京倉置監支納使
副各一員
謹案金之勸農使司大司農司皆掌勸課農桑幷採訪公事不司國儲
之政其主倉廩者惟太倉使提舉倉場司二官考金史食貨志載金大
定閒歲入粟九百萬石自經費七百萬石外加以水旱蠲免所餘纔百
萬石殆以出納務簡故設官亦從省併歟至倉場之名始見於宋之提
點在京倉場所至金遂爲置司設官而提點秩止五品則當如今之坐
糧廳尙非倉場侍郎之職也

元

〔元史百官志〕京畿都漕運使司秩正三品運使二員正三品同知二員
正四品副使二員正五品判官二員正六品經歷一員正七品知事一員
從八品提控案牘兼照磨二員掌凡漕運之事世祖中統二年初立軍儲
所尋改漕運所至元五年改漕運司秩五品十二年改都漕運司秩五品

十九年改京畿都漕運使司秩正三品二十四年內外分立兩運司而京畿都漕運司之額如舊止領在京諸倉出納糧斛及新運糧提舉司站車攢運公事省同知通判知事各一員延祐六年增同知副使運判各一員其後定置官員已上正官各二員首領官四員吏屬令史二十一人譯史二人回回令史一人通事一人知印二人奏差一十六人典吏二人其屬二十四○新運糧提舉司秩正五品至元十六年置管站車二百五十輛隸兵部開設運糧壩河改隸戶部置達嚕噶齊蒙古語頭目也原本作達魯花赤今改正一員都提舉一員同提舉二員副提舉一員吏目一員司吏八人奏差十二人○京師二十二倉秩正七品○萬斯北倉中統二年置萬斯南倉至元二十四年置千斯倉中統二年置永平倉至元十六年置永濟倉至元四年置維億倉既盈倉大有倉並皇慶元年置屢豐倉積貯倉並皇慶元年增置已上十倉每倉各置監支納一員正七品大使二員從七品副使二員正八品○豐穰倉皇慶元年置廣濟倉皇慶元年置廣衍倉至元二十九年置大積倉至元二十八年置既積倉盈衍倉並至元二十六年置相因倉中統二年置

順濟倉至元二十九年置已上八倉每倉各置監支納一員正七品大使一員從七品副使二員正八品○通濟倉中統二年置慶貯倉至元四年置豐潤倉至元十六年置豐實倉案此下史文失載建置年月已上四倉每倉各置監支納一員正七品大使一員從七品副使一員正八品○通惠河運糧千戶所秩正五品掌漕運之事至元三十一年始置中千戶一員中副千戶二員○都漕運使司秩正三品掌御河上下至直沽河西務李二寺通州等處儹運糧斛至元二十四年自京畿運司分立都漕運司於河西務置總司分司臨清運使二員正三品同知二員正四品副使二員正五品運判三員正六品經歷一員從七品知事一員從八品提控案牘二員內一員兼照磨司吏三十三人通事譯史各一人奏差一十六人典吏一人其屬七十有五○河西務十四倉秩正七品○永備南倉永備北倉廣盈南倉廣盈北倉充溢倉已上五倉各置監支納一員正七品大使二員從七品副使二員正八品○崇墉倉大盈倉大京倉大稔倉足用倉豐儲倉豐積倉恆足倉既備倉已上

九倉各置監支納一員正七品大使一員從七品副使一員正八品○通州十三倉秩正七品○有年倉富有倉廣儲倉盈止倉及秭倉迺積倉樂歲倉慶豐倉延豐倉已上九倉各置監支納一員正七品大使二員從七品副使一員正八品○足食倉富儲倉富衍倉及衍倉已上四倉各置監支納一員正七品大使二員從七品副使一員正八品○河倉一十有七用從七品印○館陶倉舊縣倉陵州倉傅家沘倉已上各置監支納一員從七品大使一員從八品副使一員案此下史失載品數下條同○秦家渡倉尖塚西倉尖塚東倉長蘆倉武強倉夾馬營倉上口倉唐宋倉唐村倉安陵倉四柳樹倉淇門倉伏恩倉已上各置監支納一員從八品大使一員從九品副使一員○大都陸運提舉司秩從五品掌兩都陸運糧斛之事至元十六年始置運糧提舉司延祐四年改今名提舉二員從五品副提舉一員從七品吏目一員司吏六人差委一十人海王莊七里莊魏家莊臘八莊四所各設提領一人用從九品印案大都陸運提舉司屬中書兵部

謹案唐宋糧儲領之司農寺故轉運使發運使爲今漕運總督及督糧道之職至元之大司農司所掌惟農桑水利學校之事而在京諸倉出納乃屬之京畿都漕運司是都漕運使正如今之倉場侍郎而新運糧提舉司則如今之坐糧廳大都陸運提舉司則如今之大通橋監督監支納大使副使則如今之各倉監督也若至元中所分內外兩運司其在河西務者主直沽以來催儹糧斛亦與今倉場侍郎職掌相合惟分司臨清運使在外調度有如今之漕督耳今以其本京畿分職故併載於此而仍互見於漕運諸官表內云

明

（明史職官志）總督倉場一人掌督在京及通州等處倉場糧儲洪武初置軍儲倉二十所各設官司其事永樂中遷都北京置京倉及通州諸倉以戶部司員經理之宣德五年始命李昶爲戶部尚書專督其事遂爲定制以後或尚書或侍郎俱不治部事嘉靖十五年又命兼督西苑農事隆

慶初罷兼理萬曆九年裁革命本部侍郎分理之十一年復設

（孫承澤春明夢餘錄）總督倉場公署在城之東裱褙衚衕設於正統三年糧儲抵通分貯京通二處在京者曰舊太倉曰百萬倉曰南新倉曰北新倉曰海運倉曰祿米倉曰新太倉曰廣備庫倉在通州者曰大運西倉大運南倉大運中倉大運東倉戶部侍郎或尚書總督之元時有京畿都漕運使司所管倉有萬斯南倉萬斯北倉千斯倉相因倉豐潤倉通濟倉廣貯倉永平倉永濟倉維億倉盈衍倉大積倉豐實倉廣衍倉順濟倉今之倉多其地也

（明史食貨志）明初京衞有軍儲倉永樂中置天津及通州左衞倉且設北京三十七衞倉既又設通州衞倉於張家灣宣德中增置北京及通州倉京倉以御史戶部官錦衣千百戶季更巡察各倉門以致仕武官二率老幼軍丁十人守之半年一更正統中增置京衞倉凡七自兌運法行諸倉支運者少而京通倉不能容乃毀臨清德州河西務倉三分之一改爲

京通倉景泰初移武清衞諸倉於通州凡京倉五十有六通倉十有六

明成祖實錄永樂十六年復設通州衞通濟倉

謹案通濟倉之名始於金明代則置於張家灣正統元年管糧通政使

李暹奏請移置通州旣而不果見英宗實錄今其倉已廢而坐糧廳庫

曰通濟庫蓋猶沿其舊名也

〔春明夢餘錄〕永樂中歲凡三運其達京倉者二儲通倉者一宣德四年

益增修京通等倉正統元年定所增通州大運曰中倉曰東倉曰南倉曰

西倉時歲運米五百萬京十之四通十之六其年復增造三百萬石倉於

大運西倉之側四年增設左右金吾前三衞倉天順四年即通州西倉之

南草場置大運南倉五年復增通州大運倉百間而南倉設北東二門餘

倉皆三門設守衞軍一人辦事官一人軍一人然由是設總督太監監督

內官漸多事矣隆慶初巡倉御史蔣機言漕儲通倉者三百三十餘萬而

京倉僅二百餘萬石根本之地出多入少非所以備緩急請無拘三七四

六之例凡兌運者悉入京倉改兌者入通倉詔可之
（邵寶容春堂集）通州倉戸部歲委員外郎一人主事四人或七人或九
人監出納之政
謹案明諸倉不設監督惟戸部遣司官經理之謂之監倉員外郎主事
其監督倉糧乃內官職名正統中始設一員正德間增至十七八員言
者屢陳其侵冒剝削之害而不能去至嘉靖十四年始盡行裁革明代
宂食耗蠹職此之由洵一時之粃政也又今之坐糧廳其職名不見明
職官志考張輔之司空奏議有板片蘆蓆驗收者京糧廳與坐廒廳語
則坐糧廳當卽沿明坐廒廳之制而改其名者至京糧廳亦載於春明
夢餘錄又稱爲總廳案
本朝順治十二年嘗置京糧廳以掌京倉出納十五年併歸坐糧廳管理
蓋亦沿明制而設意其時均出長官選委不由奏授故史志失載歟

欽定歷代職官表卷九

禮部表

	禮部尚書	禮部左右侍郎
三代	殷太宗 周大宗伯卿上宗太宗宗人	小宗伯中大夫少宗
秦	尚書不分曹	
漢	客曹尚書	
後漢	南主客曹尚書 北主客曹尚書	
三國	魏客曹尚書 祠部尚書	
晉	祠部尚書	
宋齊梁陳	祠部尚書	
北魏	儀曹尚書 祠部尚書	
北齊	殿中尚書 祠部尚書	
後周	春官大宗伯卿	小宗伯
隋	禮部尚書	禮部侍郎
唐	禮部尚書 司禮太常伯 春官尚書	禮部侍郎 司禮少常伯 春官侍郎
五季	禮部尚書	禮部侍郎
宋	禮部尚書	禮部侍郎
遼	多囉倫穆騰 總知朝廷禮儀 禮部尚書	總禮儀事
金	禮部尚書	禮部侍郎
元	禮部尚書	禮部侍郎
明	禮部尚書	禮部侍郎

儀制司郎中	儀制司員外郎	儀制司主事
肆師下大夫	春官宗伯上士 春官宗伯中士	春官宗伯旅下士
魏殿中郎儀曹郎		
殿中郎儀曹郎		
殿中郎儀曹郎		
殿中郎儀曹郎		尚書主事令史 說具吏部篇
儀曹郎中		儀曹主事
禮部中大夫 司宗中大夫	禮部上士 禮部中士	禮部旅下士
禮部郎儀曹郎	禮部員外郎 儀曹員外郎 儀曹承務郎	儀曹主事
禮部郎中 司禮大夫 春官大夫	禮部員外郎 司禮員外郎 春官員外郎	禮部主事
禮部郎中	禮部員外郎	禮部主事
禮部郎中	禮部員外郎	禮部主事
禮部郎中	禮部員外郎	
禮部郎中	禮部員外郎	禮部主事
禮部郎中	禮部員外郎	禮部主事
儀制清吏司郎中	儀制清吏司員外郎	儀制清吏司主事

祠祭司郎中	祠祭司員外郎	祠祭司主事
	典祀中士	典祀下士
魏祠部郎		
祠部郎		
祠部郎		
祠部郎		
祠部郎中		
典祀中大夫	小典祀下大夫　小典祀上士	
祠部郎	祠部員外郎　祠部承務郎	祠部主事
祠部郎中　司禋大夫	祠部員外郎　司禋員外郎	祠部主事
祠部郎中	祠部員外郎	祠部主事
祠部郎中	祠部員外郎	祠部主事
元禮部不分曹以令史分名頭掌祠祭等事		
祠祭清吏司郎中	祠祭清吏司員外郎	祠祭清吏司主事

主客司郎中	主客司員外郎
主匈奴營部尚書郎	
南主客曹郎 北主客曹郎	
魏南主客郎	
左主客曹郎 右主客曹郎 南主客曹郎 北主客曹郎	
主客曹郎	
南主客曹郎 左主客郎	
主客郎中	
	東掌客上士中士 南掌客上士中士 西掌客上士中士 北掌客上士中士
主客郎中 司蕃郎	主客員外郎 司蕃承務郎
主客郎中 司蕃大夫	主客員外郎 司蕃員外郎
主客郎中	主客員外郎
主客郎中	主客員外郎
元禮部不分曹以令史分名頭掌四方使客事	
主客清吏司郎中	主客清吏司員外郎

主客司主事	精膳司郎中	精膳司員外郎
		膳夫上士中士
	左士郎右士郎	
	左士郎	
	膳部郎中	
	主膳中大夫	小膳部下大夫小膳部上士
主客主事	膳部郎	膳部員外郎膳部承務郎
主客主事	膳部郎中司膳大夫	膳部員外郎司膳員外郎
主客主事	膳部郎中	膳部員外郎
主客主事	膳部郎中	膳部員外郎
主客清吏司主事	精膳清吏司郎中	精膳清吏司員外郎

精膳司主事	鑄印局員外郎	鑄印局署主事
膳夫下士	掌節上士中士典瑞中士	
	印曹御史	
	印曹御史	
	典瑞中士	典瑞下士
膳部主事		
膳部主事		
膳部主事		
膳部主事		
精膳清吏司主事		

鑄印局大使	堂主事	司務
		尚書都令史
		尚書殿中都令史
		尚書都令史
		尚書禮部都事
禮部鑄印官	尚書左司主事	尚書左司都事
鑄印篆文官	尚書左司主事	六部監門官　尚書左司都事
		左司都事
鑄印局大使　副使		左司都事　左三部照磨
鑄印局大使　副使		禮部司務廳司務

筆帖式

令史
尚書令史
令史
尚書諸曹令史
正令史 書令史
尚書令史 譯令史 書令史
正令史 書令史
尚書令史
令史 書令史
令史 書令史 守當官
女直令史 譯史
蒙古必且齊

謹案禮部建置本於虞廷秩宗在周爲春官宗伯自周室班爵之制周末既去其籍秦漢分設九寺大卿以統轄庶務而春官之事遂歸於太常其後雖閒置儀曹祠部亦僅尚書省所屬之一職太常尚爲專司禮樂之官後魏太常卿劉芳奏所稱臣忝官宗伯者是也迨隋唐仿周制分建六曹設禮部以主朝廷典禮於是宗伯乃復舉其職而太常並置不廢相承至今故準以春官所屬如鬱人等職之敬禮神祇大司樂等職之均諧律呂其典司仍在於太常歷代以來禮部惟綜其大綱而已

我

國家稽古建官正名核實𠜂設樂部管神樂和聲諸署領治樂政而以禮部
滿洲尚書兼樂部太常寺鴻臚寺事務永爲恆式容臺之長始盡兼秩
宗典樂之任上與周制相符誠三代以後所莫能及也謹詳考禮部沿
革著之於表而以樂部次之至會同四譯館本出於周官象胥掌客之
職今制統隸禮部而前代或屬鴻臚或歸客省或立專署建置不一謹
並加詮敘別附於篇

禮部

國朝官制

禮部尚書滿洲漢人各一人從一品尚書以下品級陞降原委俱詳見吏部篇掌吉嘉軍賓凶之秩序學校貢舉之法以贊邦禮所屬有儀制祠祭主客精膳四清吏司

國初禮部設滿洲承政一員蒙古承政一員漢人承政一員參政八員啓心郎一員崇德三年更定禮部設滿洲承政一員左參政二員右參政三員增啓心郎爲三員順治五年定設滿漢尚書各一員雍正元年以親王郡王大學士兼理部務後隨時簡任不恆置乾隆十四年定禮部滿洲尚書以兼管樂部太常寺鴻臚寺入銜永爲令式

左右侍郎滿洲漢人各一人正二品

順治元年定掌祇若彝典以貳尚書漢人左右侍郎初制俱兼翰林院學士銜其非翰林出身者不兼尋罷兼銜

儀制清吏司郎中滿洲二人漢人一人正五品員外郎滿洲三人漢人一人從五品

主事滿洲漢人各一人正六品

掌嘉禮軍禮凡

朝廷典禮具上其儀而辨其名數以頒式於諸司三歲大比天下士則掌其名籍焉禮部初設理事官四人副理事官七人順治七年改設滿洲郎中四人員外郎六人主事四人蒙古章京四人漢軍郎中八人員外郎五人十二年增設滿洲員外郎四人十八年增設滿洲郎中二人康熙九年裁蒙古章京二人以一人改爲郎中一人改爲員外郎又裁漢軍郎中七人三十八年裁蒙古郎中員外郎漢軍員外郎各二人五十七年復設蒙古郎中一人員外郎一人增設蒙古主事一人雍正五年漢軍郎中員外郎額闕俱行裁省漢人司官順治元年定設郎中員外郎主事每司各一人二年省主客精膳二司員外郎各一人今凡漢人郎中四人員外郎三人主事四人皆以由甲科出身者注授

祠祭清吏司郎中滿洲二人漢人一人正五品員外郎滿洲三人蒙古漢人各一人從五品主事滿洲漢人各一人正六品

掌吉禮凶禮凡大祀中祀羣祀以歲時辨其序事與其用等以詔執事者而揚其職喪祭之式捄卹之禮皆眂其數而爲之制天下術數醫卜僧道則司其禁令焉

主客清吏司郎中滿洲一人蒙古一人漢人一人正五品員外郎滿洲二人從五品主事滿洲漢人各一人正六品

掌賓禮凡四夷朝貢之儀館餼賜予之數高下之等封冊之命悉隸焉

精膳清吏司郎中滿洲漢人各一人正五品員外郎滿洲二人從五品主事滿洲一人蒙古一人漢人一人正六品

掌五禮燕饗之儀與其牲牷

鑄印局員外郎漢人一人從五品筆帖式署主事滿洲一人大使漢人一人未入流

掌鑄造

金寶金印及內外百司之印信順治元年設鑄印局滿州員外郎一人尋省雍正十一年定於禮部司屬內遴選一人以司局事一年而代乾隆二年復設漢員外郎一人以滿洲筆帖式行主事事二年稱職者擢之大使由本部期滿儒士選充五年稱職以應陞官用

堂主事滿洲三人漢軍一人正六品

分掌章奏文案順治元年定額

司務廳司務滿洲漢人各一人正八品

順治元年定額職事具吏部篇

筆帖式滿洲三十四人蒙古二人漢軍四人自七品至九品以出身爲差詳見吏部篇

滿洲漢軍員數順治元年定蒙古員數雍正十二年增定分隸各司視事之繁簡以爲額職事具吏部篇

謹案禮部初設馬館二於宣武廣渠門儲峙牧芻以待外藩朝覲置正監督一人以本部司官充副監督一人以理藩院司官充均一年更代

乾隆二十七年省監督官以馬館歸理藩院經理又禮部初設滿宣表官四人後裁二人今亦省併太常寺謹附識於此

歷代建置

三代

（尚書舜典）帝曰咨四岳有能典朕三禮僉曰伯夷帝曰俞咨伯汝作秩宗夙夜惟寅直哉惟清（孔安國傳）秩序宗尊也主郊廟之官

謹案禮官制度本於秩宗謹錄舜典經文冠諸三代之首以明源委所自

（禮記曲禮）天子建天官先六太曰太宰（鄭康成注）此蓋殷時制也周則太宗曰宗伯

（尚書周官）宗伯掌邦禮治神人和上下

（周禮春官）禮官之屬大宗伯卿一人小宗伯中大夫二人肆師下大夫四人上士八人中士十有六人旅下士三十有二人府六人史十有二人

胥十有二人徒百有二十人典祀中士二人下士四人府二人史二人大宗伯之職掌建邦之天神人鬼地示之禮以佐王建保邦國以九儀之命正邦國之位以禮樂合天地之化百物之產詔相王之大禮小宗伯掌建國之神位掌五禮之禁令與其用等辨廟祧之昭穆掌三族之別以辨親疏毛六牲辨其名物而頒之於五官使共奉之辨六齍六彝六尊之名物以待祭祀賓客掌衣服車旗宮室之賞賜掌四時祭祀之序事與其禮詔相祭祀之小禮凡大禮佐大宗伯肆師之職掌立國祀之禮以佐大宗伯以歲時序其祭祀及其祈珥大賓客蒞筵几大朝覲佐儐凡國之大事治其禮儀以佐宗伯凡國之小事治其禮儀而掌其事如宗伯之禮典祀掌外祀之兆守皆有域掌其禁令若以時祭祀則帥其屬而修除

〔尚書顧命〕太保太史太宗皆麻冕彤裳上宗奉同瑁由阼階隮〔孔安國傳〕太宗上宗即宗伯也

〔逸周書嘗麥解〕命太宗序天時少宗祠風雨百享

〔國語楚語〕使名姓之後能知四時之生犧牲之物玉帛之類采服之宜彝器之量次主之度屏攝之位壇場之所上下之神祇姓氏之所出而率舊典者爲之宗

〔周禮鄭康成注〕鄭司農云宗伯主禮之官故書舜典曰帝曰咨四岳有能典朕三禮僉曰伯夷帝曰俞咨伯汝作秩宗宗官又主鬼神春秋禘於太廟躋僖公而傳曰夏父弗忌爲宗人又曰使宗人釁夏獻其禮郊特牲曰宗人升自西階視壺濯及豆籩然則唐虞歷三代以宗官典國之禮與其祭祀〔賈公彥疏〕宗尊也伯長也春者出生萬物天子立宗伯使掌邦禮典禮以事神爲上亦所以使天下報本返始不言司者鬼神示人之所尊不敢主之故也

謹案宗之訓爲尊故事神治禮之官皆以宗爲名唐虞曰秩宗殷曰太宗周曰宗伯曰上宗亦曰太宗少宗又有稱宗官者國語伶州鳩曰聲不龢平非宗官之所司韋昭注宗官宗伯是也又有稱宗人者文王世子宗人授事以爵以官鄭康成注宗人掌禮及宗廟是也又有稱陽官

者周語史帥陽官以命司事韋昭以爲卽春官是也至春秋傳所載夏父弗忌躋夏爲宗人則又諸侯掌禮之官非王朝之典制矣

(周禮春官)膳夫上士二人中士四人下士八人掌王之食飲膳羞王燕飲酒則爲獻主

謹案杜佑稱膳部於周官卽膳夫凌人二職今考精膳司掌朝會燕饗外藩廩餼之事與光祿寺大官署均當出於膳夫之職謹互著於表至唐代膳部職主納冰故杜佑又以凌人當之今則藏冰之事屬於工部不隸禮曹與唐制不同故凌人之職亦別繫諸工部都水司表內云

(周禮地官)掌節上士二人中士四人府二人史四人掌守邦節而辨其用(鄭康成注)凡節有法式藏於掌節

(周禮春官)典瑞中士二人府二人史二人掌玉瑞玉器之藏辨其名物與其用事(鄭康成注)瑞節信也若今符璽郎

謹案掌節言貨賄用璽節鄭康成謂如今之印章後世百官給印其權

與蓋本於此至典瑞掌玉瑞以爲符信鄭康成舉漢之符璽郎當之考
符璽郎一官始於秦之符節令丞自漢而降歷代相沿有符節御史主
璽令史符璽郎中符寶郎諸職屬於少府及門下省至元則爲典瑞監
明則爲尚寶司設卿少司丞等官以處恩廕寄祿之員
本朝順治十五年以尚寶司事簡官冗
特詔裁省其職事已併於內閣內務府諸衙門惟禮部鑄印局掌造金寶印章
而辨其法式雖職耑範冶乃漢晉印曹御史唐宋鑄印官之比與前代
符璽郎典守出納者不同而稽核源流實亦本於掌節典瑞之二職今
故特著於表以存其朔而尚寶司沿革則不復具載焉
（唐六典）禮部尚書周之春官卿也侍郎周之春官小宗伯中大夫也周
官大宗伯屬官有下大夫蓋郎中之任有上士蓋員外郎之任
漢
（後漢書百官志）成帝初置客曹尚書主外國夷狄事世祖又分客曹爲

南主客曹北主客曹

（劉昭後漢書志注）蔡質漢儀曰吏曹尚書典選舉齋祀屬三公曹

（唐六典）漢客曹主外國夷狄吏曹主選舉齋祀皆今禮部之職漢舊儀

云尚書郎四人其一主匈奴單于營部蓋主客之任也

（馬端臨文獻通考）二漢侍御史凡有五曹二曰印曹掌刻印

謹案自秦漢盡改周制其宗伯之職遂移於太常鴻臚太史諸官惟前

漢客曹屬於尚書爲今禮部之權輿而印曹御史亦今鑄印局之所自

出謹並著之於表後漢吏曹雖主祠祀而其名究爲吏部所由承今別

繫之吏部表內至漢書所載又有禮官之稱武帝紀元朔元年詔中二

千石禮官博士議不舉孝廉者罪五年詔令禮官勸學儒林傳魯徐生

以頌爲禮官大夫而百官公卿表不詳其職考史記禮書有余至大行

禮官觀三代損益語是禮官當屬於大行令大行令即大鴻臚蓋主儐

相贊導故徐生以善爲容貌威儀而得之今別載入鴻臚寺篇不列於

此云

三國

（晉書職官志）魏有客曹尚書有殿中南主客祠部儀曹郎

（杜佑通典）魏尚書有祠部曹有儀曹郎掌吉凶禮制有祠部郎主禮制

（唐六典）殿中掌表疏儀曹掌吉凶禮制皆禮部之職

晉

（晉書職官志）渡江有祠部尚書常與右僕射通職不恆置以右僕射攝之若右僕射闕則以祠部尚書攝知右事尚書郎武帝置殿中祠部儀曹左右主客左右士北主客南主客曹郎江左無左右士但有殿中祠部儀曹主客後又省主客云

（通典）晉江左有祠部尚書掌廟祧之禮嵇含臺中宴會詩其祠部曰仰承宗廟懷祇虔

（宋書百官志）晉西朝有印曹御史

謹案禮部沿革至魏晉而官制始略備如儀曹爲今儀制司之職祠部

爲今祠祭司之職左右南北主客爲今主客司之職惟左士右士二郎
史文不詳所掌至北齊而改爲膳部推其原始蓋即今精膳司之所自
出也
宋齊梁陳
〔文獻通考〕宋祠部尚書領祠部儀曹二曹齊梁陳皆有祠部尚書
〔通典〕東晉有殿中祠部儀曹宋武帝加置主客曹齊依元嘉制
〔南齊書百官志〕左僕射領殿中主客二曹事祠部尚書左僕射通職不
俱置
謹案南齊志稱尚書臺二十曹而詳核所載止十八曹獨無祠部儀曹
二郎以宋制準之當爲祠部尚書所領蓋史文脫漏或傳刻佚之也
〔隋書百官志〕梁武受命置祠部尚書祠部儀曹主客殿中等郎陳遵梁
制
〔鄭樵通志〕尚書都令史梁武帝詔視奉朝請以太學博士劉訥兼殿中

都

北魏

（冊府元龜）後魏有儀曹尚書

（唐六典）後魏有殿中郎儀曹郎祠部郎太和中改定百官都官尚書管

左士郎

（通典）後魏吏部管南主客祠部管左主客

（魏書列傳）孝文駕征馬圈留宋弁以本官兼祠部尚書攝七兵事及行

執其手曰國之大事在祀與戎故令卿綰攝二曹弁頓首辭謝

謹案魏書官氏志最爲闕漏唐六典通典冊府元龜所載禮部沿革於

後魏但有儀曹尚書一官今以宋弁傳考之則魏尚有祠部尚書而並

不之及意其亦如晉制以他官兼攝不常置故諸書從略歟

北齊

（隋書百官志）後齊尚書省置殿中祠部等尚書分統列曹殿中統儀曹

掌吉凶禮制事祠部統祠部掌祠祀醫藥死喪贈賻等事主客掌諸蕃雜

客事祠部無尚書則右僕射攝都官統膳部掌侍官有司禮食餚饌等事

郎中並一人儀曹量事置掌固主事員

謹案北齊改南主客爲主爵左主客爲主客百官志稱主爵掌封爵等

事是南主客職掌已併入左主客故主爵專司封爵並非賓客之禮今

析入吏部驗封司條下至歷代主客曹南北左右各有分署故不統於

一尚書齊始合爲一曹領之祠部則後代主客司之專屬禮部實自北

齊始也

後周

（富大用事文類聚）後周依周官置春官大宗伯卿

（周書列傳）太祖建六官春官府領宗伯等職

（冊府元龜）後周依周禮建宗伯小宗伯屬官有典祀中大夫小典祀下

大夫又有禮部後改爲司宗又春官之屬有典命後改爲大司禮俄改大

司禮復爲禮部大夫

〔周書本紀〕武帝保定四年五月丁亥改禮部爲司宗大司禮爲禮部

〔通典〕後周官品正七命大宗伯正六命小宗伯正五命天官主膳中大夫春官禮部典祀等中大夫正四命天官小膳部下大夫春官小典祀典命等下大夫正三命天官小膳部上士春官禮部小典祀小典命等上士秋官東掌客南掌客西掌客北掌客等上士正二命春官禮部典瑞等中士秋官東掌客南掌客西掌客北掌客等中士正一命春官禮部旅下士典瑞等下士

謹案後周改禮部爲司宗典命爲禮部故有司宗中大夫見於周書蕭世怡傳而通典所載官品乃有禮部典命而無司宗又武帝本紀資治通鑑俱有小禮部辛彥之使齊事胡三省以爲卽禮部上士而通典所載又無小字均與史參錯不合疑杜佑所據乃其初頒之制後經改易故頗有異同也至秋官有賓部大夫胡三省以爲卽周行人之職又有

蕃部大夫蓋亦如鴻臚典客之類當爲今會同四譯館之職惟東南西

北四掌客乃沿晉宋以來南北左右主客之制而稍變其名於今主客

司沿革爲近故併列諸表內云

隋

（隋書百官志）高祖受命置尙書省禮部尙書統禮部祠部侍郎各一人

主客膳部侍郎各二人六年各置員外郎一人煬帝卽位三年增置侍郎

一人以貳尙書之職諸曹侍郎並改爲郎又改禮部爲儀曹郎以異侍郎

之名諸司主事並去令史之名後又改主客爲司蕃郎置承務郎同員外

之職

（通典）隋置禮部尙書統禮部祠部主客膳部四曹蓋因後周禮部之名

兼前代祠部儀曹之職

謹案禮部之名起自後周然猶僅春官所屬之一職其以禮部當宗伯

之任則始於隋代隋所定六曹二十四司他曹至後代亦閒有異同惟

儀祠主膳四司其名皆今所承用也

唐

〔舊唐書職官志〕禮部尚書一員（正三品隋舊龍朔改爲司禮太常伯光宅改爲春官尚書神龍復故）侍郎一員（正四品下名並隨曹改易也）尚書侍郎之職掌天下禮儀祭享貢舉之政令其屬有四一曰禮部二曰祠部三曰膳部四曰主客聽其職務而行其制命凡中外百司之事由於所屬皆質正焉郎中一員（從五品上）員外郎一員（從六品上隋曰儀曹郎武德改禮部郎中員外龍朔爲司禮大夫司禮員外咸亨復）主事二人（從八品上）令史五人書令史十一人亭長六人掌固八人郎中員外郎之職掌貳尚書侍郎舉其儀制而辨其名數凡五禮之儀一百五十有二一曰吉禮二曰賓禮三曰軍禮四曰嘉禮五曰凶禮凡元日大陳設於含元殿凡冬至大陳設如元正之儀凡千秋節御樓設九部之樂凡京司文武職事九品已上每朔望朝參五品以上及供奉官員外郎監察御史太常博士每日參凡祥瑞皆辨其名物有大瑞上瑞中瑞皆有等差凡樂有五聲八音六律六呂陳四懸之度分

二舞之節以和人倫以調節氣以享鬼神以序賓客凡太廟太社及諸宮殿門東宮及一品以下諸門施戟有差凡內外百官皆給銅印有魚符之制凡服飾尚黃旗幟尚赤凡百寮冠笏織幰珂珮各有差常服亦如之凡職事官薨卒有賻贈柳翣碑碣各有制度○祠部郎中一員 從五品上龍朔爲司禋大夫咸亨復 員外郎一員 從六品上 主事二人 從九品上 令史五人書令史十一人亭長六人掌固八人郎中員外郎之職掌祠祀享祭天文漏刻國忌廟諱卜筮醫藥僧尼之事凡祭祀之名有四一曰祀天神二曰祭地祇三曰享人鬼四曰釋奠于先聖先師其差有三若昊天上帝皇地祇神州宗廟爲大祀日月星辰社稷先代帝王岳鎭海瀆帝社先蠶孔宣父齊太公諸太子廟爲中祀司中司命風師雨師衆星山林川澤五龍祠等及州縣社稷釋奠爲小祀凡官爵二品已上祠四廟五品已上祠三廟六品已下達於庶人祭祖禰而已凡天下寺有定數每寺立三綱以行業高者充凡僧簿籍三年一造○膳部郎中一員 從五品上龍朔爲司膳大夫咸亨復 員外郎一員 從六品上 主事二人 從九

品上令史四人書令史九人掌固四人郎中員外郎之職掌邦之祭器牲豆酒膳辨其品數及藏冰食料之事○主客郎中一員（從五品上隋曰司蕃郎武德改主客郎中龍朔爲司蕃大夫咸亨復）員外郎一員（從六品上）主事二人（從九品上）令史四人書令史九人掌固四人郎中員外郎之職掌二王後及諸蕃朝聘之事

（唐會要）開元二十四年三月以考功員外郎李昂爲舉人所訟乃下詔曰每歲舉人頃年以來惟考功所職位輕務重名實不倫欲盡委長官又銓選委積但六官之列體國是同況宗伯主禮宜主賓薦自今以後每年諸色舉及齋郎等簡試並於禮部集仍委侍郎專知

謹案周官宗伯雖掌邦禮而教官實司徒之職故賓興之法仍屬之地官宗伯所主者鬼神祠祀燕享朝會之節而已自唐開元中以貢舉隸於禮部歷代沿爲定式於是禮部遂領邦教之任蓋兼有古司徒之職事矣

（宋敏求春明退朝錄）唐舊說禮部郎中掌省中文翰謂之南宮舍人百

日內須知制誥

謹案唐宋禮部郎中員外郎掌考論典制撰述表章故每選名儒之淹通者爲之以次遷知制誥曾肇曲阜集行禮部郎中制詞所謂俎豆之議著爲典常牋奏之文傳爲口實秩清任重時儒所貴者是也宋時至以禮部郎中爲名表郎官別有印曰名表郎印其遷轉亦多得館職明代以禮部尚書侍郎專掌誥勅及兼翰林院學士讀講學士銜蓋猶唐宋之遺意矣

(唐會要)延載元年五月勅天下僧尼道士隸祠部不須屬司省開元二十五年以道士女道士割隸宗正寺僧尼令祠部檢校

謹案釋道二教前代未嘗領之於官自北齊置昭元寺以掌諸佛教又鴻臚寺屬有僧祇部丞一人太常寺屬有崇虛局丞掌諸道士簿帳於是始見於官司之職守後周有司寂上士中士掌沙門之政司元中士掌道門之政皆屬春官宗伯釋道之隸禮部又由此昉也唐初遂沿其

制後雖析道士女冠改隸宗正寺說詳宗人府篇而僧尼仍屬祠部又屬主客
及兩街功德使宋時僧道俱隸祠部金元明因之至今以爲恆式以其
本祠祭司所掌之一事並非專官故昭元崇虛司寂司元諸職不列於
表而附識其緣起於此焉

（王應麟玉海）蜀鑄印官祝温柔言其祖思言唐禮部鑄印官世習繆篆
漢藝文志所謂屈曲纏繞以摹印章者也

謹案自晉宋以前每除一官卽改鑄新印給之不相傳授宋書孔琳之
傳謂惟尉一職獨用一印內外羣官每遷悉改終年刻鑄喪功消實金
銀銅炭之費不可稱言者是也故當時有印曹御史專司篆刻之事嗣
後此制既改鑄印之職遂不見於史唐百官銅印法式掌之禮部而宋
敏求春明退朝錄載唐禮部員外郎廳有大石諸州府納廢印皆於石
上碎之故令狐楚有移石幾回敲廢印之句是銷印刻印亦皆在禮部
可知而六典及新舊兩志俱未及鑄印之職詳考玉海所載則唐代禮

部實有是官未審何以脫漏殆以其出於天寶以後所置故六典無之

史志皆承用六典舊文因亦略而不載耳

五季

〔冊府元龜〕唐禮部總判祠禮膳部及主客事五代因之無所改作

謹案自唐代別置禮儀使始於天寶九載韋述又有太常寺禮院置修撰檢討官各一員以討論典制議禮之職遂移之他官宋亦有禮儀院太常禮院諸名不專以禮部主判五季之世其制並同而據冊府元龜所載凡當時大典禮令百官集議尚書省者仍皆以禮部尚書主之如同光二年議撤北京宗廟則禮部尚書王正言等上奏天成元年議祧遷議立親廟則皆禮部尚書蕭頃等上奏蓋如今禮部主稿之例也

宋

〔宋史職官志〕禮部掌國之禮樂祭祀朝會宴饗學校貢舉之政令祭之名有三天神曰祀地祇曰祭宗廟曰饗又有大祀中祀小祀之別幣玉牲

牢器服各從其等凡禮樂制度有所損益小事則同太常寺大事則集侍
從官祕書省長貳或百官議定以聞凡天下選士具注於籍三歲貢舉與
夫學校試補三舍生舊屬禮儀院判院一人以樞密院使參知政事充知
院以諸司三品以上充主吏無定數擇三司京朝百司胥吏充禮部止設
判部一人元豐官制行悉歸禮部其屬三曰祠部曰主客曰膳部設官十
尚書侍郎各一人郎中員外郎四司各一人元祐初省祠部郎官一員以
主客兼膳部紹聖改元主客膳部互置郎官兼領建炎以後並同○尚書
掌禮樂祭祀朝會宴饗學校貢舉之政令侍郎爲之貳郎中員外郎參領
之凡講議制度損益儀物則審覆有司所定之式以次諮決而質於尚書
省大祭祀則省牲省鼎鑊視滌濯薦腥則奉籩豆簠簋及飲福徹之祼則
奉瓚臨鬯凡天地宗廟陵園之祀后妃親王將相封冊之命皇子加封公
主降嫁稽其彝章以詔上下而舉之朝廷慶會宴樂宗室冠婚喪祭蕃使
去來宴賜與夫經筵史館賜書修書之禮例皆同奉常講求參酌而定其

儀節三歲貢舉學校試補諸生皆總其政旌節章服之頒祥瑞表奏之進
凡關於禮樂者皆掌之建炎三年詔鴻臚光祿寺併歸於禮部太常國子
監亦隸焉分案五曰禮樂曰貢舉曰宗正奉使帳曰封冊表奏曰檢法各
隨其名而治其事○侍郎奏中嚴外辨同省牲及視饌腥熟之節祼受瓚
奉槃大朝會則尙書奏藩國貢物凡慶賀若謝則郎中員外郎分撰表文
祠事與太常少卿祠部官迭爲終獻或亞獻分案十置吏三十有五南渡
諸曹長貳互置紹興七年禮部置侍郎二員隆興元年詔除尙書不常置
外禮部侍郎置一員○郎中員外郎參領禮樂祭祀朝會宴饗學校貢舉
之事有所損益則審訂以次諮決凡慶會若謝掌撰表文與祠部主客膳
部並列爲四建炎三年併省郎曹禮部領主客祠部領膳部隆興元年復
詔禮部祠部一員兼領自是併行四司之事矣通置吏五十四人○祠部
郎中員外郎掌天下祀典道釋祠廟醫藥之政令月奏祠祭國忌休假之
日若神祠封進爵號則覆太常所定以上尙書省凡宮觀寺院道釋籍其

名額應給度牒若空名者毋越常數初補醫生令有司試藝業歲終校全失而賞罰之分案五置吏二十有一〇主客郎中員外郎掌以賓禮待四夷之朝貢凡郊勞授館宴設賜予辨其等而以式頒之至則圖其衣冠書山川風俗有封爵禮命則承詔頒付掌嵩慶懿陵祭享崇義公承襲之事分案四置吏七〇膳部郎中員外郎掌牲牢酒醴膳羞之事凡所用物前期計度以關度支若祭祀朝會宴饗則同光祿寺官視其善否酒成則嘗而後進季冬命藏冰春分啓之以待供賜分案七置吏九

〔事文類聚〕宋元豐正名以梁燾爲禮部尚書謝景温爲禮部侍郎自此始正除尚書闕

謹案禮部專司典禮無勾稽錢穀綜核法令之職故自唐世即號爲優閑當時呼祠部爲冰(去聲)廳又有後行祠屯不博前行都門之語俱見於趙璘因話錄至宋南渡而彌甚洪邁在紹興中作禮部郎官廳壁記謂以主客合於禮部號爲兩曹而所掌猶不過牋削印瑞郊廟禮文與士

子科舉事曰所程判其多不能以百至無毫毛可用以爲勸以白長官者蓋是時疆埸多事無暇討論典章故其清省至於如此至孝宗時而禮部一曹遂兼行四司之事殆亦以其務簡而併之歟

(宋史職官志)少府監掌鑄牌印朱記之事置鑄印篆文官二人

謹案宋鑄印官屬於少府監與唐制稍異

遼

(遼史百官志)北面官多囉倫穆騰滿洲語多囉倫禮也穆騰能也原作敵烈麻都今改正司掌禮儀○多囉倫穆騰○總知朝廷禮儀○總禮儀事○南面官僚其始中書省兼禮部中葉彌文於劉涇爲禮部尚書知有尚書省矣○郎中劉輝道宗大安末爲禮部郎中○員外郎開泰五年見禮部員外郎王景運

金

(金史百官志)禮部尚書一員正二品侍郎一員正四品郎中一員從五品員外郎一員從六品掌凡禮樂祭祀燕饗學校貢舉儀式制度符印表

疏圖書册命祥瑞天文漏刻國忌廟諱醫卜釋道四方使客諸國進貢犒勞張設之事主事二員從七品令史十五人內女直五人譯史二人通事一人

元

（元史百官志）禮部尚書三員正三品侍郎二員正四品郎中二員從五品員外郎二員從六品掌天下禮樂祭祀朝會燕饗貢舉之政令凡儀制損益之文符印簡册之信神人封謚之法忠孝貞義之褒送迎聘好之節文學僧道之事婚姻繼續之辨音藝膳供之物悉以任之世祖中統元年以吏戶禮爲左三部置尚書二員侍郎二員郎中四員員外郎六員總領三部之事至元元年分立爲吏禮部尚書三員侍郎仍二員郎中仍四員員外郎四員七年別立禮部尚書三員侍郎一員郎中二員員外郎如舊明年又合爲吏禮部十三年又別爲禮部二十三年六部尚書侍郎郎中員外郎定以二員爲額成宗元貞元年復增尚書一員領會同館事主事二員蒙古筆且齊解見吏部篇二人令史一十九人回回令史二人克埒穆爾

齊解見吏部篇一人知印二人奏差十二人典吏三人○鑄印局秩正八品掌

凡刻印銷印之事大使一員副使一員直長一員至元五年始置

（事文類聚）禮部大元無專曹祠祭燕享山陵致祭司天醫卜釋道度牒

忌辰廟諱旌表四方使客以令史分名頭掌之

謹案元禮部所屬有侍儀司掌朝會禮儀當爲今鴻臚寺之職有拱衞

直都指揮使司掌儀衞器仗當爲今鑾儀衞之職今各析出別著於表

又有曰紙坊大使副使掌薪司司令司丞等官白紙坊在今宣武門外

乃當時承造紙劄之地故設官董之今已久廢掌薪司以備芻秣蓋如

舊置馬館監督之比今其職亦已裁省故並附見於此焉

明

（明史職官志）禮部尚書一人正二品左右侍郎各一人正三品其屬司務廳

司務二人從九品儀制祠祭主客精膳四清吏司各郎中一人正五品員外郎

一人從五品主事一人正六品正統六年增設儀制祠祭二司主事各一人又增設儀制司主事一人教習駙馬所轄鑄

印局大使一人副使二人萬曆九年華一人尚書掌天下禮儀祭祀宴饗貢舉之政令侍郎佐之儀制分掌諸禮文宗封貢舉學校之事天子即位天子冠大婚冊立皇太子妃嬪太子妃上慈宮徽號朝賀朝見大饗宴饗大射宴射則舉諸儀注條上之若經筵日講耕耤視學策士傳臚巡狩親征進曆進春獻俘奏捷若皇太子出閣監國親王讀書之藩皇子女誕生命名以及百官命婦朝賀皇太子后妃之禮與諸王國之禮皆頒儀式於諸司凡傳制誥開詔詔勅表箋及上下百官往來移文皆授以程式焉凡歲請封宗室王郡王將軍中尉妃主君各以其親疏爲等凡諸司之印信領其制度凡祥瑞辨其名物以學校之政育士類以貢舉之法羅賢才以鄉飲酒禮教齒讓以養老尊高年以制度定等威以恤貧廣仁政以旌表示勸勵以建言會議悉利病以禁自宮遏奸民祠祭分掌諸祀典及天文國恤廟諱之事凡祭有三曰天神地祇人鬼辨其大祀中祀小祀而敬供之飭其壇壝祠廟陵寢而數省閱之蠲其牢醴玉帛粢羹水陸瘞燎之品第配侑

從食功德之上下而秩舉之天下神祇在祀典者則稽諸令甲播之有司以時謹其祀事凡喪葬祭祀貴賤有等皆定其程則而頒行之凡天文地理醫藥卜筮師巫音樂僧道人並籍領之主客分掌諸蕃朝貢接待給賜之事辨其貢道貢使貢物遠近多寡豐約之數以定王若使迎送宴勞廬帳食料之等賞賚之差若蕃國請嗣封則遣頒冊於其國凡審言語譯文字送迎館伴考稽四夷館譯字生通事之能否而禁飭其交通漏泄凡朝廷賜賚之典各省土物之貢咸掌之精膳分掌宴饗牲豆酒膳之事凡御賜百官禮食曰宴曰酒飯爲上中下三等視其品秩蕃使土官有宴有下程皆辨其等親王之藩王公將軍來朝及其使人亦如之凡膳羞酒醴品料光祿是供會其數而程其出納焉凡歲藏冰出冰移所司謹潔之初洪武元年置禮部六年設尚書二人侍郎二人（案尚書原三品侍郎原四品）分四屬部總部祠部膳部主客部每設郎中員外郎各一人主事各三人十三年陞部秩設尚書侍郎各一人每屬部設郎中員外郎主事各一人尋復增置侍

郎一人二十二年改總部爲儀部二十九年改儀部祠部膳部爲儀制祠
祭精膳惟主客仍舊俱稱爲清吏司成弘以後率以翰林儒臣爲之其由
此登公孤任輔導者蓋冠於諸部焉
（明會典）萬曆九年裁革儀制祠祭主客三司主事一員十一年復設
（明史職官志）自成化時周洪謨以後禮部尙書侍郎必由翰林尙書則
兼學士侍郎則兼侍讀侍講學士
謹案明禮部兼銜之制具載於史然考之明實錄如馬愉王一寧薛瑄
陳文劉定之劉吉劉健等皆以左右侍郎徑兼翰林院學士不必定兼
讀講學士故
國初漢侍郎亦並兼學士銜蓋尙沿其例也至如靳貴以禮部尙書程敏
政以禮部侍郎皆專掌內閣誥勅而萬曆以後教習庶吉士亦定以吏
禮二部侍郎各一人掌之其所綰皆文翰之職蓋當時春官長貳必以
翰林居之中葉以後遂爲入閣之階梯故明代禮部遷轉視他曹爲尤

重云

欽定歷代職官表卷九

欽定歷代職官表卷十

樂部表

	總理樂部大臣
三代	大司樂中大夫 樂師下大夫
秦	
漢	協律都尉
後漢	
三國	魏協律都尉
晉	司律中郎將
宋齊梁陳	
北魏	協律中郎
北齊	
後周	大司樂中大夫 小司樂下大夫
隋	
唐	
五季	
宋	大晟府大司樂 大晟府典樂
遼	
金	
元	
明	

神樂署署正	神樂署署丞
大胥中士	小胥下士
太樂令	太樂丞
太樂令	太樂丞
太子樂令	太子樂丞
魏太樂令	
太樂令 協律校尉	
太樂令 協律校尉	太樂丞
太樂令	太樂博士
太樂署令	太樂署丞
樂胥中士	樂胥下士
太樂署令	太樂署丞
太樂署令	太樂署丞
太樂令	
太樂局令	太樂局丞
太樂署令	
太樂署令	太樂署丞
儀鳳司大使 雲和署令 安和署令 太樂署令	儀鳳司副使 雲和署丞 安和署丞 太樂署丞

協律郎
典同中士
雅樂郎
協律郎 方舞郎 庶長
協律郎
樂師中士
協律郎
協律郎
協律郎
協律郎
協律郎
雲和署協音 雲和署協律 安和署協音 安和署協律
協律郎

司樂

磬師中士下士 鐘師中士下士 笙師中士下士 鎛師中士下士 韎師下士 旄人下士 籥師中士 籥章中士下士 鞮鞻氏下士 司干下士 舞師下士

樂府音監

監 掌故 樂正

方舞郎

司歌中士下士 司鐘磬中士下士 司舞中士下士 籥章中士下士 掌散樂中士下士 典夷樂中士下士

樂師 樂正

樂正

樂正副使正

樂工部籍 直長 太樂正 太樂正副正

司樂

和聲署署正	和聲署署丞
樂府令	樂府丞
總章樂官	
總章樂官	
總章校尉	清商署丞
	清商部丞
清商署令	清商署丞
教坊提點 教坊使	教坊副使
常和署令 天樂署令 教坊司達嚕噶齊 教坊司大使 興和署令 祥和署令	常和署丞 天樂署丞 教坊司副使 興和署丞 祥和署丞
教坊司奉鑾	教坊司左右韶舞

供奉供用	鑾儀掌樂官	卽馴象所旂手衛各官已入鑾儀衛
沿革與司樂同	鼓人中士	
樂府僕射		
	承華令	
魏歌師舞師		
	鼓吹令	
沿革與司樂同	鼓吹令鼓吹丞	
	鼓吹署令鼓吹署丞	
沿革與司樂同	司鼓中士下士司吹中士下士	
	鼓吹署令鼓吹署丞鼓吹署哄師	
	鼓吹署令鼓吹署丞鼓吹署樂正	
大晟府按協聲律官	鼓吹局令鼓吹局丞	
	鼓吹署令	
諧音郎	鼓吹令鼓吹丞	
天樂署協音天樂署協律		
教坊司左司右司樂		

表惟所掌前部鐃歌大樂應隸樂部故别著其沿革於此

樂部

國朝官制

總理樂部事務禮部滿洲尚書一人各部院內務府大臣無定員

乾隆七年始置樂部凡

郊

廟祠祭之樂神樂署司之

殿廷朝會燕饗之樂和聲署司之

宮中慶賀燕饗之樂掌儀司司之鐃歌鼓吹前部大樂卽大罕波鑾儀衞司之均

隸于樂部

特簡典樂大臣以治樂政考五音六律以合陰陽之聲應天地之和凡大祭祀

大朝會則立于宮懸之次歲春秋仲月大合樂于掌儀司則率所屬莅視

以稽其節奏而正其律呂焉

神樂署署正漢人一人正六品署丞漢人二人從八品協律郎漢人五人正八品司樂

漢人二十有三人(從九品)

掌祠祭樂章佾舞之數習其聲容辨其條理以詔樂工凡樂生一百八十人舞生三百人咸隸焉順治元年設太常寺協律郎五人司樂二十六人神樂觀提點一人左右知觀各一人康熙三十八年省協律郎一人司樂二人雍正二年復置如初額乾隆二年增設司樂三人八年改神樂觀爲神樂所知觀改爲知所九年省司樂六人二十年改神樂所爲神樂署提點改爲署正知觀改爲署丞

和聲署署正滿洲漢人各一人署丞滿洲漢人各一人(以禮部內務府司官充)供奉供用無定員(以太常寺鴻臚寺內務府官充)

掌朝會樂律及諸隊舞儀節初順治元年沿明制設教坊司以掌宮懸大樂置奉鑾一人左右韶舞各一人左右司樂各一人協同官十五人俳長二十人色長十七人歌工九十八人尋省協同官五人俳長無定員雍正元年始除樂戸籍更選精通音樂之人充教坊樂工七年改教坊司爲和

聲署除奉鑾韶舞等官名乾隆七年定設署正署丞侍從待詔供奉供用官均以禮部內務府太常寺鴻臚寺官兼攝其侍從待詔無正員以爲署正署丞之加銜所屬署史百二十人

謹案神樂署官其遷除雖屬太常寺而職掌實隸於樂部今故與和聲署同入樂部表內至掌儀司樂及鑾儀衞馴象所之前部大樂旂手衞之鐃歌大樂皆以司官兼掌自有本職未可析載惟鑾儀衞所掌之鐃歌鼓吹乃周禮鼓人及歷代鼓吹令丞之職源委所承亦不容闕略今于表內別立鑾儀衞掌樂官一條以著其沿革而官制之詳則仍載入鑾儀衞篇云

歷代建置

三代

（尚書舜典）帝曰夔命汝典樂教胄子直而溫寬而栗剛而無虐簡而無傲詩言志歌永言聲依永律和聲八音克諧無相奪倫神人以和

謹案朱子謂大司樂之教即是夔典樂事今故錄舜典繫之周官大司樂之前以明三代相承實本虞廷舊制也

〔周禮春官〕大司樂中大夫二人以樂舞教國子舞雲門大卷大咸大磬大夏大濩大武以六律六同五聲八音六舞大合樂以致鬼神示以和邦國以諧萬民以安賓客以說遠人以作動物乃分樂而序之以祭以享以祀〔鄭康成注〕大司樂樂官之長　樂師下大夫四人上士八人下士十有六人凡樂掌其序事治其樂政大胥中士四人以六樂之會正舞位比樂官展樂器小胥下士八人正樂縣之位太師下大夫二人掌六律六同以合陰陽之聲皆文之以五聲播之以八音大祭祀帥瞽登歌令奏擊拊下管播樂器令奏鼓朄大饗亦如之小師上士四人掌教鼓鼗柷敔塤簫管弦歌〔鄭康成注〕凡樂之歌必使瞽矇為焉命其賢知者以為大師小師〔賈公彥疏〕太師是瞽人之中樂官之長故瞽矇屬焉　瞽矇上瞽四十人中瞽百人下瞽百有六十人掌播鼗柷敔塤簫管弦歌諷誦詩世奠繫鼓瑟琴眂瞭三百人掌凡樂事播鼗擊頌磬笙磬〔賈公彥疏〕眂瞭皆所以扶工兼使作樂

典同中士二人掌六律六同之和以辨天地四方陰陽之聲以爲樂器磬師中士四人下士八人掌教擊磬擊編鐘鐘師中士四人下士八人掌金奏笙師中士二人下士四人掌教龡竽笙塤籥簫篪篴管舂牘應雅以教祴樂鎛師中士二人下士四人掌金奏之鼓韎師下士二人掌韎樂祭祀則率其屬而舞之大饗亦如之旄人下士四人掌教舞散樂舞夷樂籥師中士四人祭祀則鼓羽籥之舞賓客饗食則亦如之籥章中士二人下士四人掌土鼓豳籥鞮鞻氏下士四人掌四夷之樂與其聲歌典庸器下士四人掌藏樂器司干下士二人掌舞器高氏愈曰大司樂學官之長太師教樂之官之長小師其副也自典同至司干十二職皆太師之屬而總隸于大司樂

〈周禮地官〉鼓人中士六人掌教六鼓四金之音聲以節聲樂以和軍旅以正田役教爲鼓而辨其聲用舞師下士二人掌教兵舞帗舞羽舞皇舞

〈禮記月令〉仲春之月上丁命樂正習舞釋菜仲丁命樂正入學習樂季冬之月命樂師大合吹

（禮記文王世子）春夏學干戈秋冬學羽籥皆在東序小學正學干大胥贊之籥師學戈籥師丞贊之春誦夏弦大師詔之（孔穎達疏）諸侯謂之小學正天子謂之樂師周禮惟有籥師此云籥師丞者或諸侯之禮或異代之法

（春秋左氏傳）楚鍾建爲樂尹（杜預注）司樂大夫

謹案虞廷以伯夷典禮后夔典樂分爲二職然禮理樂和本相輔而行故周官以大司樂以下二十職屬之大宗伯也詳稽厥制蓋大司樂綜領樂事故又稱樂正（樂正子春即樂正之後以官爲氏）而樂師在諸侯爲小樂正則即其副貳皆當爲今典樂大臣之職盧植禮記注謂漢太子令如古大胥太樂丞如古小胥皆大樂正屬官則大胥當爲今署正之職小胥當爲今署丞之職其典同以下十二官及地官之舞師一官分掌八音六舞當爲今協律郎司樂供奉供用官之職若地官之鼓人專司金鼓節奏爲後世鼓吹署所自出當爲今鑾儀衛鐃歌大樂之職觀月令所載仲

春樂正習樂季秋樂師合吹其教肄之法綦詳今定制樂舞生每月肄樂于神樂署春秋季月則大合樂于掌儀司典樂率所屬咸蒞視之職守相承固與樂正樂司所掌適相脗合也至大師小師爲瞽工之長秦漢以後工師皆非矇瞍矇瞽之職久已無存今故不列于表又楚之樂尹及論語所載亞飯三飯四飯鼓播鼗擊磬諸官大抵多侯國之制今亦並從附著焉

秦

（杜佑通典）秦奉常屬官有太樂令及丞

漢

（漢書百官公卿表）奉常屬官有太樂令丞

（漢書律曆志）宮商角徵羽職在太樂

（漢書禮樂志）制氏以雅樂聲律世世在太樂官河間獻王獻所集雅樂天子下太樂官常存肄之

謹案漢書百官公卿表載武帝元鼎五年杜相爲太常坐擅繇太樂令師古曰謂擅論役使之也而後漢書桓譚傳亦載譚父在成帝時爲太樂令則太樂一官終西漢之世無所改革又通典載盧植禮記注有引太樂律卑者之子不得舞宗廟之酎云云所稱太樂律蓋如今之則例也

（司馬光資治通鑑）武帝元狩二年上方立樂府使司馬相如等造爲詩賦以宦者李延年爲協律都尉佩二千石印弦次初詩以合八音之調顏師古曰立樂府始置之也樂府之名蓋起于此案漢書禮樂志惠帝二年已有樂府令夏侯寬改房中樂爲安世樂而師古乃謂樂府之名起于武帝頗爽事實未足爲據

（漢書百官公卿表）少府屬官有樂府令丞

（漢書宣帝本紀）元始四年正月詔樂府減樂人元初元年六月減樂府員

（漢書禮樂志）哀帝卽位下詔罷樂府官郊祭樂及古兵法武樂在經非鄭衛之聲者條奏別屬他官丞相孔光大司空何武奏大凡八百二十九

人其三百八十八人不可罷可領屬太常奏可

謹案西漢司樂者分爲二官太樂令丞屬太常蓋如今之神樂署樂府令丞屬少府蓋如今之和聲署其古兵法武樂卽孔光奏內之嘉至鼓員邯鄲鼓員騎吹鼓員等百二十八人（見禮樂志）當如今鑾儀衛所掌之鐃歌鼓吹樂而其初與郊祭樂俱屬于樂府則自哀帝以前太樂並不領朝廟樂章其存肄者惟制氏所傳河間所獻之雅樂僅于鄉射一用之而已（禮樂志載平當議謂河間雅樂立之太樂春秋鄉射作于學官希闊不講公卿大夫不曉其意是也）又案樂府有剛別柎員（顏師古曰剛別柎皆鼓名）及主調篪員鐘工磬工簫工員（俱見禮樂志）今和聲署署史以所司樂器分別其名曰司鐘司磬司琴司瑟笙簫壎篪亦如之蓋卽其例又樂府有僕射二人主領諸樂人（亦見禮樂志）是當爲今供奉供用之比又張放傳有樂府音監景武孟康曰音監監主樂人也則當如今之司樂矣

（後漢書明帝本紀）永平三年八月改太樂爲太予樂（以尚書緯有作樂名予之語故據改）

之

（後漢書百官志）太予樂令一人六百石掌伎樂凡國祭祀掌請奏樂及大饗用樂掌其陳序丞一人

（唐六典）後漢少府屬官有承華令典黃門鼓吹百三十五人百戲師二十七人

（後漢書獻帝本紀）建安八年總章始復備八佾舞章懷太子注總章樂官名古之安世樂

（晉書樂志）魏武平荊州獲漢雅樂郎杜夔

謹案後漢志惟有太予樂令而無承華令及總章樂官然考承華令典鼓吹當如今之鑾儀衞樂總章即安世樂乃前漢樂府令舊職當如今之和聲署樂以規制準之必三官各有職掌未可偏發疑史文脫漏也觀晉志之雅樂郎一官史亦不載則其闕略者固不少耳

（宋書百官志）魏復爲太樂令

（唐六典）魏太樂令黃初中以杜夔爲之使正雅樂時散騎侍郎鄧靜善詠雅樂歌師尹胡能習宗祀之曲舞師馮肅曉知前代諸儛夔與搬定遷

協律都尉

晉

（晉書職官志）太常有協律校尉員又統太樂鼓吹等令協律校尉漢協律都尉之職也魏杜夔爲之及晉改爲協律校尉

（册府元龜）晉荀勗以魏氏歌詩或二言或三言以問司律中郎將陳頎曰被之金石未必皆當故勗造晉詩皆爲四言勗以杜夔所制律呂較太樂總章鼓吹八音與律呂乖錯乃作新律呂以調聲韻頒下太常使太樂總章鼓吹清商施用勗遂典知樂事

謹案晉代但置太樂鼓吹令而據册府元龜所載則尚有總章清商二樂而未見其官當是以太樂兼總章鼓吹兼清商而仍令樂工分隸之

各司其事不相淩雜故有此四名也至司律中郎將史亦無其制疑當以中郎將之官典司樂律殆如今各部院堂官之兼管樂部者歟

宋齊梁陳

〔宋書百官志〕太樂令一人丞一人掌凡諸樂事

〔通典〕太樂令丞齊銅印墨綬進賢一梁冠絳朝服梁陳因之

〔隋書百官志〕梁太常統太樂鼓吹令丞又置協律校尉總章校尉監掌故樂正之屬以掌樂事又有清商署丞

謹案宋書樂志宋文帝元嘉十三年有總章工馮大列給諸王舞伎事是宋齊亦有總章樂而不言所屬至梁設校尉而總章始置專官又別立清商署丞于是太樂總章鼓吹清商四樂遂各有分掌核之今制則神樂署當如太樂令之職和聲署當如總章校尉清商丞之職而鑾儀衞馴象所旂手衞司官則如鼓吹令之職其司樂供奉供用則監掌故樂正之職也

北魏

（魏書官氏志）協律中郎從第四品下方舞郎庶長協律郎從第五品上

太樂祭酒從第五品中太樂博士第六品下方舞郎從第六品中

（唐六典）後魏太和十五年置太樂官

（魏書樂志）正始元年太樂令公孫崇普泰元年太樂令張乾龜

謹案魏收樂志載魏太祖天興六年詔太樂總章鼓吹增修雜技是三樂並建與前代相同而太和中惟置太樂官蓋當兼領總章鼓吹也

北齊

（隋書百官志）後齊太常寺屬官有協律郎二人掌監調律呂音樂統太樂署令丞掌諸樂及行禮節奏等事鼓吹署令丞掌百戲鼓吹樂人等事太樂兼領清商部丞掌清商音樂等事鼓吹兼領黃戶局丞掌供樂人衣服

謹案北齊以中書侍郎司進御之音樂而所領者不過西涼龜茲四部

伶官淫哇競進雅樂無聞與今典樂大臣之職不同故不列於表

後周

〔通典〕後周官品正五命春官大司樂中大夫正四命春官小司樂下大夫正三命春官小司樂上士正二命春官樂師樂胥司歌司鐘磬司鼓司吹司舞籥章掌散樂典夷樂典庸器中士正一命春官樂胥司歌司鐘磬司鼓司吹司舞籥章掌散樂典夷樂典庸器下士

隋

〔隋書百官志〕太常寺有協律郎二人統太樂清商鼓吹等署各置令一人太樂加至二人丞一人太樂鼓吹則各至二人太樂署清商署各有樂師員太樂八人清商二人鼓吹署有哄師二人煬帝改樂師爲樂正置十人罷清商署

唐

〔唐六典〕太樂署令一人從七品下丞一人從八品下樂正八人從九品

下典事八人文武二舞郎一百四十人令掌教樂人調合鍾律以供邦國之祭祀饗燕丞爲之貳凡用樂則辨其曲度章服而分終始之次凡樂人及音聲人應教習皆著簿籍覈其名數而分番上下皆教習檢察以供其事○鼓吹署令一人從七品下丞一人從八品下樂正四人從九品下令掌鼓吹施用調習之節以備鹵簿之儀丞爲之貳凡大駕行幸鹵簿則分前後二部以統之○協律郎二人正八品掌和六律六呂以辨四時之氣八風五音之節凡太樂鼓吹教樂則監試爲之課限若大祭祀饗燕奏樂于庭則升堂執麾以爲之節制

謹案隋志載隋罷清商而唐六典註又稱唐朝省清商并于鼓吹二書皆唐代官撰而彼此矛盾必有一誤也

五季

（舊五代史樂志）周顯德二年正月命太樂令賈峻奏王朴新法黃鍾調

謹案五季樂官之制史文不詳據薛居正舊史所載則太樂之職亦同

唐代也

宋

（馬端臨文獻通考）宋協律郎朝宴親郊則遣官攝事太樂局令一人丞一人樂正二人副使正二人掌車駕郊祀及御殿御樓大祠登歌鼓吹局令一人丞一人崇寧後隸大晟府

（宋史職官志）大晟府以大司樂爲長典樂爲貳次曰太樂令秩比丞次曰主簿協律郎又有按協聲律製撰文字運譜等官以京朝官選人或白衣士人通樂律者爲之又以武臣監府門及大樂法物庫以侍從內省近侍官提舉所典六案曰太樂曰鼓吹曰宴安樂曰法物曰知雜曰掌法宋朝禮樂掌于奉常崇寧初置局議大樂樂成置府建官以司之禮樂始分爲二二五年二月因省冗員併之禮官九月復舊大觀四年以官徒廩給繁厚省樂令一員監官二員宣和二年詔以大晟府近歲添置冗濫徼幸並罷不復再置

遼

（遼史百官志）南面朝官有協律郎太樂署鼓吹署

金

（金史百官志）太常寺協律郎從八品掌以麾節樂調和律呂監視音調太樂署兼鼓吹署樂工百人令一員從六品丞從七品掌調和律呂教習音聲并施用之法樂工部籍直長一員正八品太樂正從九品掌祠祀及行禮陳設樂縣太樂副正從九品教坊提點正五品使從五品副使從六品判官從八品掌殿廷音樂總判院事諧音郎從九品不限資考員數

（金史樂志）金初得宋始有金石之樂及大定明昌粲然大備其隸太常者即郊廟祀享大宴大朝會宮縣二舞是也隸教坊者則有鐃歌鼓吹天子行幸鹵簿導引之樂也鼓吹樂前部鼓吹令二人後部鼓吹丞二人

元

（元史百官志）儀鳳司秩正四品掌樂工供奉祭饗之事至元八年立玉

宸院置樂長一員樂副一員樂判一員二十年改置儀鳳司隸宣徽院置大使副使各一員判官三員二十五年歸隸禮部省判官三員三十一年置達嚕噶齊解見戶部倉場衙門篇一員副使一員大德十一年改陞玉宸樂院秩從二品置院使副使僉事同僉院判至大四年復爲儀鳳司秩正三品延祐七年降從三品定置大使五員從三品副使四員從四品首領官經歷一員從七品知事一員從八品吏屬令史二人譯史通事知印各一人其屬五〇雲和署秩正七品掌樂工調音律及部籍更番之事至元十二年始置至大二年撥隸玉宸樂院皇慶元年陞正六品二年陞從五品署令二員署丞二員管勾二員協音一員協律一員書史二人書吏四人教師二人提控四人〇安和署秩正七品職掌與雲和同至元十三年始置皇慶二年陞從五品署令二員署丞二員管勾二員協音一員協律一員書史一人書吏四人教師二人提控四人〇常和署初名管勾司秩正九品管領回回樂人皇慶元年初置延祐三年陞從六品署令一員署丞二員

管勾二員教師二人提控二人○天樂署初名昭和署秩從六品管領河西樂人至元十七年始置大德十一年陞正六品至大四年改爲天樂署皇慶元年陞從五品署令二員署丞二員協音一員協律一員書史二人書吏四人教師二人提控四人○廣樂庫秩從九品掌樂器等物大使一員副使一員皇慶元年始置○教坊司秩從五品掌承應樂人及管領興和等署五百戸中統二年始置至元十二年陞正五品十七年改提點教坊司隸宣徽院秩正四品二十五年隸禮部大德八年陞正三品延祐七年復正四品達嚕噶齊一員正四品大使三員正四品副使四員正五品知事一員從八品令史四人譯史知印奏差各二人通事一人其屬三○興和署秩從六品署令二員署丞二員管勾二員○祥和署秩從六品署令二員署丞二員管勾二員○廣樂庫秩從九品大使一員副使一員右儀鳳司教坊司俱屬中書禮部○太樂署秩從六品中統五年始置令二員從六品丞一員從七品掌管禮生樂工四百七十九戸右太樂署屬太常寺

〔明史職官志〕太常寺協律郞二人（正八品嘉靖中增至五人）司樂二十人（從九品嘉靖中增至三十九人）樂四等曰九奏（用祀天地）曰八奏（神祇太歲）曰七奏（大明太社太稷帝王）曰六奏（夜明帝社帝稷宗廟先師）舞二曰文舞曰武舞初吳元年置設協律郞洪武十三年更定協律郞等官品秩世宗又增設協律郞等員（隆慶三年革協律郞等官四十八員萬曆六年復設如嘉靖間制）○教坊司奉鑾一員（正九品）左右韶舞各一人左右司樂各一人（並從九品）掌樂舞承應以樂戶充之隸禮部

謹案自漢以後典雅樂者不出太樂總章鼓吹淸商四署其總章淸商樂官閒置卽罷惟太樂鼓吹二署歷代相沿迄唐宋猶並設不廢至教坊之名始自唐明皇時唐書禮樂志所謂置內教坊於蓬萊宮側居新聲散樂倡優之技者是也當時崔令欽有教坊記所述皆鄙俗之事大抵繁音褻調不可以施於宗廟朝廷故終唐世未嘗隸之樂官至宋徽宗旣製新樂令大晟府同教坊按習始以雅樂播之教坊金代復并鼓

吹入太樂而別置教坊提點以司鼓吹引導於是教坊遂得列於樂官

歷元明皆因其制以俳優名目廁諸咸英韶夏之閒於制度殊爲乖舛

本朝特加釐正改教坊司爲和聲署以典朝會燕饗之樂而鐃歌鼓吹則

別掌之鑾儀衞官前代太樂總章鼓吹之司存秩然咸得其條理我

皇上審音考律重定樂章金石均諧神人允格同和盛軌洵與唐虞三代比

隆矣

欽定歷代職官表卷十

欽定歷代職官表卷十一

禮部會同四譯館表

	提督會同四譯館郎中兼鴻臚少卿銜
三代	象胥上士 掌客上士
秦	
漢	譯官令 九譯令 主客
後漢	
三國	魏客館令
晉	典客令
宋齊梁陳	南客館令 北客館令 典客館令
北魏	典客監 主客令
北齊	典客署令
後周	蕃部中大夫 小蕃部下大夫
隋	典客署令 典蕃署令
唐	典客署令
五季	判四方館事
宋	客省使 引進使 四方館使 客省副使 引進副使
遼	都客省 客省使 左客省使 右客省使 四方館使 客省副使 四方館副使
金	客省使 引進使 典客署令
元	領會同館事
明	太常寺提督四夷館少卿 提督會同館主事

大使	序班	通事官
掌客下士	象胥下士	舌人
典客丞		
	譯官丞	譯長
南客館丞北客館丞典客館丞		
典客署丞		
	象譯下士	
掌客四方館錄事四方館監府四方館監置四方館互市監		
典客署丞典蕃署丞		
都亭驛監官四驛管勾官禮賓院監官懷遠驛監官同文館管勾官		
客省副使四方館副使		
典客署丞	典客署直長	
會同館大使		
		通事

禮部會同四譯館

國朝官制

提督會同四譯館禮部郎中兼鴻臚寺少卿銜一人

掌四夷朝貢之國設廣廈以待貢使之至置象譯以通言語習番夷書凡

貢使就館率大使庀治屋宇稽其出入互市之事視其脯資餼牽毋有不

給若朝見及

賜燕

頒賞皆館卿率使臣以行禮焉初制會同四譯分設兩館會同館自順治初置

郎隸禮部以主客司滿洲漢人主事各一人提督館事十四年設員外郎

品級通事一人掌會同館印尋省雍正十年改定會同館監督由部掄選

引

見

餉用一人四譯館則

國初沿明制置隸於翰林院設太常寺漢少卿一人提督館事立回回緬甸百夷西番高昌西天八百暹羅八館以譯遠方朝貢文字乾隆十三年以四譯館閒冗無事
詔下大學士禮部定議省提督館事太常寺少卿員額併入禮部爲會同四譯館改八館爲二曰西域館百夷館以禮部郎中一人兼鴻臚寺少卿銜兼攝之於滿漢郎中內掄選引
見請
旨簡任三年而代
會同四譯館大使漢人一人（正九品）序班漢人二人（從九品）朝鮮通事官滿洲十有二人（六品六人七品四人八品二人）
掌治館舍委積以接待人使通外國語言繙習文字大使員額順治元年定序班初設二十人順治十五年定設正教序班八人協教序班八人康熙三十八年五十二年又先後省至九人仍以一員管典務廳典務事乾

隆十三年省典務一人序班六人定設序班二人朝鮮通事官初置六人後增至十六人凡六品十人七品六人乾隆二十三年省六品四人七品二人增設八品二人朝鮮譯學置譯生二十人於下五旗朝鮮子弟內選充西域館置譯生四人百夷館置譯生四人均于順天府屬儒童內選充凡大使員闕咨吏部以序班序補通事官及序班員闕均以譯生選補咨吏部註冊

歷代建置

三代

（周禮秋官）象胥每翟上士一人中士二人下士八人徒二十人掌蠻夷閩貉戎狄之國使掌傳王之言而諭說焉以和親之若以時入賓則協其禮與其辭言傳之凡其出入送逆之禮節幣帛詞令而賓相之（鄭康成註）鄭司農云象胥譯官也胥讀爲諝王制曰五方之民言語不通嗜慾不同達其志通其慾東方曰寄南方曰象西方曰狄鞮北方曰譯此官正爲象者周始有越裳重譯而來獻是因謂通言語之官爲象胥云諝謂象之有才知者也掌客上士二人下士四人府二人史

二人胥二人徒二十人掌四方賓客之牢禮餼獻飲食之等數與其政治
（國語周語）使舌人體委與之（韋昭註）舌人能達異方之志象胥之官
也

謹案周禮秋官自大行人以下九職皆掌四方賓客之禮秦漢而降封建既廢邦交之事不行惟蠻夷朝貢猶典領於大鴻臚（秦漢鴻臚即周大行人之職）後世以賓禮所關雖於禮部置主客一曹參掌其事而實以鴻臚爲專職自金元二代皆不設鴻臚寺始於禮部置會同館明代復設鴻臚而所掌僅朝廟禮儀其四夷館別以太常少卿領之於是諸蕃朝見之禮館餼之事遂不屬於鴻臚準之前典頗不相合我
朝合會同四譯兩館爲一而以禮部郎兼鴻臚寺少卿銜專司經理循名核實洵與古制相符矣至其沿革所自則會同館即魏晉之客館令典客令當爲周掌客之職四譯館即漢之譯官令九譯令當爲周象胥之職而今之館卿實兼此二職者也

秦

（冊府元龜）秦置典客掌歸義蠻夷有丞以屬焉

漢

（漢書百官公卿表）典客秦官景帝十六年更名大行令武帝太初元年更名大鴻臚屬官有譯官令丞典屬國屬官九譯令成帝河平元年省併大鴻臚（儒林傳周堪為譯官令）

（漢書地理志）自扶甘都盧國船行可二月餘有黃支國自武帝以來皆獻見有譯長屬黃門

（漢書西域傳）凡國五十自譯長皆佩漢印綬

（漢書金日磾傳）金岑拜為郎使主客（服虔註）官名屬鴻臚主蕃客也

謹案典客即改為鴻臚其歷代沿革俱已別詳於鴻臚寺表惟譯官九譯二令丞及魏晉以後鴻臚所屬之典客一署皆與今會同四譯館職掌相承今並著之於此至地理志西域傳所稱譯長皆佩印綬其有祿

秩可知而百官表並無此名以今制準之當即通事官之類又主客一官服虔謂屬鴻臚而百官表亦闕而不載疑即後代典客令之所自出也

三國

（冊府元龜）魏改鴻臚之大行令爲客館令

晉

（晉書職官志）大鴻臚統典客令

（唐六典）魏客館令晉改曰典客

宋齊梁陳

（冊府元龜）宋永初中大鴻臚分置南北客館令丞

（南齊書百官志）客館令掌四方賓客

（唐六典）梁有典客館令丞在七班之下爲三品勳位陳因之

北魏

〔魏書官氏志〕太和十五年十二月置主客官

〔冊府元龜〕後魏典客監從五品上又置主客令

北齊

〔隋書百官志〕後齊鴻臚寺統典客署令丞

後周

〔杜佑通典〕後周官品正五命秋官蕃部中大夫正四命秋官小蕃部下大夫正三命秋官小蕃部上士正二命秋官象譯中士正一命秋官象譯下士

謹案唐六典以後周所置東南西北四掌客當典客令之職今考掌客之名雖襲周官而其制實本於晉之南北左右主客郎自應入於主客司沿革內惟蕃部大夫專掌蕃國朝覲之敘其職實如今之館卿若賓部大夫掌賓客之禮則與今鴻臚相仿通典乃以蕃部與賓部並入鴻臚沿革亦非也

隋

（隋書百官志）高祖受命置鴻臚寺統典客署置令二人又有掌客十人煬帝改典客署爲典蕃署置四方館于建國門外以待四方使者後罷之有事則置名隸鴻臚寺量事繁簡臨時損益東方曰東夷使者南方曰南蠻使者西方曰西戎使者北方曰北狄使者各一人掌其方國及互市事每使者署典護錄事敘職敘儀監府監置互市監及副參軍各一人錄事主綱紀敘職掌其貴賤立功合敘者敘儀掌小大次序監府掌其貢獻財貨監置掌安置其駝馬船車並糾察非違互市監及副掌互市參軍掌出入交易

唐

（唐六典）典客署令一人從七品丞二人從八品下掌客十五人正九品上典客十三人府四人史八人賓僕十八人掌固二人典客令掌東夷西戎南蠻北狄歸化在蕃者之名數丞爲之貳凡朝貢宴享送迎預焉皆辨

其等位而供其職事凡酋渠首領朝見者則館而以禮供之若疾病所司遣醫人給以湯藥若身亡使主副及第三等已上官奏聞其喪事所須所司量給欲還蕃者則給輿遞至境諸蕃使主副五品已上給帳氈席六品已下給幕及食料丞一人判廚事季終則會之若還蕃其賜各有差給于朝堂典客佐其受領教其拜謝之節焉

（舊唐書職官志）武德初改通事謁者為通事舍人隸四方館屬中書省

謹案自隋置四方館唐代改隸中書省以通事舍人判之其所掌者不獨蕃國朝覲之事與隋制不同厥後五季則以卿監判四方館宋亦有客省使引進使四方館使以武臣為之雖兼主四夷朝貢而內外臣僚牧伯朝辭進見悉其職掌亦非隋四方館專領蕃國者可比惟金代不置鴻臚其司外方人使者專屬之客省引進二使建置所承權輿有自故仍互載于此以備沿革焉

五季

（馬端臨文獻通考）石晉始有爲卿監專掌判四方館者
謹案冊府元龜載唐莊宗時詔諸寺監官屬權停則典客令丞亦當在省罷之列惟四方館職事尚存而以卿寺專判則必別爲一署與唐之隸中書省者又不同矣

宋

（宋史職官志）鴻臚寺官屬都亭西驛及管幹所掌河西蕃部貢奉之事禮賓院掌回鶻吐蕃党項等國朝貢館設及互市譯語之事懷遠驛掌南蕃交州西蕃龜茲大食于闐甘沙宗哥等國貢奉之事同文館及管勾所掌高麗使命○客省使副使掌四夷朝覲貢獻之儀受其幣而賓禮之掌其饗餼飲食還則頒詔書授以賜予○引進司使副掌蕃國進奉禮物之事○四方館使凡郊祀大朝會則定外國使命之版
（文獻通考）都亭驛監官一人西驛管勾官二人以諸司使副以下至三班使臣充禮賓院監官二人以閤門祗候以上及三班使臣充懷遠驛監

官二人以監外物料庫官兼

謹案宋都亭西驛禮賓院懷遠驛諸監官卽今會同四驛館之職其客省引進四方館諸使則均非其專司然詳核史志監官所掌僅館餼支供之事而一切朝見賞勞乃以客省使總其成則監官當如今之大使而客省使實兼有今館卿職事也

遼

〔遼史百官志〕客省太宗會同元年置○都客省與宗重熙十年見都客省回鶻仲格（原作重哥今依字面改正）○客省使會同五年見客省使耶律華格（原作化哥今依字面改正）○左客省使蕭和斯（蒙古語雙也原作護思今改正）應曆初爲左客省使○右客省使○客省副使○四方館○四方館使高勳太宗入汴爲四方館使○四方館副使道宗咸雍五年詔四方館副使止以契丹人充

謹案遼客省使四方館使二官其職掌不見于史以宋金之制準之當亦主諸國人使者故並著于此

金

（金史百官志）客省使正五品副使從六品掌接伴人使見辭之事引進使正五品副使從六品掌進外方人使貢獻禮物之事典客署令從六品丞從七品直長後罷書表十八人右屬宣徽院

謹案金不設鴻臚寺官故朝儀屬之宣徽院而客省引進使亦隸焉蓋亦如客館令之屬大鴻臚也

元

（元史百官志）會同館秩從四品掌接伴引見諸蕃蠻夷峒官之來朝貢者至元十三年始置二十五年罷之二十九年復置元貞元年以禮部尚書領館事遂爲定制禮部尚書領會同館事一員正三品大使二員正四品副使二員從六品提控案牘一員掌書四人蒙古筆且齊一人解見吏部篇典給官八人其屬有收支諸物庫秩從九品大使一員副使一員至元二十九年以四賓庫改置

謹案元代亦不設鴻臚寺別置會同館以主諸蕃朝貢元貞初遂領之禮部尚書以重其事今會同館之屬禮部蓋自此始也

明

（明史職官志）弘治五年禮部增設主客司主事一人提督會同館○太常寺提督四夷館少卿一人（正四品）掌譯書之事自永樂五年外國朝貢特設八館置譯字生通字（通事初隸通政使司）通譯語言文字正德中增設八百館（八百國蘭者哥進貢）萬曆中又增設暹羅館初設四夷館隸翰林院選國子監生習譯宣德元年兼選官民子弟委官教肄學士稽考程課弘治七年始增設太常寺卿少卿各一員爲提督遂改隸太常嘉靖中裁卿止少卿一人譯字生明初甚重與考者與鄉會試額科甲一體出身後止爲雜流其在館者陞轉皆在鴻臚寺

（孫承澤春明夢餘錄）四夷館在東華門外設太常寺少卿提督之聽於翰林院所隸凡八館初以舉人監生年少者入翰林院習夷字以通事爲

教師科舉時任其應試卷尾識譯字數十字三場畢送翰林定去取仍送入場填榜中榜後改庶吉士仍習譯天順中革令擇俊民俾專其業藝成會六部大臣試之通者冠帶又三年授以官

（尹直瑣綴錄）永樂間嘗選舉人監生習四夷譯書憫其妨曠本業乃命會試卷尾識譯書數十字三場畢送出翰林定去取仍送入場填榜蓋優典也然既登第仍官館中習譯書如許道中是也至景泰初吳禎以民人充譯字始援此例中鄉試及登第又以與修寰宇通志成從衆庶吉士出授御史至成化間俞瓚又因此例授主事於戶部蓋資稍可進輒習舉業而譯書不復精徒藉爲科第之捷徑故爭趨者衆天順八年彭可齋始建白如制去取於內不復送出院

謹案前代客館典客諸令丞皆以接待人使爲重而譯官之職則自西漢以後概未之見至明始重其事以翰林官領之然當時所定譯語大抵影響附會舛繆滋多其譯字諸生亦徒縻廩祿而已不足以爲典要

我

國家聲教遠訖八方會同蒙古諸藩咸備宿衞凡前代相傳譯音之訛舛者

無不審核精詳

特加釐正而託忒回部諸字亦皆考稽重舌勒有成書握槧提鉛共知遵守

其序班通事之隸四譯館者乃以相循舊制取備官聯初不藉爲象鞮

之用同文盛軌洵三代以來所莫及也

欽定歷代職官表卷十一

欽定歷代職官表卷十二

兵部表

	兵部尚書
三代	夏司馬 殷司馬 周夏官大司馬卿
秦	尚書不分曹
漢	
後漢	
三國	魏五兵尚書
晉	五兵尚書 駕部尚書
宋齊梁陳	五兵尚書
北魏	七兵尚書 駕部尚書
北齊	五兵尚書
後周	大司馬
隋	兵部尚書
唐	兵部尚書 司戎太常伯 夏官尚書 武部尚書
五季	兵部尚書
宋	兵部尚書
遼	北院樞密使 知北院樞密使事 知北樞密院事 兵部尚書
金	兵部尚書
元	兵部尚書
明	兵部尚書

兵部左右侍郎
夏官小司馬中大夫
小司馬上大夫
兵部侍郎
兵部侍郎 司戎少常伯 夏官侍郎 武部侍郎
兵部侍郎
兵部侍郎
北院樞密副使 知北院樞密副使事 同知北院樞密使事 簽書北樞密院事 兵部侍郎
兵部侍郎
兵部侍郎
兵部左右侍郎

武選司郎中	武選司員外郎
夏官軍司馬下大夫	夏官輿司馬上士　夏官行司馬中士
魏中兵郎　外兵郎　別兵郎　都兵郎　騎兵郎	
左中兵郎　右中兵郎　左外兵郎　右外兵郎　別兵郎　都兵郎　騎兵郎	
左中兵郎中　右中兵郎中　左外兵郎中　右外兵郎中　騎兵郎中	
左中兵郎　右中兵郎　左外兵郎　右外兵郎　都兵郎	
兵部中大夫	小兵部上士
兵曹郎	兵曹員外郎　兵曹承務郎
兵部郎中　司戎大夫　夏官郎中　武部郎中	兵部員外郎　司戎員外郎　夏官員外郎　武部員外郎
兵部郎中	
兵部郎中	兵部員外郎
兵部郎中	兵部員外郎
兵部郎中	兵部員外郎
武選清吏司郎中	武選清吏司員外郎

武選司主事	車駕司郎中	車駕司員外郎
夏官司馬旅下士		
	魏駕部郎	
	駕部郎車部郎	
	駕部郎中	
尚書主事令史說具吏部篇	駕部郎中	
	駕部郎中	
	駕部中大夫	小駕部下大夫小駕部上士
兵曹主事	駕部郎	駕部員外郎駕部承務郎
兵部主事	駕部郎中司輿大夫司駕郎中	駕部員外郎
兵部主事	駕部郎中	駕部員外郎
兵部主事		
兵部主事	元兵部不分曹以令史分掌舊駕部事	
武選清吏司主事	車駕清吏司郎中	車駕清吏司員外郎

車駕司主事	職方司郎中	職方司員外郎
	夏官職方氏中大夫	夏官職方氏下大夫 夏官職方氏中士
	職方中大夫	小職方下大夫 小職方上士
駕部主事	職方郎	職方員外郎 職方承務郎
駕部主事	職方郎中 司城大夫	職方員外郎
	職方郎中	職方員外郎
駕部主事	職方郎中	職方員外郎
車駕清吏司主事	職方清吏司郎中	職方清吏司員外郎

職方司主事	武庫司郎中
	夏官司甲下大夫 夏官司弓矢下大夫
	魏庫部郎
	庫部郎
	庫部郎中
	庫部郎中
	庫部郎中
職方主事	庫部郎
職方主事	庫部郎中 司庫大夫 司庫郎中
職方主事	庫部郎中
	元兵部不分曹以令史分掌舊庫部事
職方清吏司主事	武庫清吏司郎中

武庫司員外郎	武庫司主事
夏官司甲中士 夏官司兵中士 夏官司弓矢中士	夏官司戈盾下士
司袍襖中士 司弓矢中士 司甲中士 司稍中士 司刀盾中士	司袍襖下士 司弓矢下士 司稍下士 司甲下士 司刀盾下士
庫部員外郎 庫部承務郎	庫部主事
庫部員外郎 司庫員外郎	庫部主事
庫部員外郎	庫部主事
庫部員外郎	
武庫清吏司員外郎	武庫清吏司主事

堂主事	司務	館所監督
	尚書都令史	
	尚書中兵都令史	
	尚書都令史	
	尚書兵部都事	
尚書右司主事	尚書右司都事	
尚書右司主事	六部監門官 尚書右司都事	
	掌北院頭子	
	右司都事	四方館使 四方館副使 承發司管勾 承發司同管勾
	右司都事	通政院使 通政院同知 通政院副使
	兵部司務廳司務	會同館大使 會同館副使

筆帖式
令史
尚書令史
令史
尚書諸曹令史
正令史書令史
尚書令史譯令史書令史
正令史書令史
尚書令史
令史書令史
令史書令史守當官
北樞密院敞史
女直令史譯史
蒙古筆且齊

兵部

國朝官制

兵部尚書滿洲漢人各一人

掌中外武職銓選簡覈軍實以贊邦政其屬有武選車駕職方武庫四清吏司

國初兵部設滿洲承政二員蒙古承政一員漢人承政一員參政八員啓心郎一員崇德三年改設承政一員左參政一員右參政二員啓心郎三員

順治元年改承政爲尚書無定員五年定設滿洲漢人尚書各一人雍正元年以來以大學士及他部尚書兼理部務皆由

特簡無常員

左右侍郎滿洲漢人各一人

掌釐治戎政以貳尚書初制增減不一順治元年定設如今額

武選清吏司郎中滿洲三人蒙古一人漢人一人員外郎滿洲四人漢人四人

主事滿洲漢人各一人
掌武職除選封廕及征伐訓誥頒其政令崇德三年設兵部理事官十員
副理事官十六員順治元年改定滿洲郎中員外郎各八人蒙古郎中員
外郎各四人漢軍郎中二人員外郎六人滿洲主事四人十二年增設滿
洲郎中三人員外郎五人康熙三十八年省滿洲員外郎三人蒙古郎中
員外郎及漢軍員外郎各四人五十七年復設蒙古郎中一人員外郎三
人增設蒙古主事一人雍正五年省漢軍郎中員外郎員額漢人司官初
設郎中員外郎各四人主事五人順治十一年裁車駕武庫二司漢人員
外郎各一人雍正五年增設職方司漢人郎中一人武選司漢人員外郎
一人
車駕清吏司郎中滿洲三人漢人一人員外郎滿洲二人蒙古一人主事滿洲
漢人各一人
掌驛傳郵符及中外牧馬之令

職方清吏司郎中滿洲四人漢人二人員外郎滿洲三人蒙古一人漢人一人
主事滿洲蒙古各一人漢人二人
掌天下輿圖以周知險要敘功覈過以待賞罰黜陟
武庫清吏司郎中滿洲二人漢人一人員外郎滿洲蒙古各一人主事滿洲漢
人各一人
掌兵籍戎器鄉會武科及編發戍軍之事
堂主事滿洲四人漢軍一人
掌文案者滿洲二人掌章奏者滿洲二人漢軍一人俱順治元年定額
司務廳司務滿洲漢人各一人
順治元年定額職事具吏部篇
館所監督滿洲漢人各一人
掌驛馬傳車之政令以待使命及急遞之用順治八年設滿洲監督一人
乾隆十八年增設漢人監督一人俱於本部司員內遴選引

見補充歲周而代
筆帖式滿洲六十有二人蒙古八人漢軍八人
俱順治元年定分隸各司視事之繁簡以爲額職事具吏部篇
謹案兵部初設督捕侍郎滿洲漢人各一員以掌旗人逃亡之事其屬有左右理事官滿洲漢人各一員郎中滿洲漢人各一員員外郎滿洲十五員漢軍八員漢人一員主事滿洲三員漢軍一員漢人六員司務滿洲漢人各一員筆帖式滿洲三十四員漢軍十六員司獄漢人二員康熙三十八年俱省其職事併入刑部爲督捕清吏司又初設有會同館大使一員亦康熙三十八年省又京城九門步軍及巡捕營初制以兵部職方司主事一人總司之後歸入步軍統領衙門謹識於此
歷代建置
三代
（孔穎達禮記疏）鄭注大傳夏書所謂六卿有司馬

謹案舜典命臯陶作士薛季宣謂禮大刑用甲兵故蠻夷盜賊之事亦領於士師朱子謂禮樂所以成教化而兵刑輔之唐虞之時禮樂之官析爲二兵刑之官合爲一詳略之意可見是虞廷本以士師兼掌兵事至夏建六卿而司馬始自爲一職今故託始於此至賈公彥周禮正義序以堯時有六官而指羲叔爲夏官司馬乃臆揣之詞殊不足信也

（尚書胤征）胤侯命掌六師（孔安國傳）仲康命胤侯掌王六師爲大司馬

（禮記曲禮）天子之五官曰司馬（鄭康成註）此蓋殷時制也

（禮記王制）司馬辨論官材有發則命大司徒教士以車甲

（孔穎達疏）此論司馬之官用其人及發兵之事

謹案夏殷司馬之官經傳未見明文孔鄭所云說者多疑其準度周制約略言之然王制一篇本出二代之制而所列司馬職掌甚詳漢儒授受相承必有所本不可謂其無據也

〔尚書周官〕司馬掌邦政統六師平邦國〔孔安國傳〕夏官卿主戎馬之事掌國征伐統正六軍平治王邦四方國之亂者

〔周禮夏官〕政官之屬大司馬卿一人中大夫二人軍司馬下大夫四人輿司馬上士八人行司馬中士十有六人旅下士三十有二人府六人史十有六人胥三十有二人徒三百有二十人大司馬之職掌建邦國之九法以佐王平邦國以九伐之法正邦國乃以九畿之籍施邦國之政職凡令賦以地與民制之中春教振旅中夏教茇舍中秋教治兵中冬教大閱及師大合軍以行禁令以救無辜伐有罪若大師則掌其戒令及致建大常比軍衆誅後至者及戰巡陳眡事而賞罰若師有功則左執律右秉鉞以先愷樂獻於社大役與慮事屬其植受其要以待考而賞誅小司馬之職掌其事如大司馬之法軍司馬闕 輿司馬闕 行司馬闕

謹案周禮自軍司馬以下三官並闕其職掌無可徵據然考國語晉語云公知鐸遏寇之共敬而信彊也使爲輿尉知籍偃之惇帥舊職而共

僉也使爲輿司馬孔穎達云輿尉輿司馬皆上軍官輿衆也又僖公二

十八年左傳云晉侯作三行以禦狄荀林父將中行屠擊將右行先蔑

將左行杜預註云晉置上中下三軍復增三行以辟天子六軍之名又

詩魏風云殊異乎公行鄭康成箋云主君兵車之行列據此則輿司馬

乃領軍衆之官行司馬乃王行列之官至軍司馬雖他無可考疑亦當

爲佐大司馬而行軍法者故以軍爲名左傳晉揚干亂行於曲梁魏絳

戮其僕晉侯怒對曰使臣斯司馬蓋卽其職唐六典誤以輿爲車輿之

輿而以輿司馬爲後世駕部所自出非也

（尚書孔安國傳）司馬第四畢公領之

（詩毛亨傳）程伯休父命爲大司馬

謹案詩大明篇孔疏引太誓云司馬在前王肅曰司馬太公也考今太

誓無此語當出張霸僞書然可見周初已有司馬之官故逸周書世俘

解亦有司徒司馬初厥於郊號之文蓋本侯國三卿之一其後旣建六

卿而司馬乃列在第四也至尚書酒誥毛詩小雅所言祈父毛孔皆以爲司馬職掌封圻之兵甲故以其職稱之左傳昭公十二年祈招之詩杜預註謂祈父周司馬世掌甲兵之職而招其名則周之司馬殆亦世嗣其職如蘇公之爲司寇歟

（周禮夏官）司甲下大夫二人中士八人府四人史八人胥八人徒八十人（周禮原闕司甲職文鄭康成曰司甲兵戈盾官之長）司兵中士四人府二人史四人胥二人徒二十人掌五兵五盾各辨其物與其等以待軍事及授兵從司馬之法以頒之及其受兵輸亦如之司戈盾下士二人府一人史二人徒四人掌戈盾之物而頒之司弓矢下大夫二人中士八人府四人史八人胥八人徒八十人掌六弓四弩八矢之法辨其名物而掌其守藏與其出入職方氏中大夫四人下大夫八人中士十有六人府四人史十有六人胥十有六人徒百有六十人（鄭康成曰職方氏主四方官之長）掌天下之圖以掌天下之地辨其邦國都鄙四夷八蠻七閩九貉五戎六狄之人民與其財用九穀六畜之數要

周知其利害乃辨九州之國使同貫利

（唐六典）兵部尚書周官夏官卿也侍郎夏官小司馬中大夫也大司馬屬官有軍司馬下大夫蓋郎中之任輿司馬上士蓋員外郎之任職方氏中大夫職方郎中之任也司甲下大夫庫部郎中之任也司兵中士庫部員外郎之任也

秦

（杜佑通典）秦兼天下太尉主五兵

謹案五兵見於周禮司兵之職鄭司農謂戈殳戟酋矛夷矛也鄭康成謂此車之五兵若步卒之五兵則無夷矛而有弓矢然此特武事之一端在周官僅以中士掌之而秦乃主之太尉者疑當時方盡收天下兵銷以爲鍾鐻因籍其數而屬諸太尉以供官用非是則皆在應銷之列故曰太尉主五兵猶李斯奏請焚書而曰非博士所職悉詣守尉雜燒之也魏世不察乃置五兵尚書遂治以爲掌武之通稱殆非其本意矣

漢

〔馬端臨文獻通考〕太尉漢元狩四年更名大司馬後漢建武二十七年
復舊名爲太尉公掌四方兵事功課
〔太平御覽〕漢官序曰三公之職司馬主兵漢承秦曰太尉武帝改曰大
司馬無印綬世祖改曰太尉
〔後漢書百官志〕太尉公諸曹掾史屬東曹主軍吏法曹主郵驛科程事
兵曹主兵事
〔富大用事文類聚〕尙書漢置五曹未有主兵之任
謹案三代以大司馬掌九伐之法故兵政悉屬焉考其職守如有征伐
則鄉師致民於司馬是徵發由司馬也仲春振旅仲冬大閱是教練由
司馬也又司馬掌祿士故司士之官屬焉是爵祿黜陟由司馬也其屬
又有司右掌勇力之士以充王車右有虎賁氏旅賁氏掌衛守王是宿
衛爪牙之士亦隸於司馬也當時六軍雖以命卿爲將而皆不特置但

選六官六鄉之吏德任者使兼其官凡號令賞罰其專職仍在於司馬實當後世大帥之任故胤侯爲大司馬而行羲和之誅太公爲大司馬而頷牧野之戰程伯休父爲大司馬而有徐戎之征三代兵柄不分故其職隆重如此自周衰籍去列國兵爭始各置將軍之官以統甲兵而兵政遂別寄於領兵之人司馬之職由此遂廢迨秦漢設太尉以掌武事列於三公而尙書並無典兵之員卽後漢志所謂兵曹者亦僅太尉掾屬之一職魏始於尙書置五兵曹歷代增損不一隋唐遂設兵部尙書以當周之司馬而夏官規制乃稍復其舊然唐宋以來內而軍衛樞筦外而節將命帥實各分師旅大柄而兵部所掌自武職銓選以外不過名籍條例之類一切訓練調遣非所專司以視周官司馬名存而實迥不同矣核其所自蓋以三代之時邱甸出甲其兵卽六鄉之民其領兵之官卽六鄉之大夫入使治之出使長之上下相維臂指互使故有軍旅則能聽政令於司馬若後世專用募兵兵與民既判然爲兩途而

官之文武亦分爲二於是建置節鎮區別營伍其勢不復相統一則其
董率訓習指揮調發自不能不各責之於將帥兵部但考法式以受其
成而已此亦古今事勢不同所謂因時而制宜者也今以沿革所在軍
制攸關謹考論大略附之於此至太尉大司馬在秦漢爲三公官非今
兵部尚書所自出已别見内閣篇故不復著於表内云

三國

〔章俊卿山堂考索〕魏始置五兵尚書謂中兵外兵騎兵别兵都兵也

〔晉書職官志〕魏尚書郎有駕部庫部中兵外兵别兵都兵青龍二年尚
書陳矯奏置騎兵

晉

〔冊府元龜〕晉置駕部尚書咸亨二年省四年又置駕部太康中改置五
兵尚書又置駕部車部庫部左右中兵左右外兵别兵都兵騎兵曹郎及
江左罷車部别兵都兵騎兵有駕部庫部中兵外兵曹郎

〔杜佑通典〕魏置五兵尚書晉初無太康中乃有五兵尚書而又分中兵外兵各爲左右按晉雖分中兵外兵爲左右與舊五兵爲七曹然尚書惟置五兵而已無七兵尚書之名至後魏始有七兵尚書耳今諸家著述或謂晉太康中置七兵尚書誤矣

謹案漢代太尉有兵曹掾魏世因之大將軍相國亦有兵曹騎兵二曹掾晉之三公皆有戎曹車曹兵曹諸掾晉元帝爲瑯邪王時開鎮東丞相府掾屬有中兵外兵騎兵諸曹當時尚書郎俱已分曹定職而公府之掾居然襲其名目不以偪上爲嫌僭妄殊甚謹附糾其失於此

宋齊梁陳

〔宋書百官志〕宋世祖大明二年省五兵尚書順帝昇明元年又置五兵尚書左民尚書領駕部曹都官尚書領庫部曹五兵尚書領中兵外兵二曹昔有騎兵別兵都兵故謂之五兵也〇晉有駕部庫部中兵外兵曹郎宋高祖初加置騎兵太祖元嘉十年又省騎兵十一年又置太宗世省騎

兵

謹案宋世止中兵外兵二曹郎而尚書仍稱五兵歷代因之名實殊不相稱蓋沿襲之失也至宋志又有武庫令隸尚書庫部車府令隸尚書駕部南齊亦同其制蓋二令本隸於執金吾太僕兩卿因其職省廢故以權宜改隸其實並非尚書本屬今按其規制析入武備院鑾儀衛篇中不復列於兵部表云

（南齊書百官志）左民尚書領駕部曹都官尚書領庫部曹五兵尚書領中兵外兵二曹

（隋書百官志）梁武受命置五兵尚書駕部庫部中兵外兵騎兵等郎陳承梁皆循其制官

（事文類聚）梁陳有左右中兵左右外兵騎兵郎曹皆置侍郎亦郎中之任也

（唐六典）駕部宋齊並爲郎中梁陳爲駕部侍郎宋齊有庫部郎中梁陳

爲侍郎

（鄭樵通志）梁五都令史職與晉同武帝以宣毅墨曹參軍王顒兼中兵

都

北魏

（魏書官氏志）興安二年正月置駕部尚書太和十五年十二月置庫部

官

（通典）後魏爲七兵尚書有駕部郎中有庫部屬度支尚書

（唐六典）後魏有駕部郎中庫部郎中

北齊

（隋書百官志）後齊尚書省置五兵尚書六尚書分統列曹殿中統駕部（掌車輿牛馬廄牧等事）曹度支統庫部（掌凡是戎仗器用所須事）曹

（鄭樵通志）北齊爲五兵統五曹曰左中兵掌諸都督告身諸宿衛官曰右中兵掌畿內丁帳事諸兵力士曰左外兵掌河南及潼關以東諸州丁

帳及發召諸兵曰右外兵掌河北及潼關以西諸州所典與左外兵同曰都兵掌鼓吹大樂部小兵等事

〔孫逢吉職官分紀〕北齊馮子琮爲駕部郎中攝庫部

後周

〔通典〕後周官品正七命大司馬正六命小司馬上大夫正五命夏官職方兵部駕部武藏等中大夫正四命夏官小職方小兵部小駕部小武藏等下大夫正三命夏官小職方小兵部小駕部等上士正二命夏官司袍襖司弓矢司甲司矟司刀盾等中士正一命夏官司袍襖司弓矢司矟司甲司刀盾等下士

隋

〔隋書百官志〕高祖受命置尚書省兵部尚書統兵部職方侍郎各二人駕部庫部侍郎各二人煬帝置六曹侍郎以貳尚書諸曹侍郎並改爲郎又改兵部爲兵曹郎以異侍郎之名

（通典）隋乃有兵部尚書統兵部職方駕部庫部四曹蓋因後周兵部之名兼前代五兵之職

謹案自南北朝以後駕部或領於左民或領於殿中庫部或領於都官或領於度支核其所司本輿馬兵仗皆軍事所須乃不屬五兵而轉屬他曹配隸殊未允協隋代悉改領於兵部名實始稱故至今仍其制焉至職方之名本出於夏官後周依周制始置職方中大夫隋文帝遂以爲兵部之一曹亦歷代所未有也

唐

（唐六典）兵部尚書一人正三品侍郎二人正四品下掌天下軍衛武官選授之政令凡軍師卒戍之籍山川要害之圖廏牧甲仗之數悉以咨之其屬有四一曰兵部二曰職方三曰駕部四曰庫部尚書侍郎總其職務而奉行其制命凡中外百司之事由於所屬咸質正焉凡選授之制每歲孟冬以三旬會其人以三銓領其事一曰尚書銓二曰東銓三曰西銓尚書

為中銓兩侍郎分為東西銓以五等閱其人以三奇拔其選其尤異者登而任之否則量以退焉有殊尤者得令宿衛凡大選終於季春之月所以審名實之銓綜備戎仗之物數以戒軍令而振國容焉郎中二人從五品上員外郎二人從六品上主事四人從八品下郎中一人掌考武官之勳祿品命以二十有九階承而敘焉郎中一人掌判簿以總軍戎差遣之名員外郎一人掌貢舉及諸雜請之事其科第之優劣勳獲之等級皆審其實而授敘焉員外郎一人掌選院謂之南曹每歲選人有解狀簿書資歷考課必由之以覈其實乃上三銓進甲則署焉○職方郎中一人從五品上員外郎一人從六品上主事二人從九品上職方郎中員外郎掌天下之地圖及城隍鎮戍烽候之數辨其邦國都鄙之遠邇及四夷之歸化者其五方之區域都鄙之廢置疆埸之爭訟者舉而正之○駕部郎中一人從五品上員外郎一人從六品上主事三人從九品上駕部郎中員外郎掌邦國之輿輦車乘及天下之傳驛廄牧官私馬牛雜畜之簿籍辨其出入闌逸之政

令司其名數凡三十里一驛天下凡一千六百三十有九所而監牧六十
有五焉皆分使而統之凡諸衞有承直之馬凡諸司有備運之車皆審其
制以定數焉○庫部郎中一人從五品上員外郎一人從六品上主事一
人從九品上庫部郎中員外郎掌邦國軍州之戎器儀仗及冬至元正之
陳設幷祠祭喪葬之羽儀諸軍州之甲仗皆辨其出入之數量其繕造之
功以分給焉
謹案鹵簿儀仗唐世掌之庫部宋明則皆掌之駕部至本朝置鑾儀衞
其事始不屬於兵部云
〔馬端臨文獻通考〕唐龍朔二年改兵部尚書爲司戎太常伯咸亨元年
復舊光宅元年改爲夏官神龍元年復舊天寶十一載改爲武部至德初
復舊兵部侍郎龍朔二年改爲司戎少常伯郎中改爲司戎大夫職方郎
中改爲司城大夫駕部郎中改爲司輿大夫庫部郎中改爲司庫大夫咸
亨初復舊

（舊唐書職官志）天寶十一載改駕部爲司駕庫部爲司庫至德二載並仍舊

（唐會要）總章二年以後兵部侍郎加至三員後又減一員

（新唐書百官志）兵部令史三十人書令史六十人制書令史十三人甲庫令史十二人亭長八人掌固十二人職方令史四人書令史九人掌固四人駕部令史十人書令史二十四人掌固四人庫部令史七人書令史十五人掌固四人右司都事六人主事六人

謹案今各部堂主事司務當爲唐左右司都事主事之職說已具吏部篇今以隸右司者析繫兵部表內刑工二部仿此

（洪邁容齋隨筆）唐吏部兵部分掌銓選兩部各列三銓吏居左兵居右是爲前行故兵部班級在戶刑禮之上睿宗初政以宋璟爲吏部尙書李乂盧從愿爲侍郎姚元之爲兵部尙書陸象先盧懷慎爲侍郎六人皆名

臣二選稱治

〔新唐書選舉志〕武舉起於武后之時長安二年始置其制有長垜馬射步射平射筒射又有馬槍翹關負重身材之選中第亦以鄉飲酒禮送兵部

謹案自古舉官之途不分文武三代以命卿帥師而六鄉則有比長閭胥族師黨正州長鄉師六遂則有鄰長里宰酇長鄙師縣正遂師皆以時率其民課農教戰而聽政令於司馬故涖衆則曰師都涖軍則曰軍吏其職即如今之將弁也漢世良家子以材力入官者或隸期門羽林或爲三署郎而軍功大者爲卿大夫小者亦爲郎後漢將帥罷兵大抵內爲列卿外爲郡守（後漢書耿純傳純以前將軍平真定還京師願試一郡光武曰卿既治武復欲修文耶乃拜爲東郡太守）沿及魏晉而將軍之官多選清望之士居之如裴頠以國子祭酒爲右軍將軍王怙以中書郎爲後將軍亦皆由文職遷轉以至州鎮方伯無不兼將軍都督之稱其爲州而無將軍者則謂之單車刺史當時文武遷授尚不拘資格其後迄南北朝皆然至唐而吏部兵部分爲二選

文武始各有定闕然考唐六典武選之制如所云選人有自文資入者取少壯六尺已上材藝超絕考試不堪還送吏部是文可以換武又云千牛備身五考隨文武簡試聽選勳官年滿簡送吏部無文聽以武選三衞官考滿兵部校試有文堪時務則送吏部無文則以本色選授是武可以改文故唐代諸州兵政掌之刺史悉帶使持節某州軍州事銜稱爲州將並無專闖武員吏職兵官未嘗判然區別逮宋太祖患五季藩鎮跋扈命文臣出守列郡而別置鈐轄都監以司軍旅屯戍之政令遂分職而治然當時內外官仍文武參用而願換授者亦許改職宋敏求春明退朝錄唐文武參用袁滋自尙書右丞出華州刺史召爲左金吾衞大將軍宋朝頗循其制三司使尙書左丞李士衡學士承旨刑部尙書李維翰林學士工部侍郎陳堯咨皆換觀察使自元世祖至元十五年定軍民異屬之制以萬戶府鎮撫司領戍兵以知府縣尹領民事元吳萊淵穎集書急就章後云國家起自北土經理中原中原豪傑保有鄉里因而降附使據其境土如古諸侯大開幕府辟置官屬錢糧獄訟一皆專制於己而不復有關乎上已而山東猘子地富兵強跳踉負固卒貽誅滅而後天下郡縣一命之官悉歸于吏部兵則自近戍遠尺籍伍符各有統帥但知坐食郡縣之租稅不復繫守令事

矣明因其制於是州縣營衞建置攸殊出身旣截然不同銓注亦有一定之格自督撫大吏外武官除授乃無一不歸於兵部矣

五季

（五代史本紀）乾化二年兵部郎中張儁天成二年兵部侍郎馮道長興四年兵部尚書李鱗

（五代會要）長興三年尚書吏部侍郎王權奏請頒下諸州其所送兵部職方地圖令郡縣鎭戍城池水陸道路或新舊移易者並須載之於圖

謹案五季兵部官制史志不詳今略採歐史及會要二條以見其槪

宋

（文獻通考）宋兵部判部事一人凡籍武官軍師卒戍之政令悉歸於樞密院其選授小者又歸三班本曹但掌三駕儀仗鹵簿字圖釋奠武成王廟及武舉事歲終以義勇兵箭手寨兵之數上於朝元豐更制惟民兵馬政權隸樞密院武官銓選幷歸吏部五年詔應緣義勇保甲事並隸樞密

院其餘民兵悉歸兵部以什伍之法教民爲兵以選舉之法試武士以鹵簿字圖分布儀衛以郡縣之圖周知地域凡廂軍蕃兵剩員及金吾街仗司人兵稽其數而振飭其藝臣僚之家宣借兵級與夫蕃夷屬戶授官封襲之事皆掌之○侍郎南渡後長貳互置續置侍郎二員隆興常置一員○郎中建炎三年詔兵部兼職方駕部兼庫部隆興初詔駕部兵部郎官共一員兼領自是四司合爲一矣厥後閥或並置若從軍或將命於外則假以爲寵○職方掌天下地圖以周知方域之廣及城隍堡塞烽候蕃夷歸朝內附之事○駕部掌輦輅車乘廄牧雜畜乘具傳驛之政令辨其出入之數○庫部掌軍器儀仗鹵簿法式隨軍防城什物及凡供帳之事

（宋史職官志）兵部掌兵衛儀仗鹵簿武舉民兵廂軍士軍蕃軍四夷官封承襲之事輿馬器械之政天下地土之圖凡儀衛鹵簿皆掌其數及行列先後之儀爲圖以授有司凡武選之制倣貢舉之法先聯其什伍而教之以戰爲民兵材不中禁衛而足以執役爲廂軍就其鄉井募以禦盜爲

士軍以老疾而裁其功力之半爲剩員團結以禦戎爲洞丁爲義軍弩手屬羌分隸邊將爲蕃兵籍其名數而頒其禁令凡招置廂禁軍及州郡屯營三衙遷補守戍軍吏轉補文武官白直宣借皆掌之其屬三曰職方曰駕部曰庫部舊判部事一人以兩制充元豐設官十尚書侍郎各一四司郎中員外郎各一元祐初省駕部郎中一員以職方兼庫部紹興改元詔職方庫部互置郎官一員兼○尚書掌兵衞武選車輦甲械廄牧之政令以天下郡縣之圖而周知其地域凡陳鹵簿設仗衞飭官吏整肅蕃夷除授奉行其制命凡軍兵以名籍統隸者閱習按試選募遷補及武舉校試之事皆總之侍郎爲之貳郎中員外郎參掌之分案九置吏四十有七建炎三年分案十曰賞功曰民兵衞曰廂兵曰人從看詳曰帳籍告身曰武舉曰蕃官曰開拆曰知雜曰檢法乾道裁減吏額共置三十人○職方郎中員外郎掌天下圖籍以周知方域之廣袤及郡邑鎮砦道里之遠近凡土地所產風俗所尚具古今興廢之因州之爲籍遇閏歲造圖以進分案

三置吏五舊判司事一人以無職事朝官充紹熙三年職方駕部吏額通入兵部庫部併作四十二人○駕部郎中員外郎掌輿輦車馬驛置廄牧之事大禮戒有司具五輅凡奉使之官赴闕視其職治給馬如格官文書則量其遲速以附步馬急遞總內外監牧籍其租入多寡孳產發耗凡市馬於四夷者溢歲額則賞之分案六置吏十有三○庫部郎中員外郎掌鹵簿儀仗戎器供帳之事國之武庫隸焉凡內外甲仗械器造作繕修皆有法式若御大慶文德殿應用鹵簿名數前期以戒有司祭祀喪葬則給以等差總衛尉寺金吾仗司兵匠之數考其功罪歲月而以法升降之分案四置吏九

（容齋隨筆）元豐官制行一切更改凡選事無論文武悉以付吏部（案蘇頌行狀云唐制文選吏部掌之武選兵部掌之神宗謂自三代至漢未嘗有文武之別頌請一歸吏武上從之）蘇東坡當元祐中拜兵書謝表云恭惟先帝復六卿之名本欲後人識三代之舊古今殊制閎劇異宜武選隸於天官兵政總於樞府故司馬之職獨省文書蓋紀其實

也今本曹所掌惟諸州厢軍名籍及每大禮則書寫舊官加恩告雖有所
轄司局如金吾街仗司騏驥車輅象院法物庫儀鸞司不過每季郎官一
往耳名存實亡一至於是
（永樂大典）宋百官題名記建炎中省冗職以兵部郎中并兼職方司
（山堂考索）建炎三年以駕部兼庫部隆興改元復裁內外官於是駕部
又當省而郎適贊讀王府有詔聽留需其還勿補闕而兵部四曹止一員
謹案宋以樞密院主軍政武選又并歸吏部於是兵部遂爲冗員長貳
多不備官郎曹至以一人行四司之事宋代官制最爲紊雜無緒此亦
其名實乖互之一端也

遼

（遼史百官志）契丹北樞密院掌兵機武銓羣牧之政凡契丹軍馬皆屬
焉以其牙帳居大內帳殿之北故名北院元好問所謂北衙不理民是也
○北院樞密使○知北院樞密使事○知北樞密院事○北院樞密副使

○知北院樞密副使事○同知北院樞密使事○簽書北樞密院事○北院都承旨○北院副承旨○北院林牙○知北院貼黃○給事北院知聖旨頭子事○掌北院頭子○北樞密院敞史○北院郎君○北樞密院通事○北院掾史

謹案遼北樞密院視兵部今繫之於表以存其制至南面官僚史志略而不詳惟興宗重熙中見兵部侍郎王觀又有庫部員外郎見於百官志序知其建置亦多仍唐舊也

金

(金史百官志)兵部尚書一員正三品侍郎一員正四品郎中一員從五品員外郎二員從六品掌兵籍軍器城隍鎮戍廄牧鋪驛車輅儀仗郡邑圖志險阻障塞遠方歸化之事主事二員從七品貞祐五年以承發司管勾兼漢人主事令史二十七人內女直十二人譯史二人通事二人○四方館使正五品副使從六品掌提控諸路驛舍驛馬承發司管勾從七品同管勾從八品掌受發省部及外路文字右屬

尚書 兵部

謹案驛站之設所以通達軍情傳宣號令關繫非輕溯其由來蓋自周之盛時已有其制考爾雅釋言云驛遽傳也郭璞註皆傳車驛馬之名春秋僖三十三年左傳云使遽告於鄭文十六年云楚子乘驛會師於臨品成五年云晉侯以傳召伯宗襄二十一年云祁奚乘馹而見宣子襄二十七年云子木使驛謁諸王襄二十八年云吾將使驛奔問諸晉昭二年云子產懼弗及乘遽而至昭五年云楚子以驛至於羅汭曰驛曰馹曰遽互見者不一杜預皆以爲傳車而釋文則稱以車曰傳以馬曰遽顧炎武謂國語晉文公乘馹會秦伯呂氏春秋齊君乘馹追晏子皆事急不暇駕車而單乘驛馬據此是春秋時已兼有驛車驛馬特當日牧政天子十有二閑邦國六閑皆以供朝覲會同及軍事之用而戎馬之在邱甸者則民自備之其驛傳之馬未知從何供用疑卽當在邱甸所出戎馬之數爲鄉師所屬故未嘗別設官以治之也漢書高祖本

紀乘傳詁維陽如淳曰律四馬高足爲置傳四馬中足爲馳傳四馬下足爲乘傳一馬二馬爲軺傳急者乘一乘傳師古曰古者以車謂之傳車其後又單置馬謂之驛騎鄭當時傳常置驛馬長安諸郊王温舒傳爲河內太守令郡具私馬五十匹爲驛自河內至長安此雖二人私置然可見漢代之驛亦車馬兼用故其時外臣入朝皆由驛谷永傳歲竟乘傳奏事是也罪人發遣亦由驛淮南厲王傳載以輜車令縣次傳是也降人赴闕亦由驛汲黯傳匈奴畔其主降漢徐以縣次傳之是也獨百官公卿表內不見有主驛傳之官據賈山至言云省廐馬以賦縣傳昭帝本紀元鳳二年詔省乘輿馬及苑馬以補邊郡三輔傳馬則是漢代驛馬但屬之郡縣而不隸於京師自後史無明文北齊駕部雖有掌車輿牛馬廐牧之語亦不及驛傳至於唐世始以駕部郎中員外郎主郵驛之事在外則以都督刺史上佐內之兵曹參軍掌之而縣令兼綜焉相沿至今而郵政遂爲兵部之專司矣至驛之置於京師者在唐則

爲都亭驛長安志都亭驛在朱雀門外西街含光門北來第二坊通鑑王行瑜殺韋昭度李谿於都亭驛是也五季及宋並同胡三省通鑑註晉天福五年改東京上源驛爲都亭驛契丹國志宋館遼使於都亭驛蓋如今兵部馬館而不聞有管驛之員疑其事即併領於駕部宋代雖有都亭驛監官而所司乃接待使人不關郵政今已別載入會同四驛館表內惟金之四方館使承發司管勾明之會同館大使隸屬兵部正當今馬館之職元代置通政院於大都上都以典驛站雖品秩較崇而所掌亦爲相近謹於馬館監督表下列此三條以明沿革而前代則概從其略云

元

（元史百官志）兵部尚書三員正三品侍郎二員正四品郎中二員從五品員外郎二員從六品掌天下郡邑郵驛屯牧之政令凡城池廢置之故山川險易之圖兵站屯田之籍遠方歸化之人官私芻牧之地駝馬牛羊鷹隼羽毛皮革之徵驛乘郵運祗應公廨皁隸之制悉以任之世祖中統元年以兵刑工爲右三部置尚書二員侍郎二員郎中五員員外郎五員

總領三部之事至元元年別置工部以兵刑自爲一部尚書四員侍郎三
員郎中如舊員外郎五員三年併爲右三部五年復爲兵刑部尚書三員
省侍郎二員郎中如故員外郎一員七年始列六部尚書一員侍郎仍舊
郎中一員員外郎仍一員明年又合爲兵刑部十三年復析兵部二十三
年定尚書侍郎郎中員外郎以二員爲額至治三年增尚書一員主事二
員蒙古筆且齊(解見吏部篇)二人令史十四人回回令史一人克埒穆爾齊(解見
吏部篇)一人知印二人奏差八人典吏三人

謹案元史百官志有左三部照磨掌吏戶禮三部錢穀計帳之事其職
蓋如今之司務已別著之吏部篇而右三部無之疑史文脫漏也至宋
金元左右司都事主事爲今司務堂主事之職其屬左司者已入吏戶
禮三部表中今以屬右司者析入兵刑工三部謹發其凡於此而諸史
原文則不復複載云

(事文類聚)大元兵部令史分掌名頭儀仗爲舊庫部緊慢置鋪驛走遞

馬數承發司文字車輅合給牌劄廐牧爲舊駕部

（元史百官志）通政院秩從二品國初置驛以給使傳至元七年初立諸站都統領使司以總之設官六員十三年改通政院十四年分置大都上都兩院二十九年又置江南分院大德七年罷至大元年陞正二品四年罷以其事歸兵部是年兩都仍置延祐七年復從二品大都院使四員同知二員副使二員僉院一員同僉一員院判一員經歷一員都事一員照磨兼管勾承發架閣一員上都院使同知副使僉院判官各一員經歷都事各一員

明

（明史職官志）兵部尚書一人正二品 左右侍郎各一人正三品 其屬司務廳司務二人從九品 武選職方車駕武庫四清吏司各郎中一人正五品正統十年增設武選職方二司郎中各一人成化三年增設車駕司郎中一人萬曆九年並革 員外郎一人從五品正統十年增設武選司員外郎一人弘治九年增設武庫司員外郎一人後俱革嘉靖十二年增設職方司員外郎一人 主事二人正六品洪武宣德閒增設武選司主

事三人職方司主事四人正統十四年增設車駕武庫二司 所轄會同館主事各一人後革萬曆十一年又增設車駕司主事一人

大使一人正九品 副使二人從九品 大通關大使副使各一人俱未入流 尚書掌天下武衞官軍選授簡練之政令侍郎佐之武選掌衞所土官選授陞調襲替功賞之事歲凡六選有世官有流官世官九等流官八等以世官陞授或由武舉用之軍政五年一考選先期撫按官上功過狀覆核而去留之以貼黃徵圖狀以初績徵誥勅以效功課將領以比試練卒徒以優養恩故絕以褒恤勵死戰以寄祿馭恩倖以殺降失陷避敵激叛之法肅軍機以典刑敗倫行劫退陣之科斷世祿職方掌輿圖軍制城隍鎮戍簡練征討之事凡天下地里險易遠近邊腹疆界俱有圖本三歲一報與官軍車騎之數偕上凡軍制內外相維武官不得輒下符徵發各統其官軍以聽征調守衞朝貢保塞之令以時修浚其城池而閱視之征討請命將出師懸賞罰調兵食紀功過以黜陟之以堡塞障邊徼以烽火傳聲息以關津詰姦細以緝捕弭盜賊以快壯簡鄉民以勾解收充抽選併豁疏放存恤

之法整軍伍車駕掌鹵簿儀仗禁衛驛傳廐牧之事凡鹵簿大駕丹陛駕武陳駕皆辨其物數以授所司凡侍衛御殿全直常朝番直凡郵傳在京師曰會同館在外曰驛曰遞運所皆以符驗關券行之凡馬政其專理者太僕苑馬二寺稽其簿籍以時程其登耗惟內廐不會武庫掌戎器符勘尺籍武學薪隸之事凡內外官軍有征行移工部給器仗籍紀其數制勅下各邊徵發及使人出關必驗勘合軍伍缺下諸省府州縣勾之初洪武元年置兵部六年增尚書一人侍郎一人置總部駕部幷職方三部設郎中員外郎主事如吏部之數十三年陞部秩設尚書侍郎各一人又增置庫部爲四屬部部設郎中員外郎主事各一人十五年增設侍郎一人二十二年改總部爲司馬部二十九年定改四部爲武選職方車駕武庫四清吏司惟職方仍舊名景泰中增設尚書一人協理部事天順初罷隆慶四年添設侍郎二人尋罷萬曆末年復置

謹案明代設有協理京營戎政一人或兵部尚書或兵部侍郎或右都

御史蓋時以武臣總督京營故以文臣爲協理皆另給關防專理戎政
不釐部務中閒亦屢有裁革乃別爲額闕非本部常置之正官今故不
著於表又案明初兵制內領之五軍都督府外則統之都司而有事則
別選侯伯爲總兵官以主征伐原不專隸中樞自英憲以還承平日久
軍伍廢弛而兵政遂盡歸之兵部每遇疆埸有警則調兵撥餉及戰守
機宜皆惟兵部是聽武臣自專閫以下均受節制黜陟進退罔不由之
總兵官領勅至長跪部堂而弁帥奔走盡如鈴卒其權甚重故當時號
爲本兵而受任者多非其人甚或借以營私填窟諸邊將率多紈袴貪
緣得官以巖疆重寄付之僨帥之手至於冒占軍伍尺籍空虛一旦羽
檄紛馳輒搶攘周章毫無調度即有一二果銳敢戰者又爲部符所格
東西牽掣坐失事機遇敵即形挫衂明之諸帝旣委其責於兵部一切
仰成及敗事僨轅則又歸咎部臣重加刑戮如丁汝夔陳新甲等皆至
伏誅西市死非其罪其他亦竄謫不絕良由措置乖方故兵威益以不

振我
朝武功赫濯軍令嚴明四征不庭無不恪承
謨略初置議政大臣以參承軍事籌畫自雍正初年以來復設辦理軍機事
務處凡當
命將出師征勦情形皆令以郵函直達
聖神燭照洞悉機宜軍機大臣承
旨書宣帥臣等仰憑
授算所至悉迅奏膚功兵部之職不過稽覈額籍考察弁員而已蓋惟
聖武布昭
樞鈐獨運故能指揮萬里如在戶庭洵非臣下之所克裨贊萬一也

欽定歷代職官表卷十二

欽定歷代職官表卷十三

刑部表

	刑部尚書
三代	夏司寇 殷司寇 周秋官大司寇卿
秦	尚書不分曹
漢	三公曹尚書
後漢	二千石曹尚書
三國	
晉	三公尚書
宋齊梁陳	都官尚書
北魏	都官尚書
北齊	都官尚書
後周	大司寇卿
隋	都官尚書 刑部尚書
唐	刑部尚書 司刑太常伯 秋官尚書 憲部尚書
五季	刑部尚書
宋	刑部尚書
遼	伊勒希巴
金	刑部尚書
元	刑部尚書
明	刑部尚書

刑部左右侍郎
秋官小司寇中大夫
小司寇上大夫
刑部侍郎
刑部侍郎 司刑少常伯 秋官侍郎 憲部侍郎
刑部侍郎
刑部侍郎
左伊勒希巴 右伊勒希巴 知左伊勒希把事 知右伊勒希把事
刑部侍郎
刑部侍郎
刑部左右侍郎

刑部十八司郎中
士師下大夫
三公曹郎
二千石曹郎
二千石郎 都官郎 比部郎
三公郎 比部郎 都官郎 二千石郎
三公郎 比部郎 都官郎
都官郎 二千石郎 比部郎 三公郎
刑部中大夫 小刑部下大夫 司隸下大夫
都官郎 憲部郎 比部郎 司門郎
刑部郎中 都官郎中 比部郎中 司門郎中 司刑大夫 司僕大夫 司計大夫
刑部郎中
刑部郎中 都官郎中 比部郎中 司門郎中
刑部郎中
刑部郎中
浙江 江西 湖廣 陝西 廣東 山東 福建 河南 山西 四川 廣西 貴州 雲南 十三清吏司郎中

刑部十八司員外郎

鄉士 上士 遂士 中士 縣士 中士 方士 中士 訝士 中士 司隸 中士

小刑部上士 鄉法 上士 中士 遂法 上士 中士 稍法 上士 中士 縣法 上士 中士 畿法 上士 中士 小司隸上士 司屬 中士 掌徒 中士

都官 員外 郎 憲部 員外 郎 比部 員外 郎 司門 員外 郎 都官 承務 郎 憲部 承務 郎 比部 承務 郎 司門 承務 郎

刑部 員外 郎 都官 員外 郎 比部 員外 郎 司門 員外 郎

刑部 員外 郎

刑部 員外 郎 都官 員外 郎 比部 員外 郎 司門 員外 郎

刑部 員外 郎

刑部 員外 郎

浙江 江西 湖廣 陝西 廣東 山東 福建 河南 山西 四川 廣西 貴州 雲南 十三 清吏 司員 外郎

刑部十八司主事
秋官司寇旅下士司屬下士
尚書主事令史說具吏部篇
都官主事二千石主事比部主事
刑部主事
刑部主事都官主事比部主事司門主事
刑部主事都官主事比部主事司門主事
刑部主事
刑部主事
浙江江西湖廣陝西廣東山東福建河南山西四川廣西貴州雲南十三清吏司主事

堂主事	司	務筆帖式
		令史
		尚書令史
		令史
	尚書都令史	尚書諸曹令史
	尚書都令史	正令史 書令史
	尚書都令史	尚書令史 譯令史 書令史
		主令史 書令史
	尚書刑部都事	尚書令史
尚書右司主事	尚書刑部都事	令史 書令史
尚書右司主事	六部監門官 尚書右司都事	令史 書令史 守當官
		伊勒希巴院敞史
	右司都事	女直令史 譯史
	右司都事	蒙古筆且齊
	刑部司務廳司務	

提牢主事	司獄
司圜中士 掌囚下士 掌戮下士	
都司空獄令 若盧獄令 都船獄令	都司空獄丞 若盧獄丞 都船獄丞
若盧獄官	
	獄左丞 獄右丞
	獄丞 獄掾
	獄丞 獄掾
掌囚中士 下士	
	獄掾
	獄丞
	掌獄
	獄丞
	司獄司 司獄 獄丞
	司獄司 司獄

贓罰庫司庫大使	律例館各官
	司刑中士 司刺下士
	魏定科郎
	刪定郎
	司刺上士 司刺下士
	刪定使
	勑令所提舉 勑令所詳定官 勑令所刪定官
司籍所提領 同提領	
刑部照磨 刑部檢校	

刑部

國朝官制

刑部尚書滿洲漢人各一人

掌折獄審刑簡核法律受天下奏讞咸閱實而上其辭以肅邦憲所屬有直隸奉天江蘇安徽江西福建浙江湖廣河南山東山西陝西四川廣東廣西雲南貴州督捕十有八司

國初刑部設滿洲承政二員蒙古承政一員漢人承政二員參政八員啓心郎一員崇德三年改設承政一員左參政二員右參政三員順治初定設滿洲漢人尚書各一員七年增置滿洲尚書一員十年仍省雍正十二年以來親王郡王及大學士奉

命管理部務皆由

特簡無常員

左右侍郎滿洲漢人各一人

掌迪播祥刑以貳尚書順治元年定額

直隸清吏司郎中滿洲漢人各一人員外郎滿洲一人蒙古一人漢人二人主事滿洲漢人各一人

掌順天直隸及八旗游牧察哈爾左翼（正黃東半旗鑲黃正白鑲白正藍四旗）所屬刑名初爲右現審司乾隆二年改置直隸司設官如今額

謹案初制刑部設江南等十四司康熙三十八年增置督捕前後司爲十六司雍正元年增置左右二現審司凡囚繫之待讞者則主其鞫訊之事十一年析江南司爲江蘇安徽二司併督捕前後司爲一乾隆二年改右現審司爲直隸司七年復改左現審司爲奉天司始定爲十八司司屬初置理事官六員副理事官八員順治元年改定滿洲郎中六人員外郎八人主事十有四人漢軍郎中四人員外郎十有二人漢人郎中員外郎主事每司一人五年增置滿洲郎中八人員外郎十人十五年省漢人員外郎主事各四人十八年增置蒙古員外郎八人康熙

元年仍省五十七年增置蒙古郎中員外郎主事各一人雍正三年復置漢人員外郎主事各四人五年罷漢軍員額增漢人郎中三人員外郎一人其續置各司員額亦俱隨時增設凡額官闕則總其數三分計之以其二牒吏部除授而留其一由堂官遴選奏請擢補焉

奉天清吏司郎中蒙古一人漢人一人員外郎滿洲漢人各一人主事滿洲漢人各一人

掌

盛京黑龍江吉林將軍及奉天府所屬刑名兼宗人府理藩院文移關白之事初爲左現審司乾隆七年改置奉天司設官如今額

江蘇清吏司郎中滿洲漢人各一人員外郎滿洲二人漢人一人主事滿洲漢人各一人

掌江蘇所屬刑名凡奉

德音肆眚則審定其條格而頒之于四方初爲江南司雍正十二年析置江蘇

及安徽二司設官如今額
安徽清吏司郎中滿洲漢人各一人員外郎滿洲漢人各一人主事滿洲漢人各一人
掌安徽所屬刑名兼鑲紅旗文移關白之事雍正十二年以江南司析置設官如今額
江西清吏司郎中滿洲漢人各一人員外郎滿洲漢人各一人主事滿洲漢人各一人
掌江西所屬刑名兼正黃旗中城御史文移關白之事
福建清吏司郎中滿洲漢人各一人員外郎滿洲漢人各一人主事滿洲漢人各一人
掌福建所屬刑名兼戶部戶科倉場衙門左右兩翼鑲藍旗文移關白之事
浙江清吏司郎中滿洲漢人各一人員外郎滿洲一人漢人二人主事滿洲漢

人各一人

掌浙江所屬刑名及都察院刑科南城御史文移關白之事兼司本部條

奏彙題及各司爰書駁正者會其成比年一奏

湖廣清吏司郎中滿洲一人漢人二人員外郎滿洲二人漢人一人主事滿洲

漢人各一人

掌湖北湖南所屬刑名

河南清吏司郎中滿洲漢人各一人員外郎滿洲二人漢人一人主事滿洲漢

人各一人

掌河南所屬刑名兼禮部禮科太常寺光祿寺鴻臚寺國子監欽天監太

醫院東城御史正紅旗文移關白之事凡夏令熱審則布告各司頒行天

下欽卹如制

山東清吏司郎中滿洲漢人各一人員外郎滿洲二人漢人一人主事滿洲漢

人各一人

掌山東所屬刑名兼兵部兵科太僕寺文移關白之事凡步軍營捕獲盜

竊歲登其數請敘

山西清吏司郎中滿洲漢人各一人員外郎滿洲漢人各一人主事蒙古一人

漢人一人

掌山西及八旗游牧察哈爾右翼正黃西半旗正紅鑲紅鑲藍三旗定邊左副將軍綏遠

城將軍歸化城副都統科布多大臣庫倫大臣所屬刑名兼軍機處內閣

翰林院詹事府

起居注館內務府上駟院武備院鑲白旗北城御史文移關白之事

陝西清吏司郎中滿洲一人漢人二人員外郎滿洲二人漢人一人主事滿洲

漢人各一人

掌陝西甘肅及伊犂烏魯木齊塔爾巴哈台葉爾羌喀什噶爾烏什阿克

蘇庫車土爾番哈爾沙爾和闐哈密所屬刑名兼大理寺西城御史文移

關白之事並稽覈囚糧出納俾無侵冒

四川清吏司郎中滿洲漢人各一人員外郎滿洲漢人各一人主事滿洲漢人各一人

掌四川所屬刑名兼工部工科文移關白之事秋審則會九卿詹事科道于朝房以定爰書

廣東清吏司郎中滿洲漢人各一人員外郎滿洲二人漢人一人主事滿洲漢人各一人

掌廣東所屬刑名兼鑾儀衞正白旗文移關白之事

廣西清吏司郎中滿洲漢人各一人員外郎滿洲漢人各一人主事滿洲漢人各一人

掌廣西所屬刑名兼通政使司文移關白之事及以時散給囚衣朝審則會九卿詹事科道于朝房以定爰書

雲南清吏司郎中滿洲漢人各一人員外郎滿洲漢人各一人主事滿洲漢人各一人

掌雲南所屬刑名兼鑲黃旗文移關白之事
貴州清吏司郎中滿洲漢人各一人員外郎滿洲漢人各一人主事滿洲漢人
各一人
掌貴州所屬刑名兼吏部吏科正藍旗文移關白之事
督捕清吏司郎中滿洲漢人各一人員外郎滿洲一人主事滿洲漢人各一人
掌八旗及各省駐防逃人之事初隸兵部督捕衙門康熙三十八年始以
督捕前後司及督捕廳改隸刑部雍正十二年罷督捕前司及督捕廳併
其事于後司仍省後字但曰督捕司
堂主事滿洲五人漢軍一人
掌文案者滿洲二人掌章奏者滿洲三人漢軍一人俱順治元年定額
司務廳司務滿洲漢人各一人
順治元年定額掌巡察出入約束胥隸凡直省解囚投文登其數給以批
迴訟者收其狀呈堂分司聽之

筆帖式滿洲百有五人蒙古四人漢軍十有五人

滿洲筆帖式初置九十六人後增置九人蒙古筆帖式乾隆二年置漢軍筆帖式初置十有九人後省四人俱分隸各司視事之繁簡以爲額職事見吏部篇

提牢主事滿洲漢人各一人北所司獄滿洲二人漢軍漢人各一人南所司獄滿洲二人漢軍漢人各一人從九品

主事掌稽覈罪囚于額外及試俸主事內掄選引見補充歲周更代咨吏部議敘司獄分掌南北監禁督禁卒更夫晝夜巡警凌虐需索者閎如法順治元年置漢軍漢人司獄四人康熙五十一年增置滿洲司獄四人三年而代咨吏部敘陞如例又置官醫二人分隸南北所以療囚之疾病

贓罰庫司滿洲一人庫使滿洲二人

掌收見審贓罰銀錢會其數以送戶部順治元年置額

律例館總裁無定員提調官一人纂修官四人收掌官四人繙譯官四人謄錄官六人

掌修明法令刊定條式隨時審訂以詔有司設館西長安門外總裁以本部尚書侍郎兼之提調纂修官以本部司員充收掌繙譯謄錄官以本部筆帖式充凡歲五周則彙輯而排次之謂之小修比十年迺重編新格增損刪定勒爲憲典頒行天下謂之大修皆月給餐錢期年而畢初順治二年特置律例館

勅修律官撰定律書四年書成名曰大清律集解附例其後次第刊修皆

特簡王大臣爲總裁以各部院通習法律者爲提調纂修等官凡額設十有八人乾隆七年始以其館併隸刑部復改定員額如今制焉

謹案定制錄直省獄囚曰秋審錄刑部獄囚曰

朝審歲以八月刑部會九卿詹事科道于

天安門外金水橋西公閱其爰書而覈定之初以四川廣西兩司分掌案

牘雍正十二年始別選司屬滿洲漢人各二員主其事曰總辦秋審處尋佐以協辦者四員歲滿則交替乾隆十九年以後凡核直省審冊辦實緩矜疑之當否以白于長官皆以總辦司員任之先後增置十六人學習者無定員其職雖出堂官掄派而專司秋讞所繫綦重謹識于此

歷代建置

三代

（尚書舜典）帝曰皋陶蠻夷猾夏寇賊姦宄汝作士五刑有服五服三就五流有宅五宅三居惟明克允

謹案虞廷以皋陶爲士孔穎達謂卽周禮之士師鄭康成云士察也主察獄訟之事三代刑官其源蓋本于此然考漢書胡建傳引黃帝李法蘇林曰獄官名也顏師古曰李者法官之號總主征伐刑獄之事是其官已起于黃帝時故孔安國傳以士爲理官鄭康成禮記月令註則云有虞氏曰士夏曰大理周曰大司寇雖稱名不同其實一也自周官旣

廢秦漢乃專置廷尉大理以主刑獄至隋唐復設刑部以當周司寇之職而大理仍並置不廢其職名遂分爲二矣今以周秋官之屬及歷代尚書諸曹繫諸刑部表內而理官沿革則別載入大理寺篇名實相承庶有條而不紊焉

(孔穎達禮記疏)鄭注大傳夏書所謂六卿有作士

謹案尚書言汝作士者乃指皐陶爲士師之官與上文伯禹作司空汝作司徒同義並非以作士兩字爲官名王莽妄引經義改大理曰作士水衡都尉曰朕虞殆于不識句讀康成乃以士新官號傅會夏官此漢人說經之陋不足據也

(尚書洪範)三八政六曰司寇

(禮記曲禮)天子之五官曰司寇(鄭康成注)此殷時制也

謹案箕子陳禹九疇而稱司寇之官此可考見夏殷之制實有此職曲禮鄭注所云並非鑿空矣

（尚書周官）司寇掌邦禁詰姦慝刑暴亂
（春秋左氏傳）昔周克商使諸侯撫封蘇忿生以溫爲司寇
（春秋左氏傳）康叔爲司寇孔安國書傳司寇第五衛侯爲之
（尚書序）呂命穆王訓夏贖刑作呂刑（孔安國傳）呂侯見命爲天子司寇後爲甫侯故稱甫刑
謹案司寇本李官管子五行篇昔者黃帝得六相而天地治又云春者土師也夏者司徒也秋者司馬也冬者李也蓋李卽周之司寇春秋襄三年左氏傳魏絳曰請歸死于司寇荀子曰防淫除邪戮之以五刑使暴悍以變姦邪不作司寇之事也此雖春秋戰國猶存周禮舊名顧其時稱名亦多錯雜呂氏春秋管子復于桓公曰平原廣城車不結軌士不旋踵鼓之三軍之士視死如歸臣不若王子城父請置以爲大司馬決獄折中不殺不辜不誣無罪臣不若弦章請置以爲大李注大李治獄官以大李對大司馬則大李之爲大司寇明矣淮南子天文訓何謂五官東方爲由南方爲司馬西方爲理北方爲司空中央爲都南方既

爲司馬北方旣爲司空則西方之理卽爲司寇明矣其以理爲司寇與呂覽同皆舉三代以前之官名周官也至商子愼法篇天子置三法官殿中置一法官御史置一法官及吏丞相置一法官所謂殿中置一法官不知何官其云殿中則又與司寇職掌不合至司寇于周爲秋官而管子五行篇以司馬爲秋官李爲冬官均異周制百家殊說不合經典姑識于此以備參考焉

(周禮秋官)刑官之屬大司寇卿一人小司寇中大夫二人士師下大夫四人鄉士上士八人中士十有六人旅下士三十有二人府六人史十有二人胥十有二人徒百有二十人遂士中士十有二人府六人史十有二人胥十有二人徒百有二十人縣士中士三十有二人府八人史十有六人胥十有六人徒百有六十人方士中士十有六人府八人史十有六人胥十有六人徒百有六十人訝士中士八人府四人史八人胥八人徒八十人司刑中士二人府一人史二人胥二人徒二十人司刺下士二人府

一人史二人徒四人司厲下士二人史一人徒十有二人司圜中士六人下士十有二人府三人史六人胥十有六人徒百有六十人掌囚下士十有二人府六人史十有二人徒百有二十人掌戮下士二人史一人徒十有二人司隸中士二人下士十有二人府五人史十人胥二十人徒二百人大司寇之職掌建邦之三典以佐王刑邦國詰四方以五刑糾萬民凡諸侯之獄訟以邦典定之凡卿大夫之獄訟以邦法斷之凡庶民之獄訟以邦成弊之小司寇之職以五刑聽萬民之獄訟附于刑用情訊之至于旬乃弊之以八辟麗邦法附刑罰以三刺斷庶民獄訟之中士師之職掌國之五禁之法以左右刑罰察獄訟之辭以詔司寇斷獄弊訟致邦令掌士之八成鄉士掌國中各掌其鄉之民數而糾戒之聽其獄訟察其辭辨其獄訟異其死刑之罪而要之旬而職聽于朝司寇聽之斷其獄弊其訟于朝羣士司刑皆在各麗其法以議獄訟獄訟成士師受中協日刑殺肆之三日若欲免之則王會其期遂士掌四郊聽其獄訟二旬而職聽于朝

縣士掌野聽其獄訟三旬而職聽于朝方士掌都家聽其獄訟之辭三月而上獄訟于國訝士掌四方之獄訟諭罪刑于邦國四方有亂獄則往而成之司刑掌五刑之法以麗萬民之罪司刺掌三刺三宥三赦之法以贊司寇聽獄訟司厲掌盜賊之任器貨賄辨其物皆有數量買而楬之入于司兵其奴男子入于罪隸女子入于舂槀司圜掌收教罷民掌囚掌守盜賊掌戮掌斬殺賊諜而搏之凡殺其親者焚之殺王之親者辜之凡殺人者踣諸市肆之三日刑盜于市凡罪之麗于法者亦如之司隸掌五隸之法辨其物而掌其政令

謹案周禮諸官列職紛繁以今六部之制相準不能一一脗合惟秋官專掌獄訟自士師以迄司隸皆理刑之官故與今刑部職掌相符者爲最多如士師爲士官之長而其下有鄉士以主六鄉之獄有遂士以主六遂之獄有縣士以掌外野之獄有方士以掌都家之獄有訝士以掌四方諸侯之獄皆隨地設官以治之今之按省分司以治庶獄者正同

此意至司刑司刺掌五刑三刺之法以詔司寇則如今之律例館秋審處司圜掌囚掌戮則如今之提牢廳司獄司而司隸掌五隸司厲掌罪隸即唐宋都官郎中員外郎所自出雖其職已散入各司然亦刑部所有事也惟唐宋司門郎中員外專掌門關往來之籍賦唐六典以地官司門之職當之自明以來其職事併入戶兵二部久不隸于刑部今仍載司門一曹以存沿革而不復遠溯周制用符其實云

〔唐六典〕刑部尚書周之秋官卿也侍郎周之秋官小司寇中大夫也周禮大司寇屬官有士師下大夫蓋郎中之任也有司厲下士蓋都官員外郎之任也

漢

〔杜佑通典〕漢成帝時尚書初置二千石曹主郡國二千石又置三公曹主斷獄後漢光武改三公曹主歲盡考課諸州郡政二千石曹掌中都官水火盜賊詞訟罪法亦謂之賊曹重于諸曹華譚集尚書二曹論曰劉道貞謂漢氏重賊曹爲是吳晉

重吏部爲非薛君曰君何是古而非今劉難曰賊曹職典刑獄刑獄難精是以欲重之答曰今之賊曹不能聽聲觀色以別眞僞縣不能斷讞之尙書也夫在獄者率小人在朝者率君子小人易檢君子難精俱不得已吏部宜重賊曹宜輕也

冊府元龜漢有大獄則令雜治如王嘉致都船詔獄使將軍以下與二千石雜治之類也其次卽令就問如廷尉請捕衡山王遣中尉大行卽問之類也其當罪又令雜議如淮南王所犯不軌丞相御史宗正廷尉雜奏又詔列侯吏二千石議是也

〈漢書百官公卿表〉宗正有都司空令丞如淳曰主罪人少府有若盧令丞如淳曰漢儀注有若盧獄令中尉有都船令丞如淳曰漢儀注有都船獄令

〈後漢書和帝本紀〉永元九年復置若盧獄官

謹案漢書宣帝紀遣使者分條中都官獄師古曰中都官凡京師諸官府也後漢志稱孝武帝以下置中都官獄二十六所各令長名今以紀傳核之其可考見者如宗正所屬有都司空獄竇嬰傳劾繫都司空伍被傳僞爲左右都司空詔獄書內官獄東方朔傳獄繫內官少府所屬有導官獄張湯傳其弟繫導官師古曰或權寄在此非本獄所

若盧獄李賢後漢書注若盧獄主鞫將相大臣考工獄劉輔傳繫共工獄蘇林曰考工也居室獄灌夫傳繫居室後改保宮李陵母繫保宮是也掖庭獄師古曰漢舊儀掖庭詔獄令丞宦者爲之暴室獄師古曰暴室職務既多因爲置獄主治罪人故往往云暴室獄然非獄名中尉所屬有都船獄說見後鴻臚所屬有別火獄如淳曰漢儀注有別火獄令郡邸獄師古曰漢舊儀郡邸獄治天下郡國上計者屬大鴻臚當時皆謂之詔獄各置令丞等官其罪人就繫者則謂之中都官因徒劉屈氂傳發長安中都官囚徒而廷尉專掌刑法獨不聞有獄官考王嘉傳嘉得罪有詔假謁者節召丞相詣廷尉詔獄嘉隨使者詣廷尉廷尉收嘉丞相新甫侯印綬縛嘉載置都船詔獄是嘉當下廷尉詔獄而廷尉乃縛送都船足知當日中都官諸獄皆以繫廷尉罪人故本署轉無專獄薛宣傳載宣爲廷尉書佐都船獄吏亦可見諸獄皆屬廷尉故吏職得互相遷補也後漢惟廷尉及雒陽有獄而和帝復置若盧獄官不言所屬考安帝紀永初二年皇太后幸雒陽寺及若盧獄錄囚徒賜河南尹廷尉卿及官屬有差雒陽屬河南則若盧亦當屬廷尉矣今廷尉沿革雖已別載大理寺表而獄制專

隸刑部故取都司空若盧都船三令丞繫之于此以著提牢司獄設官之權輿又二千石曹初主郡國二千石三公曹後改主考課今據其職掌亦互見吏部表內云

三國

（鄭樵通志）魏青龍二年置都官郎掌刑法獄訟之事

（册府元龜）魏置定科郎主定法令都官郎主軍事刑獄定科又作定課

（太平御覽）何貞奏許都賦明帝奇之擢爲都官郎中

（晉書職官志）魏尚書有二千石郎

（孫逢吉職官分紀）魏尚書郎有比部

謹案前代法令之書在漢以後有二曰律令諸家漢書註所引有漢律又有令甲令乙令丙杜周傳云前主所是著爲律後主所是疏爲令是也在唐有四曰律令格式新唐書刑法志謂令者尊卑貴賤之等數國家之制度格者百官有司所常行之事式者具所常守之法凡邦國之

政必從事于此三者其有所違及人之爲惡而入于罪戾者一斷以律是也在宋亦有四曰勅令格式乃沿唐之舊而自律以外又增勅爲四也參稽厥制律爲律之政文而勅令格式則如今各部院衙門之則例歷代統其事於刑曹凡罪人之麗辟及職官之案劾者皆據此平決蓋今刑部之議罪與吏兵二部之議處其職掌本同在法官晉書刑法志載裴頠奏有尚書免皆在法外刑書之文有限舛違之故無方故有臨時議處（今案牘承用之議處二字其源實始于此）之文誠不能皆得循常云云此罰至罷免亦由刑官議處之明證隋唐始于吏部置考功一曹而所司惟考績黜陟之令其他論劾仍不與焉唐六典稱九品已上犯除免官者大理詳而質之以上刑部其事尚在法官至明以內外彈章付之考功定擬武官功過亦歸武選于是官司過失至革職以下者其核議之事乃悉屬吏兵二部而不在法司矣今以定科刪定兩郎專掌修定法令（隋志載陳沈洙以議獄不同請牒送刪定曹詳改前制即如今之纂入則例）實兼有今刑部律例館吏兵二部則例

館之任故既載入吏部篇而仍互見于此至比部郎起自曹魏而唐以後則專司勾覆倉庫出納百官俸料乃如今戶科給事中及江南道御史之磨勘註銷並不預刑名之事其職久與刑部無涉顧炎武日知錄云周禮小司徒三年大比則受邦國之比要註大比謂使天下更簡閱民數及其財物也唐時刑部有刑比都官司門四曹唐書職官志比部掌周知內外之經費而總勾之楊炎傳天下財賦皆納左藏庫尚書比部覆其出入宋史職官志比部掌勾覆中外帳籍考其陷失而理其侵負山堂考索會計逋欠每三月一比爲之比部故昔人有刑罰與賦歛相爲表裏之說今四曹改爲十三司而財計之不關刑部久矣乃猶稱郎官爲比部何耶炎武之說誠爲詳核然考宋隋二志皆稱比部主法制則比字當亦取律例相比況之義如漢志所云決事比者蓋自唐以後始失其職耳今以歷代皆屬刑部故仍繫之于表而具論其職掌之不同者如右

晉

（通典）晉復置三公尚書掌刑獄

（唐六典）晉太康中省三公尚書以吏部尚書兼掌刑獄

（晉書職官志）晉受命置三公比部都官二千石曹郎

（宋書百官志）晉西朝則有三公比部都官曹郎

（謝維新合璧事類）魏有定科郎晉賈充定律令以裴楷爲之

謹案晉書職官志稱武帝罷定課郎（即定科郎）而謝維新乃謂晉時裴楷爲之頗不相合今考楷本傳其爲定科郎尚在魏世至晉初定律令時則楷已爲散騎侍郎維新誤以爲晉事蓋失于詳檢也

（唐六典）晉令有獄左右丞各一人

宋齊梁陳

（宋書百官志）宋高祖初增都官尚書太祖元嘉十八年增刪定曹郎蓋魏世之定科郎也吏部尚書領刪定三公比部曹都官尚書領都官曹比

部主法制都官主軍事刑獄

〔通典〕宋三公比部皆主法制

〔南齊書百官志〕吏部尚書領刪定三公比部曹都官尚書領都官曹

〔隋書百官志〕梁尚書省置都官尚書刪定三公比部都官等郎陳承梁皆循其制官

〔唐六典〕宋齊並以三公郎曹掌刑獄置郎中一人梁陳因爲侍郎梁陳又置獄丞二人第七品

謹案三公曹後漢雖改主考課而自晉以迄南北朝則仍爲主刑獄之官其屬之吏部者蓋以太康省三公尚書以吏部尚書兼掌刑法故三公曹郎亦歸其統轄也至二千石郎晉南渡後已罷不置史亦不詳其職掌而當時去漢未遠建置當必相同今並繫之于表云

北魏

〔通典〕後魏亦有都官尚書

（唐六典）獄丞後魏亦二人

（魏書官氏志）獄椽從第七品下

謹案後漢惟和帝置有若盧獄官而廷尉雒陽縣獄官皆不見于史唐六典始載晉置獄丞梁陳因之魏書亦載魏置獄掾爲從七品其後歷代多設是官屬于廷尉蓋當時六曹未有定制廷尉尚當秋官之職故也今大理寺已不置獄前代所爲廷尉獄官其職久已歸入刑部故析繫于此以備提牢司獄之沿革焉

北齊

（隋書百官志）後齊置都官尚書統都官（掌畿內非違得失事）二千石（掌畿外得失等事）比部（掌詔書律令勾檢等事）曹都官二千石比部各量事置掌故主事員

（唐六典）三公郎曹掌刑獄北齊置郎中二人

（通志）北齊有三公曹掌諸曹囚帳斷罪赦日建金雞等事屬殿中尚書

（冊府元龜）北齊獄丞掾各二人

後周

〔通典〕後周官品正七命大司寇正六命小司寇上大夫正五命秋官刑部中大夫正四命秋官小刑部司隸等下大夫正三命秋官小刑部司刺鄉法遂法稍法縣法畿法小司隸等上士正二命秋官司刺鄉法遂法稍法縣法畿法掌囚司厲掌罪隸掌夷隸掌蠻隸掌戎隸掌狄隸掌徒等中士正一命秋官小刑部掌囚司厲掌夷隸掌蠻隸掌戎隸掌狄隸掌徒等下士

〔冊府元龜〕後周刑部中大夫掌五刑之法附萬民之罪

〔馬端臨文獻通考〕後周有司隸下大夫掌五隸及徒者捕盜賊囚執之事

謹案周官司隸掌五隸之法本主罪人自漢武帝襲其名置司隸校尉使持節從中都官徒千二百人捕巫蠱督大姦猾後又令察三輔三河弘農乃全與周制不合今按其職掌已別繫之步軍統領衙門表內惟

後周所置依仿周官復掌罪徒與漢魏以下司隸之職又殊故仍載入刑部沿革焉

隋

〔隋書百官志〕高祖受命置都官尚書統都官侍郎二人刑部比部侍郎各一人司門侍郎一人尋改都官尚書爲刑部尚書煬帝卽位六曹各置侍郎一人以貳尚書之職諸曹侍郎並改爲郎又改刑部爲憲部郎以異侍郎之名

〔通典〕隋初有都官尚書開皇三年改都官爲刑部亦因後周之名

〔唐六典〕隋置獄掾八人

謹案今刑部之名肇于後周定于隋世歷代相沿未之有改溯其本始卽南北朝之都官尚書也但考列史所載都官一曹自魏晉以後皆掌京師及畿外得失非違等事頗似漢之司隸而並無斷獄議罪之責故六典以爲非唐時都官之任推原其故蓋由魏晉諸朝尚書各曹尚不

依六官分職故刑名政令自大理以外八座則以三公吏部尚書主之郎官則以三公郎中主之而或領于吏部或領于殿中隸屬參差本無定制隋文帝改都官尚書爲刑部而省三公郎不設于是三公舊職遂悉歸于刑部曹又以都官郎改掌簿錄配沒官私奴婢并良賤訴競俘囚之事弼教之任自是始專之刑部矣今以刑部出自都官建置相因源流有在故仍繫之于表而附著其異同于此

唐

（新唐書百官志）刑部尚書一人正三品侍郎一人正四品下掌律令刑法徒隸按覆讞禁之政其屬有四一曰刑部二曰都官三曰比部四曰司門○刑部郎中員外郎掌律法按覆大理及天下奏讞爲尚書侍郎之貳凡刑法之書有四一曰律二曰令三曰格四曰式凡鞫大獄以尚書與御史中丞大理卿爲三司使凡國有大赦集囚徒于闕下以聽○都官郎中員外郎掌俘隸簿錄給衣糧醫藥而理其訴免○比部郎中員外郎掌勾

會內外賦歛經費俸祿公廨勳賜贓贖徒役課程逋欠之物及軍資械器和糴屯收所入京師倉庫三月一比諸司諸使京師四時勾會于尚書省以後季勾前季諸州則歲終總勾焉○司門郎中員外郎掌門關出入之籍及闌遺之物

謹案今制以刑部都察院大理寺爲三法司其名始自明代而實昉于唐之三司使其時有大獄則以刑部御史臺大理寺爲三司使以鞫之謂之大三司使（見合璧事類）若三司所按非其長官則侍御史與刑部郎中員外郎大理司直評事往訊之謂之小三司使（見唐職林）今凡刑部重辟囚先以御史大理左右寺官會刑曹察其辭辨其死刑之罪而要之曰會小三法司及致辭于長官都御史大理卿迺詣刑部與尚書侍郎會聽之各麗其法以議獄曰會大三法司蓋卽其遺意也唐自中葉以後史傳所紀獄事多云三司按鞫皆指臺省寺三官而言唐六典又云三司謂御史大夫中書門下與史不符此殆開元以前之初制新唐書刑法

志肅宗時陳希烈等獄以三司使劾治而通鑑所載乃御史大夫崔器禮部尚書李峴兵部侍郎呂諲爲之亦不及刑部大理則以峴等本出西臺遷官以後仍令領三司之事耳又案魏文帝黃初六年收鮑勛付廷尉廷尉法議正刑五歲三官駁依律罰金胡三省通鑑注三官廷尉正監平也冊府元龜梁置建康縣獄三官以尚書郎爲之冠服同廷尉三官元會廷尉三官與建康三官皆法冠皁衣朝服以監東西中華門據此則執法之官以三爲數其來已久又不僅始自唐時矣

（舊唐書職官志）龍朔二年改刑部爲司刑都官爲司僕比部爲司計尚書爲太常伯侍郎爲少常伯郎中爲大夫咸亨元年依舊光宅元年改刑部爲秋官垂拱三年加秋官侍郎一員神龍元年詔官名並依永淳以前故事天寶十一載改刑部爲憲部比部爲司計至德二載依舊

謹案天寶中改刑部爲憲部凡行內諸司之稱部者並改之以避六部之名舊唐志所載甚詳新唐志乃謂改刑部爲司憲是誤以龍朔所改

御史大夫之名屬之刑部非也
（唐六典）刑部主事四人令史十九人書令史三十八人亭長六人掌固十人都官主事二人令史九人書令史十二人掌固四人比部主事四人令史十四人書令史二十七人計史一人掌固四人司門主事二人令史六人書令史十三人掌固四人○獄丞四人從九品下以流外入仕者爲之
（舊唐書嚴郢列傳）郢兼御史中丞御史臺奏天下斷獄自徒以下結竟者並徙置邊州郢駮奏請下刪定使詳覆然後施行從之
謹案刪定使之名職官志不載僅見于此蓋因纂集律令隨時所置之官猶今之律例館總裁也
五季
（五代會要）後唐長興二年八月二十九日勑刑部大理寺宜各置法直官兩人仍召曉法令者充晉天福三年三月詳定院奏前守晉州洪洞縣

主簿盧粲進策伏以刑獄至重朝廷所難尚書省分職六司天下謂之會府諸道決獄若關人命即刑部不合不知欲請諸州府凡斷大辟罪人訖逐季將有無申報刑部仍具錄案款事節并本判官馬步都虞候司法參軍法直官馬步使判官名銜申聞或有案內情由不圓刑部請行勘覆從之

謹案盧粲進策請諸州府斷大辟罪人申報刑部仍具錄案款事節然則前此諸道州府大辟案款未嘗申報刑部矣唐刑部郎中員外郎掌集天下奏讞而五代時州府大辟案款至不申刑部于此見五代之廢弛也

（冊府元龜）後唐同光二年刑部尚書盧質長興二年刑部郎中周知微四年刑部侍郎任贊晉天福元年刑部郎中鄭觀六年刑部員外郎李象周廣順元年刑部員外郎曹匪躬

謹案五季官制史志不詳今據冊府元龜所載略採一二以見刑曹建

置亦多仍舊唐也冊府元龜又載後唐同光元年御史臺奏當司刑部
大理寺本朝法書自朱温刪改今見在三司收貯刑書並是僞廷之制
云云周顯德五年中書門下奏三司臨時條法望令刪集送中書門下
詳議聞奏云云是五季亦以刑部御史臺大理寺爲三司並同唐制矣

宋

（宋史職官志）刑部掌刑法獄訟奏讞赦宥敘復之事凡斷獄本于律律
所不該以勅令格式定之禁於未然之謂令施於已然之謂勅設于此而
使彼至之之謂格設于此而使彼效之之謂式皆閱其案狀傳例擬進其
屬三曰都官曰比部曰司門設官十有一尚書一人侍郎二人郎中員外
郎刑部各二人都官比部司門各一人國初以刑部覆大辟案淳化二年
增置審刑院知院事一人以郎官以上至兩省充詳議官以京朝官充掌
詳讞大理所斷案牘而奏之大中祥符二年置糾察刑獄司糾察官二人
以兩制以上充凡在京刑禁徒以上即時以報若理有未盡或置淹恤追

覆其案詳正而駁奏之凡大辟皆錄問元豐三年八月詔省審刑院歸刑部以知院官判刑部掌詳議詳覆司事刑部主判官爲同判刑部掌詳斷司事審刑議官爲刑部詳議官官制行悉罷歸刑部元祐元年省比部郎官一員以都官兼司門五月三省言舊制糾察在京刑獄以察違慢自罷歸刑部無復申明糾舉之制請以御史臺刑察兼領其御史臺刑獄令尚書省右司糾察從之紹聖元年詔都官司門互置郎官一員崇寧二年十二月詔刑部尚書通治左右曹侍郎一治左曹一治右曹如獨員即通治○尚書掌天下刑獄之政令凡麗于法者審其輕重平其枉直而侍郎爲之貳應定奪審覆除雪敘復移放則尚書專領之制勘體量奏讞糾察錄問則長貳治之而郎中員外郎分掌其事有司更定條法則覆議其當否凡聽訟獄或輕重失中有能駁正詔其賞罰若頒赦宥則糾官吏之稽違者分案十二置吏五十有二紹興後分案十三裁減吏額置三十五人○侍郎南渡長貳互置隆興常置一員淳熙十六年依崇寧專法奏獄及法

令事請大理寺官赴部共議之用侍郎吳博古之說也○郎中員外郎分
左右廳掌詳覆敘雪之事建炎三年刑部郎官以二員爲額關掌職事初
無分異紹興二十六年詔依元豐舊法分廳治事先是右司汪應辰言刑
部郎官分爲左右左以詳覆右以敘雪同僚異事祖宗有深意倘初無分
異則有不當于理者孰爲追改乞遵用舊制要使官各有守人各有見參
而用之以稱欽恤之意從之仍令今從倣此○都官郎中員外郎掌徒流
配隸凡天下役人與在京百司吏職皆有籍以攷其役放及增損廢置之
數分案四置吏十有八建炎三年詔比部兼司門隆興元年詔都官比部
共置一員自此都官兼比部司門之事分案五裁減吏額置十二人淳熙十三
年減三人○比部郎中員外郎掌勾覆中外帳籍凡場務倉庫出納在官之物
皆月計季考歲會從所隸監司檢察以上比部至則覆審其多寡登耗之
數有陷失則理納鉤考百司經費有隱昧則會問同否而理其侵負舊帳
案隸三司熙寧五年置提舉帳司選人吏二百人驅磨天下帳籍并選官

吏審覆七年二月詔帳司每歲具天下財用日出入數以聞元豐初年詔諸路財賦出入自今三年一供著爲令官制行釐其事歸比部元祐元年七月用司馬光奏悉總于戸部三年釐正倉部勾覆理欠憑由案及印發鈔引事歸比部分案五置吏百有一建炎以後或都官兼比部司門之事

○司門郎中員外郎掌門關津梁道路之禁令及其廢置移復之事應官吏軍民商販譏察其冒僞違縱者凡諸門啓閉之節及關梁餘禁以時舉行分案二置吏五

謹案宋制獄囚皆繫開封府司錄司及左右軍巡三院蓋如今之順天府及五城司坊官法司僅平其讞牘未嘗置獄至熙寧九年神宗始命置大理獄而史志並無管獄之官疑即以司直主簿兼其任也至比部自唐宋而後專掌勾稽中外帳籍如今注銷錢糧之職並不關涉刑名說已具前然考李心傳建炎以來朝野雜記謂宮禁歲取金銀錢帛率以百萬計雖有歲終比部驅磨之令然郎官第赴內東門司終日危坐

而數璠自爲會計郎官不得預畢事乃卷牘尾示之俾書名而已據此
則比部未嘗能舉其職亦可以見當時冗濫之弊矣
（章俊卿山堂考索）勅令所宋差宰臣提舉詳定官以侍從之通法令者
充删定官于職事官內差兼
（王闢之澠水燕談錄）祥符二年以京獄訟之繁懼有冤滯始置糾察在
京刑獄司以省冤濫命知制誥周起侍御史趙湘爲之凡在京師刑獄御
史開封府皆得糾之起慮抑屈者不能盡知乞許令糾察陳狀從之但不
鞫獄○太宗慎刑罰淳化二年始置審刑院以覆大理奏案以近臣一人
知院事設詳議六人擇京朝曉律常任法寺官者爲之每奏一人從知院
上殿例得賜緋故士大夫以審刑爲朝官染院
（江休復鄰幾雜志）審刑奏案貼黃上更加撮白撮白上復有貼黃
謹案百官志元豐官制行審刑詳議糾察悉罷歸刑部即所謂刑部郎
中員外分左右廳左主詳覆右主敘雪之職也

遼

〔遼史百官志〕伊勒希巴滿洲語伊勒希副也巴處所也原作夷离畢今改正院掌刑獄○伊勒希巴○左伊勒希巴○右伊勒希巴○知左伊勒希巴事○知右勒希巴事○敞史○選底掌獄

謹案遼世刑獄主之伊勒希巴考遼史刑法志載道宗清寧四年詔左伊勒希巴曰外路死刑雖已款伏仍令附近官司覆問有冤者即具以聞可見諸路獄訟皆歸決遣其職實如今之刑部至其時南面官僚內尚書六部多依唐典建置刑部長貳亦必備官然以史證之惟大理寺所掌較重故大理卿少如耶律儼劉伸之屬史皆稱其治獄詳允而刑部除授紀傳多未之及殆以其僅存空名故略而不載歟

金

〔金史百官志〕刑部尚書一員正三品侍郎一員正四品郎中一員從五品員外郎二員從六品一員掌律令格式審定刑名關津譏察赦詔勘鞫

追徵給沒等事一員掌監戶官戶配隸訴良賤城門啓閉官吏改正功賞捕亡等事主事二員從七品令史五十一人內女直二十二人譯史五人通事二人架閣庫管勾一員正八品掌刑工兩部架閣大安二年以主事各兼同管勾一員從八品○獄丞一員從九品屬御史臺

元

（元史百官志）刑部尙書三員正三品侍郎二員正四品郎中二員從五品員外郎二員從六品掌天下刑名法律之政令凡大辟之案覆繫囚之詳讞孥收產沒之籍捕獲功賞之式寃訟疑罪之辨獄具之制度律令之擬議悉以任之世祖中統元年以兵刑工爲右三部置尙書二員侍郎二員郎中五員員外郎五員以郎中員外郎各二員專署刑部至元元年析置工部而兵刑仍爲一部尙書四員侍郎仍二員郎中四員員外郎置五員三年復爲右三部七年始別置刑部尙書一員侍郎一員郎中一員員外郎二員八年改爲兵刑部十三年又爲刑部二十三年六部尙書侍郎

郎中員外郎定以二員爲額大德四年尙書增置一員其首領官則主事三員吏屬則蒙古筆且齊（解見吏部篇）四人令史三十人回回令史二人克埒穆爾齊（解見吏部篇）一人知印二人奏差十人書寫三人典吏七人○司獄司司獄一員正八品獄丞一員正九品獄典一人初以右三部照磨兼刑部繫獄之任大德七年始置專官部醫一人掌調視病囚○司籍所提領一員同提領一員至元二十年改大都等路斷沒提領所爲司籍所隸刑部謹案周禮秋官職金掌受士之金罰貨罰孔穎達疏謂斷獄訟者有疑即使出贖既言金罰又曰貨罰者出罰之家或時無金即出貨以當直也蓋職金主受贖鍰故屬于司寇當爲今刑部贓罰庫所自出特其職于金玉錫石丹青之政令本無所不掌非特罰贖一事與金顏料庫尤爲相合今已專繫之戸部三庫篇內不復列于此表至自漢以後贖金所入未見專司唐六典載侍御史之職有六其五曰贓贖李林甫注謂以年深之次者一人知西推贓贖事則以憲官兼之宋志載大理寺右

治獄分四案其一曰左右寺案掌斷訖公事案後收理追贓等則又爲吏人所掌初無定式惟元代司籍所雖主斷沒之籍不止贓贖而隸屬刑部猶得秋官職金遺意視今制之贓罰庫差爲近之云

〔富大用事文類聚〕大元刑部掌律令格式審定刑名奴婢配隸關津譏察城門啓閉之事置令史分掌名頭無專曹官

明

〔明史職官志〕刑部尚書一人正二品左右侍郎各一人正三品其屬司務廳司務二人從九品浙江江西湖廣陝西廣東山東福建河南山西四川貴州雲南十三清吏司各郎中一人正五品員外郎一人從五品主事二人正六品正統六年十三司俱增設主事一人成化元年增設四川廣西二司主事各一人後革萬曆中又革湖廣陝西山東福建四司主事各一人照磨所照磨正八品檢校正九品各一人司獄司司獄六人從九品尚書掌天下刑名及徒隸勾覆關禁之政令侍郎佐之十三司各掌其分省及兼領所分京府直隸之刑名照磨檢校照刷文卷計錄贓贖司獄率獄吏典囚徒凡軍民

官吏及宗室勳戚隸于法者詰其辭察其情僞傅律例而比議其罪之輕重以請詔獄必據爰書不得逢迎上意凡有殊旨別勅詔例榜例非經請議著爲令甲者不得引比凡死刑即決及秋後決並三覆奏兩京十三布政司死罪囚歲讞平之五歲請遣官審錄冤滯霜降錄重囚會五府九卿科道官共錄之矜疑者戍邊有詞者調所司再問比律者監候夏月熱審免笞刑減徒流出輕繫遇歲旱特旨錄囚亦如之凡大祭止刑凡贖罪視罪輕重斬絞雜犯徒末減者聽收贖詞訴必自下而上有事重而迫者許擊登聞鼓四方有大獄則受命往鞫之四方決囚遣司官二人往涖凡斷獄歲疏其名數以聞曰歲報月上其拘釋存亡之數曰月報獄成移大理寺覆審必期平允凡提牢月更主事一人修葺囹圄嚴固局鑰省其酷濫給其衣糧囚病許家人入視脫械鎖醫藥之簿錄俘囚配沒官私奴婢咸籍知之官吏有過並紀錄之歲終請湔滌之以名例攝科條以八字括辭議以准皆各其及若即以五服參情法以墨涅識盜賊籍產不入塋墓籍財不入支

度宗人不卽市宮人不卽獄悼耄疲癃不卽訊洪武元年置刑部六年增尙書侍郎各一人設總部比部都官部司門部部設郎中員外郎各二人惟都官各一人總部比部主事各六人都官司門主事各四人八年以部事浩繁增設四科科設尙書侍郎郎中各一人員外郎二人主事五人十三年設尙書一人侍郎一人仍分四屬部部設郎中員外郎各一人總部比部主事各四人都官司門主事各二人尋增侍郎一人（治分左右侍郎）二十二年改總部爲憲部二十三年分四部爲河南北平山東山西陝西浙江江西湖廣廣東廣西四川福建十二部（浙江部兼領雲南）部各設官如戸部之制二十九年改爲十二清吏司永樂九年以北平爲北京十九年革北京司增置雲南貴州交阯三司宣德十年革交阯司遂爲十三清吏司

謹案明制凡五歲請勅遣官出京府兩京十三省審錄謂之恤刑歲盡遣主事往關內江南江北泣殺謂之審決

國朝順治初尙沿其制歲遣三法司堂上官至直隸審決十四年改遣司

屬康熙五年停止而恤刑郎中員外郎各差亦於康熙初裁省焉
又案明一代弊政莫甚于廠衛詔獄以刑名重任寄之武夫宦寺肆情
生殺屠僇忠良其惡殆過漢之黃門北寺而履霜有自實起于令內監
審録獄囚俾得以擅作威福史稱成化以後凡大審録太監齎敕張黃
蓋于大理寺爲三尺壇中坐三法司左右坐御史郎中以下捧牘立唯
諾趨走惟謹三法司視成案有所出入輕重俱視中官意不敢少忤以
刑餘小豎輒敢凌鑠卿貳指揮郎吏竟無一人能與抗爭不獨褻侮班
聯而刑獄之失中其流弊更難究詰我
國家明罰勅法慎重邦刑凡秋録大典會讞上
聞皆
親覽要辭
宣召大臣再三審覈然後麗之於辟
權衡至正明允咸孚固非中官所得參決而內監等之給事禁掖者自灑掃

使令以外其他亦從未能干預絲毫宮府肅清歷代積弊至今日而袪除

實盡矣

欽定歷代職官表卷十三

欽定歷代職官表卷十四

工部表

	工部尚書
三代	夏司空 共工 殷司空 周大司空卿
秦	
漢	
後漢	
三國	
晉	屯田尚書
宋齊梁陳	起部尚書
北魏	
北齊	起部尚書
後周	大司空卿
隋	工部尚書
唐	工部尚書 司平太常伯 冬官尚書
五季	工部尚書
宋	工部尚書
遼	北院宣徽使 知北院宣徽事 南院宣徽使 知南院宣徽事 工部尚書
金	工部尚書
元	工部尚書
明	工部尚書

工部左右侍郎	營繕司郎中
周小司空中大夫	殷石工木工周匠師下大夫梓人
	左校令右校令前校令後校令中校令
	左校令右校令材官校尉
	魏右校令材官校尉
	起部郎左校令材官將軍
	起部郎左校令材官將軍材官司馬
	起部郎中
	起部郎中左校署令
小司空上大夫	工部中大夫匠師中大夫小匠師下大夫
工部侍郎	起部郎左校署令右校署令
工部侍郎	工部郎中司平大夫冬官郎中左校署令右校署令中校署令
工部侍郎	工部郎中
工部侍郎	工部郎中修內司監官八作司勾當司
工部侍郎	
工部侍郎	工部郎中都城所提舉
工部侍郎	工部郎中修內司提點提舉都城所提舉
工部侍郎	工部營繕清吏司郎中

營繕司員外郎	營繕司主事
冬官上士中士	冬官旅下士
左校丞右校丞前校丞後校丞中校丞	
左校丞右校丞	
	尚書主事令史說具吏部篇
工部上士中士小匠師上士	工部旅下士
起部員外郎起部承務郎左校署丞右校署丞	起部主事
工部員外郎司平員外郎冬官員外郎左校署丞右校署丞中校署丞	工部主事
工部員外郎	工部主事
工部員外郎	工部主事
工部員外郎提舉都城所同提舉	工部主事提舉都城所副提舉
工部營繕清吏司員外郎	工部營繕清吏司主事

虞衡司郎中	虞衡司員外郎
虞人	山虞中士 澤虞中士
魏虞曹郎	
虞曹郎	
虞曹郎	
虞曹郎中	
虞曹郎中	
虞部下大夫	小虞部上士 鍛工函工等上士 山虞澤虞林衡川衡等中士 司量司準司度等中士
虞部郎	虞部員外郎 虞部承務郎
虞部郎中 司虞大夫 司虞郎中	虞部員外郎 司虞員外郎
虞部郎中	虞部員外郎
	虞部員外郎
工部虞衡清吏司郎中	工部虞衡清吏司員外郎

虞衡司主事	都水司郎中
山虞下士林衡下士川衡下士澤虞下士	
	魏水部郎
	水部郎
	水部郎
	水部郎中
虞曹主事	水部郎中
山虞澤虞林衡川衡等下士司量司度司準車工冶工鑄工鍛工函工等下士	司水中大夫小司水下大夫司織司卉等下大夫
虞部主事	水部郎
虞部主事	水部郎中司川大夫司水郎中
虞部主事	水部郎中
工部虞衡清吏司主事	工部都水清吏司郎中

都水司員外郎	都水司主事
司險中士	凌人下士 司險下士
小司水 小司織 小司卉等上士 掌津舟工等中士	掌津舟工等下士
水部員外郎 水部承務郎	水部主事
水部員外郎 司川員外郎 司水員外郎	水部主事
水部員外郎	
水部員外郎	水部主事
工部都水清吏司員外郎	工部都水清吏司主事

屯田司郎中	屯田司員外郎	屯田司主事
主戶口墾田尚書郎		
屯田郎		
屯田郎		
屯田郎中		
屯田郎中		
屯田郎	內匠外匠等上士中士	屯田主事
屯田郎中　司田大夫	屯田員外郎　屯田承務郎	屯田主事
	屯田員外郎　司田員外郎	
屯田郎中	屯田員外郎	
工部屯田清吏司郎中	工部屯田清吏司員外郎	工部屯田清吏司主事

節慎庫郎中員外郎	節慎庫司庫使
監管節慎庫郎中員外郎	節慎庫大使

製造庫郎中	製造庫司匠司
殷金工獸工草工 周工師	
考工室令 考工令 東園匠令	考工室丞 考工丞 東園匠丞
考工令	考工左丞 考工右丞
東園匠令	
細作令	作堂丞 銀局丞
細作署令	
司玉 司皮 司色 下大夫 小司玉 小司皮 小司色等上士 雕工 韋工 織絲 織綵 織枲 織組等中士	雕工 韋工 膠工 毳工 績工 織絲 織綵 織枲
細作署令	
文思院監官	
文思署令	文思署丞
諸色人匠總管府總管副總管	
	文思院皮作局鞍轡局顏料局織染所雜

庫庫使	料估所	琉璃窰監督
	工人士	殷土工周陶正
	次金敘	
		前後中甄官令前後中甄官丞
		甄官署令甄官丞
		東西陶官瓦署督東西陶官瓦署令甄官署令甄官署丞湖西磚屯丞湖東磚屯丞
		甄官署令
織組等下士		陶工中士陶工下士
		甄官署令甄官署丞
		甄官署令甄官署丞
		窰務監官
	覆實司管勾	甄官署令甄官署丞
	覆實司	平則門窰場提領光熙門窰場提領大都四窰場提領使副使
造局等大使副使		

木倉皇木廠監督	管理街道廳
	條狼氏下士
東園主章令東園主章丞主章長主章丞	
掌材中士掌材下士	
百工就谷庫谷斛谷太陰伊陽等監丞	
竹木務勾當官事材場監官	街道司指揮
中都木場使副使判官	街道司管勾
受給庫提領大使副使木場提領大使副使	

堂主事	司務	筆帖式
		令史
		尚書令史
		令史
	尚書都令史	尚書諸曹令史
		正令史書令史
	尚書都令史	尚書令史譯史
		正令史書令史
	尚書工部都事	尚書工部諸曹令史
尚書右司都事	尚書右司都司	尚書工部令史書令史
尚書右司都事	六部監門官尚書右司都事	尚書工部令史書令史守當官
	右司都事	工部女直令史譯史
	右司都事右三部照磨	工部筆且齊令史蒙古書寫
	工部司務廳司務	

工部上

國朝官制

工部尚書滿洲漢人各一人

掌天下工虞器用辨物庀材以飭邦事所屬有營繕虞衡都水屯田四清

吏司

國初設工部滿洲承政二員蒙古承政一員漢人承政一員滿洲參政八員

啓心郎一員尋又增設漢人參政二員蒙古參政二員漢人啓心郎二員

崇德三年改設承政一員左參政二員右參政三員順治元年改承政爲

尚書無定員五年定設滿洲漢人尚書各一人雍正元年以來以親王郡

王大學士兼理部務皆由

特簡不恆置

左右侍郎滿洲漢人各一人

掌綜事訓工以貳尚書順治元年定額滿漢右侍郎兼管理錢法堂事務

詳見戶工二部錢局篇

營繕清吏司郎中滿洲四人蒙古一人漢人一人員外郎滿洲五人漢人一人主事滿洲二人蒙古一人漢人二人

掌繕治壇廟宮府城垣倉庫廨宇營房辨飭物材而司其禁令凡工作之籍以時會而上之

國初置工部理事官九員副理事官十二員額者庫二員順治元年改設滿洲郎中八人蒙古郎中一人滿洲員外郎九人蒙古員外郎三人滿洲主事四人漢軍郎中二人員外郎六人十二年增設滿洲郎中九人員外郎十人康熙二十二年增設滿洲主事每旗各一人三十八年省蒙古郎中員外郎額闕又省漢軍員外郎四人五十七年復設蒙古郎中一人員外郎一人增設蒙古主事一人雍正五年省漢軍郎中員外郎額闕滿洲司

屬初不分曹聽委於其長後始定額如今制漢人司屬則自順治元年郎
隨曹置額初設營繕司郎中二人員外郎二人主事六人虞衡司郎中一
人員外郎二人主事三人都水司郎中一人員外郎二人主事十有一人
屯田司郎中一人員外郎一人主事三人十四年增營繕司主事三人十
五年省營繕司郎中一人營繕都水虞衡三司員外郎各一人都水司主
事一人十六年省營繕司主事二人十八年復設營繕司郎中一人康熙
元年仍省又省營繕司主事一人六年營繕虞衡屯田三司又各省主事
一人都水司四人十一年增都水司員外郎二人尋省十二年又省都水
司主事四人

虞衡清吏司郎中滿洲四人漢人一人員外郎滿洲四人蒙古一人漢人一人

主事滿洲三人漢人二人

掌山澤採捕及陶冶器用修造權衡武備之事若葦蓆竿繩之屬則儲以

待用應時而給之

都水清吏司郎中滿洲五人漢人一人員外郎滿洲五人漢人一人主事滿洲四人漢人二人

掌河防海塘及直省河湖淀泊川澤陂池水利之政令凡道路之平治橋梁之營葺舟楫之制度咸總而舉之歲十有二月則藏冰夏而出之以供祭祀宮府之用焉

屯田清吏司郎中滿洲四人漢人一人員外郎滿洲五人漢人一人主事滿洲三人漢人二人

掌修陵寢大工及王公百官墳塋之制凡大祭祀則供其薪炭百司歲給亦如之工匠之餼於官及以時和顧者皆量其功役而爲之程度焉

節愼庫郎中員外郎滿洲各一人司庫滿洲二人庫使滿洲十有一人

掌出納金錢月要歲會以上其數郎中員外郎俱於各司屬中簡調一年

而代初設有漢人大使一人順治十五年省

製造庫郎中滿洲二人漢人一人司匠滿洲二人（初制七品康熙九年定為從九品）司庫滿洲二人庫使滿洲二十有二人

掌攻治金革所領銀工之屬十有二鍍工之屬九皮工之屬十有三繡工之屬五甲工之屬八凡車輅儀仗之制展采備物皆辨其名數而供之初置滿洲郎中一人員外郎二人後省員外郎而增置滿洲郎中一人漢人郎中初以虞衡司員額管製造庫事乾隆十九年改為製造庫郎中皆於本部司官內遴選補授

料估所司員滿洲漢人各三人

掌審曲面埶量丈尺權物價計庸直以授成於督工之官工竣則覆覈之皆於本部司員內簡委一年而代

琉璃窰監督滿洲漢人各一人

掌陶琉璃器具按其模式辨其等差以供

大工之用順治初專差漢人司官康熙元年改差滿洲漢人司官各一人一年而代

木倉監督滿洲漢人各一人

木倉在天安門右千步廊外凡各省歲輸木材自張家灣運京者謹其儲偫以待各工順治初專委滿洲司官一人康熙六十年改定以滿漢司官各一人管理二年而代

皇木廠監督滿洲一人

木廠初設於通州及張家灣各遣筆帖式二人驗收運京木材康熙二十六年停遣筆帖式通州廠以通惠河分司主之尋改歸通永道張家灣廠本部遴滿洲司官一人管理凡運木至水次部委官驗視如式則令監督受之核其數以運入木倉一年而代

管理街道廳御史一人本部司員一人步軍統領衙門司員一人

掌平易道塗清理溝洫歲時相度疏濬滌泥潗潦以利車馬初委本部司

官滿洲漢人各一人乾隆三十一年定制令都察院掄選御史二人工部
步軍統領衙門各掄選司屬二人引
見簡派以專責成一年而代

堂主事滿洲三人漢軍一人
掌章奏者滿洲一人漢軍一人掌案牘者滿洲二人俱順治元年定額

司務廳司務滿洲漢人各一人
順治元年定額職事見吏部篇

筆帖式滿洲九十三人蒙古二人漢軍十有二人
滿洲筆帖式初置九十人後增設三人蒙古筆帖式雍正十二年置額漢軍筆帖式初置十四人後省二人俱分隸各司視事之繁簡以爲額職事見吏部篇

謹案工部舊設營繕所所正一員所副一員俱順治十五年省所丞二員順治十四年置以一員管清江瓦廠一員管臨清瓦廠尋省臨清廠

一員清江廠一員中罷復置雍正四年俱省又舊沿明制有文思院廣積庫柴炭司通州抽分竹木局大使各一員後俱省又初設有柴薪正副監督各一人以本部司官充煤炭監督二人一以本部司官兼攝一以內務府司官兼攝掌預時給直採取薪炭以儲

內廷之用乾隆四十六年以其事併歸內務府經理焉

歷代建置上

三代

（尚書舜典）舜曰咨四岳有能奮庸熙帝之載使宅百揆亮采惠疇僉曰伯禹作司空帝曰俞咨禹汝平水土惟時懋哉帝曰疇若予工僉曰垂哉帝曰俞咨垂汝共工垂拜稽首讓於殳斨暨伯與帝曰俞往哉汝諧帝曰疇若予上下草木鳥獸僉曰益哉帝曰俞咨益汝作朕虞益拜稽首讓于朱虎熊羆帝曰俞往哉汝諧

謹案司空爲冬官之任肇自虞廷然以今工部所掌按之則實卽垂所

爲之共工一官而不盡出於司空之職鄭康成註考工記謂司空掌營城郭建都邑立社稷宗廟造宮室車服器械監百工者唐虞以上曰共工據此是司空卽共工之官而改其名者賈公彥疏申鄭之義謂堯初冬官爲共工舜擧禹治水改命司空以官異之禹登百揆後復爲共工其說甚鑿然不見於他書未足依據嘗考司空命名之義孔安國謂主國空土以居民(見尚書傳)顏師古謂空穴也古人穴居主穿土爲穴以居人(見漢書百官公卿表注)白虎通則云司空主土不言土言空者空尙主之何況於實(見白虎通封公侯篇)諸書所釋雖互有異同要其職皆在於平治水土度地居民而並不及乎辨器飭材之事故尙書大傳謂溝瀆過水爲害田廣不墾則責之司空而家語亦謂孔子爲司空別五土之性而物其所生之宜是知司空所主者在乎辨方正位體國經野之大猷而百工之事乃特其兼屬而初非其本職此司空與共工虞廷所以分爲兩官也周禮冬官旣闕其制不詳漢司空但主四方水土功課而繕修攻錯之工則

分屬之將作少府尚爲不失遺意唐宋以後工部專司工作而共工始合於司空又以虞曹隸屬工部而山澤之掌亦歸其統轄虞廷九官遂合伯禹及垂益所掌而一之工部四司實兼有司空共工虞官之職事矣今以舜典經文錄冠三代之首用明緣起而歷代建置分合之故則隨條附考如左

〔杜佑通典〕禹元孫之子曰冥爲夏司空

〔禮記孔穎達疏〕鄭註大傳夏書所謂六卿有共工

謹案尚書胤征工執藝事以諫當即指共工之官蓋百工各執其藝而共工爲之長也又儀禮覲禮云嗇夫承命告於天子鄭康成注嗇夫司空之屬考周禮無此官惟胤征有嗇夫馳之文則亦當出於夏制然孔安國傳以爲主幣之官與覲禮所言又頗不相合案左傳稱司空以時平易道路國語稱司空視塗嗇夫爲田畯之官見詩甫田篇鄭箋若漢之鄉嗇夫職聽訟收賦稅與三代不同其職本在郊畿以外疑諸侯入覲時嗇夫實有除道之責如野

蘆環人者比故屬於司空孔傳主幣之說特以意揣測而言之耳

（夏小正）十有二月虞人入梁（傳）虞人官也梁者主設罔罟者也

謹案此卽伯益所掌之虞官至夏世而其職較輕者蓋益當洪水之後山川林澤皆未能得所故以益平治之與禹平水土殆相爲表裏三代以降則不過掌其禁令與民共之而已

禮記曲禮天子之五官曰司空（鄭康成註）此亦殷時制也天子之六工曰土工金工石工木工獸工草工典制六材（鄭康成註）此亦殷時制也周則皆屬司空土工陶旊也金工築冶鳧㮚段桃也石工玉人磬人也木工輪輿弓廬匠車梓也獸工函鮑韗韋裘也惟草工職亡蓋謂作萑葦之器

（尚書洪範）三八政四曰司空（孔穎達疏）司空掌居民之官

（尚書序）咎單作明居（孔穎達疏）馬融曰咎單爲湯司空

（禮記王制）司空執度度地居民山川沮澤時四方量地遠近興事任力

（詩大雅）乃召司空（朱子集傳）司空掌營國邑

（尚書立政）司徒司馬司空亞旅（孔安國傳）此有三卿是文武未伐紂

時舉文武之初以爲法則
（尚書周官）司空掌邦土居四民時地利
（尚書孔安國傳）司空第六毛公領之
（春秋定公四年左傳）聃季爲司空
（周禮地官）鄉師執纛以與匠師治役（鄭康成註）匠師事官之屬其于司空若鄉師之于司徒也鄉師主役匠師主衆匠（賈公彥疏）地官之考稱鄉師春官之考稱肆師秋官之考稱士師此經鄉師是司徒考明匠師亦是司空考故云其于司空若鄉師之于司徒天官太宰設其考鄭注云考成也佐成事者謂宰夫鄉師肆師軍司馬士師也司空亡未聞其考賈疏云匠師司空之考而云未聞者以義約之無正文故也
（儀禮大射儀）工人士與梓人度尺而午（鄭康成註）工人士梓人皆司空之屬王應麟曰工人士能正方圜者
謹案周禮事官之屬已亡其職制不可復見惟太宰謂建其正立其貳設其考者五官之數並同則冬官當亦無異以例推之知爲大司空卿

一人小司空中大夫二人匠師下大夫四人上士八人中士十六人旅下士三十二人若府史胥徒則五官已有參差未可臆定矣至儀禮之梓人已見考工記而工人士能正方圜𠣾所謂審曲面埶之事今工部之料估所蓋其職也

（周禮考工記）輪人爲輪爲蓋輿人爲車輈人爲輈築氏爲削冶氏爲殺矢桃氏爲劍鳧氏爲鍾㮚氏爲量段氏函人爲甲鮑人韗人爲皋陶韋氏裘氏畫繢之事筐人㡃氏玉人楖人雕人磬氏爲磬矢人爲矢陶人爲甗旊人爲簋梓人爲筍虡爲飲器爲侯廬人爲廬器匠人建國營國爲溝洫車人爲耒爲車弓人爲弓（鄭康成註）事官之屬六十此職其五材之十工略記其事耳其曰某人者以其事名官也其曰某氏者官有世功若族有世業以氏名官者也

謹案司空之職在居四民時地利故凡田萊溝洫都邑涂巷市井室廬以至桑麻穀粟之所出山澤林麓之所生其法式皆當屬之事官太宰六典小宰六職其于事典事職皆曰以富邦國而鄭康成亦謂司空掌

邦事所以富充國家使民無空王與之周禮訂義亦云如衞文公務材訓農通商惠工馴致殷富蓋得事典遺意冬官職守昭然可見若考工記所載止百工之事雖本司空一屬而不可遂以補冬官之闕且諸工尙當各有官以統之亦不可謂工卽爲官今故但節敘大略于此不復著之于表

（禮記月令）命工師令百工審五庫之量（鄭康成註）工師司空之屬官也（孔穎達疏）周禮無工師知是司空屬官者以司空掌工巧此稱工巧師長故知司空之屬

謹案匠師工師鄭康成皆以爲司空之屬而職掌則未之詳以義推之匠師卽後世大匠之職蓋掌營建國邑宗廟者魯匠師慶諫丹楹刻桷此卽其證當如今之營繕司工師主工巧則掌造作器物者故月令又有命工師效功按度程必功致爲上之文當如今之製造庫也

（春秋襄公二十五年左傳）昔虞閼父爲周陶正（杜預註）當周之興閼父爲武王陶正

謹案列仙傳稱甯封子爲黃帝陶正其說荒誕不足信然亦可見摶埴之工其來已久蓋卽考工記之陶人如今之琉璃窰監督也

（周禮秋官）條狼氏下士六人胥六人徒六十人（鄭康成註）杜子春云條當爲滌器之滌除也狼狼扈道上（賈公彥疏）狼扈道上者謂不蠲之物在道猶今言狼籍也

謹案周禮野廬氏達國道路至于四畿而遂師巡其道修候人掌其道治皆在野外至國中之道路則條狼氏專司焉滌除狼扈而使之潔清正如今街道廳之職也

（周禮地官）山虞每大山中士四人下士八人府二人史四人胥八人徒八十人中山下士六人史二人胥六人徒六十人小山下士二人史一人徒二十人掌山林之政令物爲之厲而爲之守禁（鄭康成註）虞度也度知山之大小及所生者

林衡每大林麓下士十有二人史四人胥十有二人徒百有二十人中林麓如中山之虞小林麓如小山之虞掌巡林麓之禁令而平其守若斬木材則受法于山虞而掌其政令（鄭康成註）衡平也平林麓之大小及所生者

川衡每大川下士

十有二人史四人胥十有二人徒百有二十人中川下士六人史二人胥六人徒六十人小川下士二人史一人徒二十人掌巡川澤之禁令而平其守澤虞每大澤大藪中士四人下士八人府二人史四人胥八人徒八十人中澤中藪如中川之衡小澤小藪如小川之衡掌國澤之政令爲之厲禁

謹案國語齊語山立三虞澤立三衡三虞者大山大林麓中山中林麓小山小林麓三衡者大川大澤藪中川中澤藪小川小澤藪當時侯國之制並同蓋皆以官分地而巡守之故非一職正如漢之郡國都水官從世于尙書立虞部明改曰虞衡其名雖沿周官之舊而實則稍殊然掌山澤採捕之禁令則固未之有改也今以山虞以下四職著之于表以明權輿所自至虞人又爲田獵之官周禮所謂山虞萊山田之野澤虞萊澤野以致禽而珥者其職正與今圍場總管相近今亦並從互見焉

〔周禮夏官〕司險中士二人下士四人史二人徒四十人設國之五溝五涂而樹之林以爲阻固皆有守禁而達其道路

〔周禮天官〕凌人下士二人府二人史二人胥八人徒八十人掌冰正歲十有二月令斬冰三其凌春始治鑑夏頒冰掌事秋刷

謹案司險掌設五溝五涂杜佑以爲即後世水部之職所自出今並係之于表至納冰之制唐宋掌之禮部今則改屬工曹故凌人一官亦著之都水司沿革云

〔唐六典〕工部尚書周之冬官卿侍郎周之小司空中大夫也大司空屬官有下大夫蓋郎中之任地官有山虞澤虞蓋虞部之職也

秦

〔杜佑通典〕秦有將作少府掌治宮室

謹案自六官之制既廢秦漢始設九寺大卿以統庶事逮隋唐復建六部而寺監之官仍相沿並置故有戶部復有司農寺有禮部復有太常

寺有兵部復有太僕寺有刑部復有大理寺是皆周司徒宗伯司馬司寇之職事而分析別領于他官者也惟工官之任歷代雖有將作都水二監而明代卽併入工部至今仍之別無分署故今之營繕都水二清吏司實兼有此二監之職謹並係之工部沿革以明官制分合之由至大匠少匠監少監諸官其品位不參八座未可以當冬官卿貳故不列于表而左右校甄官署諸令丞則仍按曹司分屬說具於後

漢

（章俊卿山堂考索）漢成帝綏和元年御史大夫改爲大司空後漢以司空爲三公

（後漢書百官志）司空公一人掌水土事凡營起城邑浚溝洫修墳防之事則議其利建其功凡四方水土功課則奏其殿最而行賞罰

謹案漢司空所掌雖亦本三代事官舊典然當時備位三公乃宰相之職與後世工部之列六尚書者不同今故係之內閣表內其魏晉以後

司空之官俱視此例別詳內閣篇云

（鄭樵通志）漢成帝置尚書郎四人其一人主戶口墾田蓋尚書屯田郎之始也

（通典）成帝初置尚書有民曹後漢光武改主繕修功作鹽池園苑

（漢書百官公卿表）將作少府有兩丞左右中候景帝中六年更名將作大匠屬官有石庫東園主章左右前後中校七令丞如淳曰章謂大材也舊將作大匠主材吏名章曹掾師古曰東園主章掌大材以供東園大匠也又主章長丞師古曰掌凡大木也武帝太初元年更名東園主章爲木工成帝陽朔三年省中候及左右前後中校五丞

（後漢書百官志）將作大匠一人二千石掌修作宗廟路寢宮室陵園木土之工並樹桐梓之類列于道側丞一人六百石左校令一人六百石掌左工徒丞一人右校令一人六百石掌右工徒丞一人

（太平御覽）將作大匠世祖以謁者領其官章帝建初元年乃置其位次

河南尹

謹案將作大匠卽唐虞共工之官正當今工部營繕司之職其所屬東園主章令丞主章長丞專掌木材則如今之木倉及皇木廠監督至左右校專主工役則亦如今之營繕司又後漢書蘇不韋傳載李暠爲大司農右校芻廥在寺北垣下不韋潛入廥中云云則又如今之有柴薪廠也

〔漢書百官公卿表〕太常屬官有都水長丞（如淳曰律都水治渠堤水門三輔黃圖云三輔皆有都水也）水衡都尉都水長丞屬焉

〔後漢書百官志〕郡有都水官隨事廣狹置令長及丞

〔唐六典〕漢成帝以都水官多置左右使者各一人劉向護左都水使者是也至哀帝罷之後漢省都水以屬郡國而置河隄謁者五人

〔通典〕漢有都水長丞主陂池灌溉保守河渠自太常少府及三輔等皆有其官

謹案都水之官實昉于漢而命名之義則史未之詳考尙書禹貢大野

既豬彭蠡既豬滎波既豬史記夏本紀皆作既都被孟豬則作被明都註引鄭康成云南方謂都爲豬孔安國曰水所停曰豬字彙補曰都水所聚也是都豬二字相通蓋都水之職在固隄防障陂澤故取周官稻人以豬蓄水之義以爲名也其事關邦土正司空所掌之一端而漢代都水屬水衡太常晉以後別爲都水臺及都水監俱各置官僚宋世雖併入工部旋又復置至明始罷其職今取歷代建置本末具載于篇以明都水司職守所自至漢水衡都尉雖以衡官爲名而所司乃林苑池籞當如今之奉宸苑之職今故別係諸內務府表內焉

（漢書百官公卿表）少府有考工室東園匠令丞武帝太初元年更考工室爲考工臣瓚曰冬官爲考工工主作器械也

（後漢書百官志）考工令一人六百石主兵器及織綬諸雜工左右丞各一人屬太僕

謹案漢之考工令丞及東園匠令丞主作器具雜物蓋如今製造庫之

職也

〔周禮鄭康成註〕比校治道者名若今次金敘大功賈公彥疏漢時主役之官官名次金敘主以丈尺賦功

謹案次金敘不見于漢書其職主以丈尺賦功則當如今工部之料估所矣

〔唐六典註〕後漢將作大匠屬官有前後中甄官令丞

謹案後漢百官志無甄官令丞唐六典未知何據然考三國吳志孫堅傳稱堅軍城南甄官井上旦有五色氣堅令人入井探得傳國璽則後漢實有是官蓋如今之琉璃窰監督也

三國

〔通典〕漢民曹主繕修功作魏置左民尚書亦領其職

謹案漢民曹尚書魏左民尚書雖主繕修工役之事而其名實爲民部所承非工曹沿革今俱係諸戶部表內不列於此

（宋書百官志）魏世有虞曹水部郎

（冊府元龜）魏九卿與漢同惟幷將作之左校于材官又以水衡都尉主天下水軍舟船器械

（唐六典）後漢有材官校尉魏幷左校於材官署

謹案魏晉以後之材官校尉材官將軍其職專掌營繕故取材木之義以爲名非若漢書所謂材官騎士也漢書高祖紀巴蜀材官張晏註材官有材力者與此不同又通典稱魏幷左校右校入材官而唐六典冊府元龜但言幷左校是魏世尙有右校令矣通典殆誤衍一右字歟

晉

（馬端臨文獻通考）晉始有屯田尙書及太康中謂之田曹後復爲屯田

（晉書百官志）晉受命武帝置虞曹屯田起部水部曹郎及江左無屯田郎康穆以後又無虞曹郎但有起部水部曹郎後又省光祿勳統東園匠令

〔唐六典〕晉將作大匠置功曹主簿五官等員掌土木之役過江後不常置少府屬官有左校無右校其職蓋并于左校又改材官校尉爲將軍後復罷左校令又少府領甄官署令掌磚瓦之任又有甄官丞

〔晉書百官志〕都水使者漢水衡之職也漢有都水長丞屬太常東京省都水置河堤謁者魏因之及武帝省水衡置都水使者一人以河堤謁者爲都水官屬及江左省河堤謁者置謁者六人

〔通典〕晉省水衡置都水臺掌舟航及運部元康中復有水衡都尉元康百官名及晉起居注曰陳愼戴態俱以都水使者領水衡都尉

謹案自魏以水衡主舟船器械晉則都水使者兼領之亦主舟航運部正如今工部虞衡都水二司之職與漢制不同故並附著于此

宋齊梁陳

〔通典〕晉宋以來有起部尚書不常置每營宗廟宮室則權置之事畢則省以其事分屬都官左民尚書

（孫逢吉職官分紀）宋高祖始置水部起部曹郎

（南齊書百官志）度支尚書領起部曹都官尚書領水部曹起部尚書與

立宗廟權置事畢省

（唐六典）宋齊左民郎中兼知屯田事梁陳並爲侍郎

（隋書百官志）梁尚書省置虞曹起部屯田水部等郎陳承梁皆循其制

官

（宋書百官志）將作大匠一人丞一人有事則置無則省材官將軍一人

司馬一人主工匠土木之事漢左右校令其任也魏右校又置材官校尉

主天下材木事晉江左改材官校尉曰材官將軍又罷左校令今材官隸

尚書起部及領軍

（南齊書百官志）將作大匠不常置掌宮廟土木材官將軍一人司馬一

人屬起部亦屬領軍

（隋書百官志）梁天監七年以將作大匠爲大匠卿掌土木之功統左右

校諸署陳大匠卿品第三

〔冊府元龜〕梁大匠卿班第十又置丞一人班第三又置將作營作又別立長史司馬主簿各一員

〔唐六典〕宋齊梁陳有左校令丞別置材官將軍司馬右校令丞宋齊梁陳皆無

謹案唐六典稱宋齊梁陳無右校杜氏通典亦同而隋書百官志乃謂梁大匠卿統左右校與六典不合疑隋書誤也又案南齊書王敬則傳高帝將受禪材官薦易太極殿柱王延之傳宋明帝即勅材官爲起三閤齋屋梁書謝朏傳朏到京師勅材官起府于舊宅良吏沈瑀傳宋明帝使瑀築赤山塘所費減材官所量數十萬是當時興築修濬之役多以屬之材官實兼有今營繕都水二司之職事矣

〔王應麟玉海〕宋齊有陶官

〔唐六典〕宋齊有東西陶官瓦署督各一人

（隋書百官志）梁少府置甄官署令丞又細作令作堂金銀局丞木局丞

湖西磚屯丞湖東磚屯丞爲三品蘊位

謹案江左諸朝惟梁官制稍備其甄官令本承漢晉之舊而磚屯丞並

掌摶埴亦當如今琉璃窰監督至木局丞當如今之木倉監督細作令

作堂金銀局丞則當如今之製造庫矣

（通典）宋孝武帝初省都水臺罷都水使者置水衡令孝建元年復置

（冊府元龜）齊復置都水臺使者一人梁改都水使者爲大舟卿又置丞

主簿陳如梁制

（隋書百官志）梁大舟卿主舟航堤渠

北魏

（魏書官氏志）太和十五年置司空虞曹官

（唐六典）後魏有起部郎中屯田郎中虞曹郎中水部郎中

（冊府元龜）魏將作大匠從第二品後降爲從三品其丞從五品後降爲

第五品下分建都水使者正第四品中水衡都尉從五品中後改都水使者從五品而省水衡又有都水參軍六人

謹案魏書李靈傳靈孫道官尚書度支郎遷洛爲營搆將又韋閬傳天水姜昭爲營搆都將又李彪傳李志爲永寧寺典作副將其名俱不見於史志疑因工作暫置之官正如今之管理工程大臣及監督也又高道悅傳稱洛京廟庫未搆高祖將水路幸鄴詔都水回營搆之材以造舟楫是魏世都水使者亦主舟航蓋尚沿晉制矣

北齊

〔隋書百官志〕後齊尚書省祠部統虞曹（掌地圖山川遠近園囿田獵殽膳雜味等事）屯田（掌藉田諸州屯田等事）起部（掌諸興造工匠等事）都官統水部（掌舟船津梁公私水事）郎中並一人虞曹量事置掌故主事員○都水臺管諸津橋使者二人參事十人又領都尉合昌坊城等三局尉皆分司諸津橋○太府寺統細作左校甄官等署令甄官署又別領石窟丞○將作寺掌諸營建大匠一人丞四人亦有功曹主

簿錄事員若有營作則立將副將長史司馬主簿錄事等各一人

謹案北齊都水臺但管津橋是歷代所爲舟航堤渠之職掌已漸移於水部矣

後周

(太平御覽)後周書曰冬官謂之大司空掌邦事以五材九範之法佐皇帝富邦國

(文獻通考)後周有工部中大夫二人承司空之事掌百工之籍而理其禁令

(通典)後周官品正七命大司空正六命小司空上大夫正五命冬官工部匠師司木司土司金司水等中大夫正四命地官虞部下大夫冬官小匠師小司木小司土小司金小司水司玉司皮司色司織司卉等下大夫正三命地官小虞部上士冬官工部小匠師內匠外匠掌材小司木小司土小司金鍛工函工小司水典壅小司玉小司皮小司色小司織小司卉

等上士正二命地官山虞澤虞林衡川衡等中士冬官工部內匠外匠司量司準司度掌材車工角工彝工器工弓工箭工盧工復工陶工塗工典卝冶工鑄工鍛工函工雕工典甕掌津舟工典魚典㲋琟工磬工石工裘工履工鞄工韗工韋工織絲織綵織枲織組竹工籍工罟工紙工等中士正一命地官山虞澤虞林衡川衡等下士冬官工部旅司量司準司度掌材車工角工彝工器工弓工箭工盧工復工陶工塗工典卝冶工鑄工鍛工函工雕工典甕掌津舟工典魚典㲋琟工磬工石工裘工履工鞄工韗工韋工膠工毳工繢工漆工油工弁工織絲織綵織枲織組竹工籍工罟工紙工等下士

謹案後周仿周禮設官其冬官之屬最爲繁冗以今制準之約略可見者如營繕司本周司空之考而在唐宋爲頭司當有匠師工部之職虞衡司本出虞部而今制專掌鼓鑄兵器造車及作度量權衡之事則又當有鍛工函工冶工鑄工車工司量司準司度之職都水司蓋即司水

而兼主船政織造則又當有掌津舟工司織司卉之職屯田司今主匠役則當有內匠外匠之職至司木掌材如木倉監督陶工如琉璃窰監督而今之製造庫所掌工作較多則凡司玉司皮司色雕工韋工膠工毳工繢工之屬皆其職矣

隋

〔隋書百官志〕高祖受命置尚書省工部尚書統工部屯田侍郎各二人虞部水部侍郎各一人都水臺使者及丞各二人參軍三十人河堤謁者六十人錄事二人領掌船局都水尉二人又領諸津上津每尉一人丞二人中津每尉丞各一人下津每典作一人津長四人太府寺統甄官署令二人丞四人將作寺大匠一人丞主簿錄事各二人統左右校署令各二人丞左校四人右校三人各有監作左校十二人右校八人開皇三年廢都水臺入司農十三年復置都水臺二十年改將作寺爲監以大匠爲大監初加置副監煬帝即位尚書六曹各置侍郎一人以貳尚書之職諸曹

侍郎並改爲郎又改工部爲起部郎以異六侍郎之名將作監改大監少監爲大匠少匠統左右校及甄官署又改大匠爲大監少匠爲少監又改監少監爲令少令都水監改爲使者統舟檝河渠二署又改使者爲監加置少監又改監少監爲令少令

（通典）至隋乃有工部尚書蓋因後周工部之名兼前代起部之職

謹案工部自隋代始列六曹而其時營建工作尚多領之少府將作（少府如今內務府將作則今營繕司）故以巧藝著名如宇文愷劉龍閻毗何稠雲定興等皆嘗官將作監而宇文愷傳又稱其爲營宗廟副監營新都副監營東都副監則皆因事特置如今之

欽派管理工程大臣非常制也又何稠傳稱高祖爲丞相以稠掌細作署蓋即梁齊之細作令而隋志無其官殆後經裁併歟

工部下

歷代建置下

唐

新唐書百官志工部尚書一人正三品侍郎一人正四品下掌山澤屯田工匠諸司公廨紙筆墨之事其屬有四一曰工部二曰屯田三曰虞部四曰水部工部郎中員外郎各一人掌城池土木之工役程式爲尚書侍郎之貳凡京都營繕皆下少府將作共其用役千功者先奏凡工匠以州縣爲團五人爲火五火置長一人四月至七月爲長功二月三月八月九月爲中功十月至正月爲短功雇者日爲絹三尺凡津梁道路治以九月工部主事三人屯田主事二人虞部主事二人水部主事二人武德三年改起部曰工部龍朔二年曰司平屯田曰司田虞部曰司虞水部曰司川光宅元年改工部曰冬官天寶十一載改虞部曰司虞水部曰司水工部有令史十二人書令史二十一人計史一人亭長六人掌固八人屯田令史七人書令史十二人計史一人掌固四人虞部令史四人書令史九人掌固四人水部

令史四人書令史九人掌固四人○屯田郎中員外郎各一人掌天下屯田及京文武職田諸司公廨田以品給焉○虞部郎中員外郎各一人掌京都衢衕苑囿山澤草木及百官蕃客時蔬薪炭供頓畋獵之事每歲春以戶小兒戶婢仗內蒔種溉灌冬則謹其蒙覆凡郊祠神壇五岳名山樵採芻牧皆有禁距壝三十步外得耕種春夏不伐木京兆河南府三百里內正月五月九月禁弋獵山澤有寶可供用者以聞○水部郎中員外郎各一人掌津濟船艫渠梁堤堰溝洫漁捕運漕碾磑之事凡坑陷井穴皆有標京畿有渠長斗門長諸州堤堰刺史縣令以時檢行而涖其決築有埭則以下戶分牽禁爭利者

〔舊唐書職官志〕將作監龍朔改爲繕工監光宅改爲營繕監神龍復爲將作監也大匠一員從三品少匠二員從四品下掌供邦國修建土木工匠之政令總四署三監百工之官屬以供其職事凡兩京宮殿宗廟城郭諸臺省監寺廨宇樓臺橋道謂之內外作皆委焉丞四人主簿二人錄事二人府十四人史二十八人計史三

人亭長四人掌固六人○左校署令二人從八品下丞四人府六人史十二人監作十人掌供營構梓匠凡宮室樂懸簨簴兵仗器械喪葬所須皆供之○右校署令二人從八品下丞三人府五人史十人監作十人典事十四人掌供版築泥塗丹雘之事○中校署令一人從八品下丞三人府三人史六人監事四人典事八人掌固二人掌供舟車兵仗廄牧雜作器用之事凡行幸陳設供三梁竿柱閑廄供剉碓行槽祭祀供葛竹塹等○甄官署令一人從八品下丞二人府五人史十人監作四人典事十八人掌供琢石陶土之事凡石磬碑碣石人獸馬碾磑磚瓦瓶缶之器喪葬明器皆供之○百工就谷庫谷斜谷太陰伊陽等監皆在出材之所監各一人從七品下丞一人府各一人史三人典事各二十一人錄事各一人監事四人掌採伐材木

謹案唐制凡興建修築材木工匠俱工部下少府將作以供其事與隋代相同蓋將作未併入工部以前工部所掌惟程式制度其繕造之務固專屬之將作也

（唐六典）都水監使者二人正五品上掌川澤津梁之政令凡漁捕之禁衡虞之守皆由其屬而總制之凡京畿之內渠堰陂池之壞決則下於所由而後修之丞二人從七品上主簿一人○舟檝署令一人正八品下丞二人正九品下掌公私舟船及運漕之事○河渠署令一人正八品下丞一人正九品下掌供川澤魚醢之事○諸津令一人正九品上丞一人從九品下各掌其津濟渡舟梁之事

謹案都水之職至唐已全歸於水部故舟檝署在開元末已廢（見新唐書百官志）而河渠署所掌不過供祭祀及尚食之魚鱻亦僅存空名而已

五季

（五代史本紀）梁開平四年工部侍郎杜曉唐同光元年工部郎中李塗天成元年工部尚書任圜四年趙鳳爲門下侍郎兼工部尚書周顯德元年工部侍郎景範五年水部員外郎韓彥卿

（五代史列傳）張憲拜工部侍郎租庸使（憲本傳）范延光拜檢校工部尚書

延光本傳崔協除工部郎中于鄴盧文紀傳中書舍人盧價爲工部侍郎馮玉傳賈緯爲太常博士改屯田員外郎緯本傳張允鎮累遷水部員外郎知制誥允鎮本傳王延拜補闕兼水部員外郎延本傳

謹案五季工部官制並依唐制而史文不詳今採見於紀傳者以著其略

宋

（宋史職官志）工部掌天下城郭宮室舟車器械符印錢幣山澤苑囿河渠之政凡營繕歲計所用財物關度支和市其工料則飭少府將作監檢計其所用多寡之數凡百工其役有程而善否則有賞罰兵匠有闕則隨以緩急招募籍坑冶歲入之數若改用錢寶先具模製進御請書造度量權衡則關金部印記則關禮部凡道路津梁以時修治舊制判部事一人以兩制以上充元豐並歸工部其屬三曰屯田曰虞部曰水部設官十尚書侍郎各一人工部屯田虞部水部郎中員外郎各一人元祐元年省水

部郎官一員紹聖元年詔屯田虞部互置郎官一員兼領○尚書掌百工水土之政令稽其功緒以詔賞罰總四司之事侍郎爲之貳若制作營繕計置採伐所用財物按其程式以授有司郎中員外郎參掌之應官吏兵民緣本曹事有功賞罪罰則審實以上尚書省若諸監鼓鑄錢寶按年額而課其數因其登耗以詔賞罰凡車輦飭器印記之造則少府監文思院隸焉甲兵器械之制則軍器所隸焉有合支物料工價則申於朝以屬戶部建炎併將作少府軍器監並歸工部是時營繕未遑惟戎器方急紹興二年詔於行在別置作院造器甲令工部長貳提點郎官逐旬點檢少府監既歸工部文思院上下界監官並從本部辟差又詔御前軍器所隸工部隆興以後宮室器甲之造寖稀且各分職掌部務益簡特提其綱要焉分案六曰工作曰營造曰材料曰兵匠曰檢法曰知雜又專立一案以御前軍器案爲名裁減吏額共置四十二人○侍郎掌貳尚書之事南渡初長貳互置隆興詔各置一員○郎中員外郎舊制凡制作營繕計置採伐

材物按程式以授有司則參掌之建炎三年詔工部郎官兼虞部屯田郎官兼水部隆興元年詔工部屯田共一員兼領自此四司合爲一矣淳熙九年以趙工㝢爲屯田員外郎自是不復省○屯田郎中員外郎掌屯田營田職田學田官莊之政令及其租入種刈與修給納之事凡塘濼以時增減堤堰以時修葺幷有司修葺種植之事以賞罰詔其長貳而行之分案三置吏八○虞部郎中員外郎掌山澤苑囿場冶之事辨其地產而爲之厲禁凡金銀銅鐵鉛錫鹽礬皆計其所入登耗以詔賞罰分案四置吏七○水部郎中員外郎掌溝洫津梁舟檝漕運之事凡堤防決溢疏導壅底以時約束而計度其歲用之物修治不如法者罰之規畫措置爲民利者賞之分案六置吏十有三紹興累減吏額四司通置三十三人

（文獻通考）文思院宋太平興國三年置掌造金銀犀玉工巧之物金彩繪素裝鈿之飾以供輿輦冊寶法物及凡器服之用隸少府監紹興三年詔少府監併歸文思院其監官從工部辟差工部言所轄文思院舊分上

下界監官三員內一員文臣係京朝官上界造作金銀珠玉下界造作銅鐵竹木雜料欲依舊分爲上下界從之隆興二年詔併禮物局入文思院

（李心傳建炎以來朝野雜記）四提轄文思院其一也監官分上下兩界而轄官兼綜之先是轄官外補爲州內遷則寺監丞簿近歲望稍輕往往更還六院官或出爲添倅

謹案文思院爲宋四轄官之一初屬少府監後乃併隸工部蓋即如今之製造庫其以文思爲名則取考工記量銘時文思索允臻其極之義也

（宋史職官志）將作監舊制判監事一人以朝官以上充元豐官制行始正職掌置監少監各一人丞主簿各二人監掌宮室城郭橋梁舟車營繕之事少監爲之貳丞參領之凡土木工匠板築造作之政令總焉辨其才幹器物之所須乘時儲積以待給用庀其工徒而授以法式凡營造有計帳則委官覆視定其名數驗實以給之歲以二月治溝渠通壅塞乘輿行

幸則預戒有司潔除均布黄道凡出納籍帳歲受而會之上於工部熙寧初以嘉慶院爲監其官屬職事稽用舊典已而盡追復之元祐七年詔頒將作監修成營造法式八年又詔本監營造檢計畢長貳隨事給限丞簿覆檢崇寧五年詔將作監應承受前後特旨應副外路幷府監修造差撥人工物料遵執元豐條格不得應副宣和五年詔罷營繕所歸將作監分案五置吏二十有七所隸官屬十〇修內司掌宮城太廟繕修之事〇東西八作司掌京畿內外繕修之事〇竹木務掌收諸路水運材植及抽算諸河商販竹木以給內外營造之用〇事材場掌計度材物前期樸斲以給內外營造之用〇麥䴵場掌受京畿諸縣夏租䴵䴷以給圬墁之用〇窰務掌陶爲磚瓦以給營繕及缾缶之器〇丹粉所掌燒變丹粉以供繪飾〇作坊物料庫第三界掌儲積財物以備給用〇退財場掌受京畿內外退棄材物掄其長短有差其曲直中度者以給營造餘備薪爨〇簾箔場掌抽算竹木蒲葦以供簾箔內外之用〇建炎三年詔將作監併歸工

部紹興三年復置丞仍兼總少府之事十年置主簿一員十一年詔依司農太府寺置長貳一員隆興初宮室無所營繕百工器用屬之文思院以隸工部本監惟置丞一員餘官虛而不除乾道以後人材甚多監少丞簿無關凡臺省之久次與郡邑之有聲者悉寄徑於此自是號爲儲才之地而營繕之事多俾府尹畿漕分任其職焉

(文獻通考)修內司監官二人以朝官及內侍充東西八作司勾當官各三人以京朝官諸司使副充竹木務勾當官一人以京朝官充事材場監官二人以京朝官三班使臣充麥䴸場監官一人以三班使臣充窰務監官三人諸司使副充丹粉所監官一人內侍充作坊物料庫監官三人以京朝官及內侍三班使臣充退材場監官一人以京朝官充簾箔場監官二人以京朝官充

謹案宋將作監官屬據史所載職掌以今制準之修內司八作司當爲今營繕司之事竹木務事材場當爲今皇木廠木倉二監督之事窰務

當爲今窰廠監督之事簾箔場當爲今製造庫所屬門簾庫之事然考
曹士冕法帖譜系載有修內司帖爲淳熙十二年修內司奉旨模勒上
石又陶宗儀輟耕錄載渡江後有邵成章置窰於修內司造青器名內
窰則是修內司又兼司鐫刻陶冶之事不止宮城太廟之工作矣今故
互見內務府表內云
（李燾續資治通鑑長編）嘉祐三年十一月己丑詔曰天下利害繫於水
爲深自禹制橫潰功施三代漢用平當領河堤劉向護都水皆當時名儒
風迹可觀近世以來水官失職宜修舊制庶以利民其置在京都水監凡
內外河渠之事悉以委之應官屬及本司合行條制中書門下裁處以聞
以御史知雜呂景初判監鹽鐵判官領河渠司事楊佐同判河渠司勾當
公事孫琳王叔夏知監丞事
（宋史職官志）都水監判監事一人以員外以上充同判監事一人以朝
官以上充丞二人主簿一人並以京朝官充輪遣丞一人出外治河埽之

事或一歲再歲而罷其有諳知水政或至三年置局於澶州號曰外監元豐正名置使者一人丞二人主簿一人使者掌中外川澤河渠津梁堤堰疏鑿浚治之事丞參領之凡治水之法以防止水以溝蕩水以澮寫水以陂池瀦水凡江淮海所經都邑皆頒其政令視汴洛水勢漲涸增損而調節之凡河防謹其法禁歲計茭楗之數前期儲積以時頒用各隨其所治地而任其責興役至十月止民功則隨其先後毋過一月若導水溉田及疏治壅積爲民利者定其賞罰凡修堤岸植榆柳則視其勤惰多寡以爲殿最南北外都水丞各一人分職莅事即干機速非外丞所能治則使者行視河渠事元祐四年復置外都水使者五年詔南北外都水丞並以三年爲任祥符二年詔罷北外都水丞以河事委之漕臣三年復置宣和元年工部尚書王詔言乞選差曾任水官諳練者爲南北兩外丞從之宣和三年詔罷南北外都水丞司依元豐法通差文武官一員分案七置吏三十有七所隷有街道司掌轄治道路人兵若車駕行幸則前期修治有積

水則疏導之建炎三年詔都水監置使者一員紹興九年復置南北外都水丞各一員南丞於應天府北丞於東京置司十年詔都水事歸於工部不復置官

（續資治通鑑長編）嘉祐二年置街道司指揮兵士以五百人爲定額

謹案宋史河渠志凡修濬防築皆領於都水監當時在外者別無專領河務之官故都水監雖立署京師而實綜司措置有事或親往相度蓋兼有今河道總督之職與都水司但掌河工程式者不同至南北外都水丞則置司外郡當如今各省管河道員之職尤與京局有殊今故別詳於河道各官表內至街道司爲都水監屬而嘉祐二年都水監尚未設官已有置街道司指揮兵士之文見於通鑑長編是必先有此職後始來屬特史文不詳其初隸何署耳

（章俊卿山堂考索）嘉祐中京師大水始取三司之河渠案置都水監元豐官制復以三司胄曹案歸之軍器監修造案之是歸之將作監三監皆

隸工部

〔陸游老學庵筆記〕元祐初蘇子由爲戶部侍郎建言都水監本三司之河渠案將作監本三司之修造案軍器監本三司之冑案三司今戶部而三監乃屬工部請三監皆兼隸戶部凡有所爲戶部定其事之可否裁其費之多寡而工部任其工之良楛程其作之遲速朝廷從其言爲立法及紹聖中以爲害元豐官制罷之建中靖國中或欲復從元祐已施行矣時豐相之爲工部尚書獨持不可曰設如都水監塞河軍器監造軍器而戶部以爲不可則已矣若以爲可則併任其事可也今若戶部各其費裁損之乃令工部任河之決塞器之利鈍爲工部者不亦難乎議遂寢

謹案據章俊卿陸游所記則宋之將作都水二監雖各置長貳實爲工部所統屬故都水後遂併入工部將作雖復置而歲會籍帳亦必上於工部也至軍器一監其職亦今虞衡司所有事而當時御前軍器皆歸其造作與今武備院所掌尤近故列入內務府表內焉

遼

（遼史百官志）宣徽北院太宗會同元年置掌北院御前祗應之事○北院宣徽使○知北院宣徽事○北院宣徽副使○同知北院宣徽事○宣徽南院會同元年置掌南院御前祗應之事○南院宣徽使○知南院宣徽事○南院宣徽副使○同知南院宣徽事

（遼史本紀）聖宗統和元年虞部員外郞崔祐分決滯獄開泰二年戸部侍郞劉涇加工部尙書與宗景福元年十月工部尙書高德順使宋重熙十七年將作少監王全使夏

（遼史文學傳）李澣授翰林學士穆宗卽位累遷工部侍郞

（遼史百官志）諸監職名有將作監都水監

謹案遼北面官僚以宣徽視工部而所司乃御前祗應之事則當兼有漢唐少府職事也至南面官僚史志不詳今參考紀傳所載職名略著一二以見當時工部及將作都水二監設官之大概焉

（金史百官志）工部尚書一員正三品侍郎一員正四品郎中一員從五品掌修造營建法式諸作工匠屯田山林川澤之禁江河堤岸道路橋梁之事員外郎一員從六品貞祐五年兼覆實司官天德三年增二員主事二員從七品令史十八人內女直四人譯史二人通事一人覆實司管勾一員從七品隸戶工部掌覆實營造材物工匠價值等事太安元年隸三司工部罷同管勾貞祐五年併罷之以工部主事兼興定四年復設從省擬不令戶工部舉○文思署令從六品丞從七品掌造內外局分印傘浮圖金銀等尚輦儀鸞局車具亭帳之物屬少府監○都水監正四品掌川澤津梁舟楫河渠之事少監從五品丞正七品街道司管勾正九品掌灑掃街道修治溝渠○都城所提舉從六品同提舉從七品掌修完廟社及城隍門鑰百司公廨係官舍屋幷栽植樹木工役等事左右廂官各二員正八品掌監督工役受給官二員正八品掌支納諸物及埏埴等事甄官署令從六品丞從七品直長正八品掌劖石及埏埴之事右皆屬尚書工部○八作左右院掌收

軍須軍器○中都木場使一員從八品副使一員判官一員皆正九品掌拘收材木諸物及出給之事司吏一人庫子四人花料一人木匠一人

謹案金工部覆實司管勾當即今料估所之職故亦多以員外郎主事兼之其都城提舉司專掌工役則如今營繕司之職八作院專主兵器則又如今虞衡司之職而中都木場使拘收材木則今木倉木廠之職也至都水監之制與宋略同其別置外監蓋即宋之外都水丞今故列入河道諸官篇內云

元

（元史百官志）工部尚書三員正三品侍郎二員正四品郎中二員從五品員外郎二員從六品掌天下營造百工之政令凡城池之修濬土木之繕葺財物之給受工匠之程式銓注局院司匠之官悉以任之世祖中統元年右三部置尚書二員侍郎二員郎中五員員外郎五員內二員專署工部事至元元年始分立工部尚書四員侍郎三員郎中四員員外郎五

員三年復合爲右三部七年仍自爲工部尚書二員侍郎仍二員郎中三
員員外郎如舊二十三年定尚書侍郎郎中員外郎各以二員爲額明年
以曹務繁冗增尚書二員二十八年省尚書一員首領官主事五員蒙古
筆且齊(解見吏部篇)六人令史四十二人回回令史四人克埒穆爾齊(解見吏部篇)
一人知印一人奏差三十人蒙古書寫一人典史七人又司程官四員右
三部照磨一員典史七人其屬諸色人匠總管府秩正三品掌百工之技
藝置達嚕噶齊(解見戶部倉場衙門篇)一員總管一員同知二員副總管二員經歷
一員知事一員提控案牘一員令史五人譯史一人奏差四人提舉都城
所秩從五品提舉二員同提舉二員副提舉二員吏目一員照磨一員掌
修繕都城內外倉庫等事至元三年置受給庫秩正八品提領一員大使
一員副使一員掌京城內外營造木石等事至元十三年置光熙門窰場
提領一員大使一員副使一員給從八品印至元二十五年置
(陶宗儀南村輟耕錄)工部有覆實司

〔富大用事文類聚〕大元工部置令史分掌名頭以尚書爲長

謹案元之工部官屬名目甚多今以職守互相參考惟諸色人匠總管似今之製造庫提舉都城所亦今營繕司所掌之一端受給庫似今之木倉窰場提領似今之窰廠故並著之於表而其餘則概從略焉至元代左右八作司掌出納內府器物與宋金專領繕造者不同今別入內務府表內又覆實司見輟耕錄蓋沿金舊制所設而元志不載當屬脫漏今並加考補同繫於表

〔元史百官志〕大都留守司兼理營繕內府諸邸都宮原廟其屬修內司秩從五品掌修建宮殿及大都造作等事提點一員大使一員副使一員直長五員吏目一員照磨一員部役七員司吏六人中統二年置其屬大木局提領七員管勾三員掌殿閣營繕之事中統二年置小木局提領二員同提領一員副提領三員管勾二員提控四員中統四年置大都四窰場秩從六品提領大使副使各一員營造素白琉璃磚瓦至元十三年置

其屬南窰場大使副使各一員中統四年置西窰場大使副使各一員至元四年置琉璃局大使副使各一員中統四年置木場提領一員大使一員副使一員掌受給營造宮殿材木至元四年置南東二木場十七年併爲一場○都水監秩從三品掌治河渠幷提防水利橋梁牐堰之事少監一員正五品監丞二員正六品經歷知事各一員令史十人蒙古筆且齊解見吏部篇一人回回令史一人通事知印各一人奏差十人壕寨十六人典吏二人至元二十九年領河道提舉司大德六年陞正三品延祐七年仍從三品

〔事文類聚〕都水監舊水部之職也

謹案元之大都留守司本名宮殿府行工部至元十九年始改置是其職原爲工部分曹而其後所掌事繁遂兼有今內務府步軍統領之職今以所屬修內司四窰場木場與今營繕司琉璃窰廠皇木廠官制相合故繫之於此而其他則各從互見至所云大木局小木局者考虞集

經世大典謂木工之名則一而藝有大小如營建宮室則大木之職若舟車以濟不通几案以適用皆小木之爲其命名之意蓋本諸此亦史所未及也又案齊履謙作郭守敬行狀稱守敬初爲都水監至元十三年都水監併入工部遂除工部郎中二十八年復置都水監俾守敬領之是都水監先曾廢入工部後始復設而虞集經世大典敘錄又稱大德閒改修橋梁都水監計料工部應付工物委官督工據此則凡興作仍領於工部都水監不過司其料估程式故富大用以爲水部舊職歟

明

（明史職官志）工部尚書一人正二品 左右侍郎各一人正三品 其屬司務廳司務二人從九品 營繕虞衡都水屯田四清吏司各郎中一人正五品後增設都水司郎中四人 員外郎一人從五品後增設營繕司員外郎二人虞衡司員外郎一人 主事二人正六品後增設都水司主事五人營繕司主事三人虞衡司主事二人屯田司主事一人 所轄營繕所所正一人正七品 所副二人正八品 所丞二人正九品 文思院大使一人正九品 副使二人從九品 皮作局大使一人

正九品副使二人從九品後革鞍轡局大使一人正九品副使一人從九品隆慶元年大使副使俱革顏料局大使一人正九品後革軍器局大使一人正九品副使二人後革一人節慎庫大使一人從九品嘉靖八年設織染所雜造局大使一人正九品副使一人從九品廣積通積盧溝橋通州白河各抽分竹木局大使各一人副使各一人大通關提舉司提舉一人正八品萬曆二年革副提舉二人正九品典史一人後副提舉典史俱革柴炭司大使一人從九品副使一人尚書掌天下百工山澤之政令侍郎佐之營繕典經營興作之事凡宮殿陵寢城郭壇場祠廟倉庫廨宇營房王府邸第之役鳩工會材以時程督之凡鹵簿儀仗樂器移內府及所司各以其職治之而以時省其堅潔而董其窳濫凡工匠二等曰輪班三歲一役役不過三月皆復其家曰住坐月役一旬有稍食工役二等以處罪人輸作者曰正工曰雜工雜工三日當正工一日皆視役大小而撥節之凡物料儲偫曰神木廠曰大木廠以蓄材木曰黑窰廠曰琉璃廠以陶瓦器曰臺基廠以貯薪葦皆籍其數以供修作之用虞衡典山澤採捕陶冶之事

凡鳥獸之肉皮革骨角羽毛可以供祭祀賓客膳羞之需禮器軍實之用
歲下諸司採捕水課禽十八獸十二陸課獸十八禽十二皆以其時冬春
之交罝罛不施川澤春夏之交毒藥不施原野苗盛禁蹂躪穀登禁焚燎
若害獸聽爲陷穽獲之賞有差凡諸陵山麓不得入斧斤開窰冶置墳墓
凡帝王聖賢忠義名山岳鎮陵墓祠廟有功德於民者禁樵牧凡山場園
林之利聽民取而薄征之凡軍裝兵械下所司造同兵部省之必程其堅
緻凡陶甄之事有歲供有暫供有停減籍其數會其入毋輕毀以費民凡
諸冶飭其材審其模範付有司錢必準銖兩進於內府而頒之牌符火器
鑄於內府禁其以法式洩於外凡顏料非其土產不以征都水典川澤陂
池橋道舟車織造券契量衡之事水利曰轉漕曰灌田歲儲其金石竹木
卷埽以時修其閘壩洪淺堰圩隄防謹蓄洩以備旱潦無使壞田廬墳隧
禾稼舟楫磑碾者不得與灌田爭利灌田者不得與轉漕爭利凡諸水要
會遣京朝官專理以督有司役民必以農隙不能至農隙則僝功成之凡

道路津梁時其葺治有巡幸及大喪大禮則修除而較比之凡舟車之制曰黃船以供御用曰遮洋船以轉漕於海曰淺船以轉漕於河曰馬船曰風快船以供送官物曰備倭船曰戰船以禦寇賊曰大車曰獨轅車曰戰車皆會其財用酌其多寡久近勞逸而均劑之凡織造冕服誥勅制帛祭服淨衣諸幣布移內府南京浙江諸處周知其數而慎節之凡公侯伯鐵券差其高廣凡祭器冊寶乘輿符牌雜器皆會則於內府凡度量權衡謹其校勘而頒之懸式於市而罪其不中度者屯田典屯種抽分薪炭夫役墳塋之事凡軍馬守鎮之處其有轉運不給則設屯以益軍儲其規辦營造木植城磚軍營官屋及戰衣器械耕牛農具之屬凡抽分征諸商視其財物各有差凡薪炭南取洲汀北取山麓或徵諸民有本折色酌其多寡而撙節之夫役伐薪轉薪皆僱役凡墳塋及堂碑碣獸之制第宗室勳戚文武官之等而定其差洪武初置工部及官屬以將作司隸焉吳元年置將作司卿正三品少卿正四品左右提舉司提舉正六品同提舉從六品司程典簿副提舉正七品軍需庫大使從八品副使正九品洪武元年以將作司隸

工部六年增尚書侍郎各一人設總部虞部水部并屯田爲四屬部總部設郎中員外郎各二人餘各一人總部主事八人餘各四人又置營造提舉司（洪武六年改將作司爲正六品所屬提舉司改正七品尋更置營造提舉司及營造提舉分司每司設正提舉一人副提舉二人隸將作司）八年增立四科科設尚書侍郎郎中各一人員外郎二人主事五人照磨二人十年罷將作司十三年定官制設尚書一人侍郎一人四屬部（以屯田部爲屯部）各郎中員外郎一人主事二人十五年增侍郎一人二十二年改總部爲營部二十五年置營繕所（改將作司爲營繕所秩正七品設所正所副所丞各二人以諸匠之精藝者爲之）二十九年又改四屬部爲營繕虞衡都水屯田四清吏司嘉靖後添設尚書一人專督大工

〔明史劉麟傳〕工部四司財物悉貯後堂大庫司官出納多侵漁麟請特除一郎官主之帝稱善因賜名節愼庫

〔孫承澤春明夢餘錄〕劉麟奏建庫疏云本部蓋有大庫一座欲量加修葺比照戶部太倉庫添設庫官庫吏限以收放之期定以查盤之法按季

輪差郎中員外郎等官一員監管其事

（明史食貨志）嘉靖中修工部舊庫名曰節慎庫以貯礦銀尚書文明以給工價帝詰責之令以他銀補償自是專以給內用焉

（春明夢餘錄）冬官治土地故自唐宋以來司空署有屯田司其說亦有本今六卿之職大異周官而明制屯軍之牛具農器屬於工部屯田司則其意自有在後問其官所職何事亦不知矣

謹案將作監明初改爲將作司尋隸工部爲營繕所其都水監之職亦於明初始廢而改水部爲都水司其宋元之外都水監行都水監則別置總河都御史以治其事於是歷代將作都水兩官其職皆專屬於工部矣

又案明代興作之事其初悉歸工部厥後漸以宦官督理蓋自永樂中已遣太監阮安營北京城池宮殿諸司府廨工部特奉行而已嗣自內臣日益恣横往往擅興工役侵漁乾沒不可殫計如成化時李廣建顯

靈宮及諸祠廟至帑金七窖皆盡他若炭廠窰場亦多以內豎爲提督以致侵撓有司刻剝閭里工匠厮役傳奉得官其弊皆由之而出我

國家飭材庀工法式具備凡有營建繕完皆由工部及內務府奏請領以

大臣董以司屬先之估計以受其值繼之銷算以會其成執藝在官悉由和顧期限適中出納有準是以物無浮費役無曠功考工之制誠爲遠軼周官矣

欽定歷代職官表卷十五

欽定歷代職官表卷十六

戶工二部錢局表

	戶工二部督理錢法侍郎
三代	
秦	
漢	
後漢	
三國	蜀漢司金中郎將 魏司金都尉
晉	
宋齊梁陳	
北魏	鑄錢都將
北齊	
後周	
隋	
唐	鑄錢使 鹽鐵使
五季	鹽鐵使
宋	都大提點鑄錢公事 提點鑄錢司 提領鑄錢司
遼	玉冶大師
金	提控鑄錢監
元	
明	督理錢法侍郎

寶泉寶源局監督	寶泉寶源局大使
泉府上士中士司市下大夫上士中士	泉府下士司市下士
均輸令鍾官令辨銅令錢官	均輸丞鍾官丞辨銅丞
錢官	督鑄錢掾
魏監冶謁者	
諸冶令	
東冶令南冶令西冶令梅根冶令	東冶丞南冶丞西冶丞
鑄錢長史	
諸冶東道署令諸冶西道署令	諸冶東道署丞諸冶西道署丞
泉府中士	泉府下士
掌冶署令	掌冶署丞
少府鑄錢監	鑄錢監丞
鑄錢監	
提舉京畿鑄錢司	
寶源監寶豐監監鑄郎中員外郎	鑄錢監丞勾當官
諸路寶泉都提舉司	鼓鑄局官
寶源局監督員外郎	寶源局大使

各省錢局

各省錢局
丹陽銅官
南北東西督冶掾
諸郡縣治令 諸郡縣治丞
溢口局丞 武安局丞 白閒局丞 晉陽冶局 丞泉部局丞 大邪局丞 原仇局丞
洛陽監 桂陽監 飛狐監 紫泉監 丹陽監 廣陵監 梅根監 宛陵監 鳳山監 永平監 玉山監 銅源錢坊 翔皋錢坊 諸鑄錢監 副監
阜財監 黎陽監 永興軍監 陝州監 華州監 垣曲監 同安監 神泉監 富民監 熙寧監 寶泉監 廣寧監 永豐監 永平監 豐國監 永通監 阜民監 朱陽監 洛
代州阜通鑑使副
各處寶泉提舉司 各銅冶場提領 大使 副使
十三布政司鑄錢局官

監鑄官

南威鎮滔鎮濟監遠惠監鑄官
監遠監山監衆豐監民諸錢監

戶工二部錢局

國朝官制

戶工二部督理京省錢法右侍郎滿洲漢人各一人

凡

京師鼓鑄統設二局隸戶部者曰寶泉局歲鑄錢六十一卯以萬二千四百八十緡爲卯隸工部者曰寶源局歲鑄錢七十一卯以六千二百四十九緡二百七十文爲卯遇閏則皆加鑄四卯其局之政令各以其部之右侍郎掌之初止漢人右侍郎一人康熙十八年令滿洲右侍郎一人公同督理十九年以給事中御史稽查錢局雍正二年停遣乾隆二十六年戶部錢法堂置掌稿司官滿洲漢人各一人於各司屬中選委工部未置

戶部寶泉局監督滿洲漢人各一人大使滿洲五人工部寶源局監督滿洲漢人各一人大使滿洲二人

掌鑄造緡錢收納銅課以裕

國儲以利民用其監督俱無專員由六部滿漢司官遴選保舉引
見簡用二年而代大使由本部筆帖式選委咨吏部註冊五年而代稱職者以
應升官用寶泉局監督順治元年定設滿洲漢人各一人寶源局監督初
置三人康熙十七年改定二人寶泉局大使初設漢人一人雍正四年以
寶泉局分設四廠增置漢人大使四人七年改漢大使俱為滿大使寶源
局初止設筆帖式一人雍正七年改置大使二人
各省錢局監鑄官十有八人
凡天下鼓鑄緡錢者十有四省新疆則開鑪伊犂如各省之制皆隨其地
之宜作之泉布以交易流通前民利用以布政使等總其成而受法式於
戶部各置監鑄官以判局事直隸寶直局一人以保定府同知充山西寶
晉局一人陜西寶陜局一人江蘇寶蘇局二人俱以佐貳官選充浙江寶
浙局二人以同知通判選充福建寶福局一人亦以佐貳官選充江西寶
昌局一人以南昌府同知充湖南寶南局一人以長沙府同知充湖北寶

武局一人以武昌府同知充廣東寶廣局一人四川寶川局一人俱以同知通判選充廣西寶桂局一人布政使於所屬官內任便選充雲南寶雲局一人以雲南府知府充東川局一人以東川府知府充貴州寶黔局一人以貴陽府知府貴筑縣知縣或通判縣丞選充伊犂寶伊局一人以伊犂同知充

歷代建置

三代

（周禮地官）泉府鄭司農云故書泉或作錢上士四人中士八人下士十有六人凡國事之財用取具焉歲終則會其出入而納其餘

（惠士奇禮說）太公爲周立九府圜法顏師古以太府玉府內府外府泉府天府凡六府當之而又以職內職金職幣三官充其數焉非也爾雅以八方之八財中原之五穀魚鹽爲九府王應麟引以當九府圜法失之遠矣所謂圜法者重不廢輕小不妨大子母相權而有九品故曰九府圜法

其名見周官者夫布里布辟布欸布總布質布罰布廛布儳布是爲布貨九品其九品在國曰邦布外府掌之在市曰征布泉府掌之載師有里布閭師有夫布皆邦布也出諸民入諸國故曰邦布司市有辟布廛人有欸布總布質布罰布廛布肆長有儳布皆征布也斂諸市入諸官故曰征布

謹案後世錢法之官其源出於地官之泉府而司市職有云辟布者於其地之敘惠士奇謂敘猶監也作布之敘蓋鑄錢之監是司市亦掌冶鑄也

漢

（漢書百官公卿表）水衡都尉屬官有上林均輸鍾官辨銅令丞如淳曰鍾官主鑄錢官也辨銅主分辨銅之種類也初上林衡官及鑄錢皆屬少府王應麟曰漢北軍有錢官

（史記平準書）赤側錢賤民巧法用之不便於是悉禁郡國毋鑄錢專令上林三官鑄錢既多而令天下非三官錢不得行諸郡國所前鑄錢皆廢銷之輸其銅三官

（桓寬鹽鐵論）幣數易而民益疑於是廢天下鑄錢而專命水衡三官作

水衡三官者均輸鍾官辨銅三令丞也後漢書隗囂檄王莽曰民生挾銅炭沒入鍾官唐章懷太子注主鑄錢之官

（漢書地理志）丹陽郡有銅官（王應麟玉海）鐵官長丞五十有一而專

其官以主丹陽之銅

（唐六典）錢官後漢屬司農

（東觀漢記）鑄錢官姦宄所集無能整齊理之者京兆尹閻興署第五倫

督鑄錢掾領長安市

謹案漢代鑄錢之官初屬少府後屬水衡後漢以屬司農而第五倫為

督鑄錢掾則又屬於京兆尹蓋京兆主長安東西市故兼領錢法以平

價直而除姦僞亦如周官泉府司市皆掌征布之出入也

三國

（三國魏志）韓曁為監冶謁者舊時冶作馬排每一熟石用馬百匹更作

人排又費工力曁乃因長流為水排計其利益三倍於前就加司金都尉

班亞九卿

謹案唐六典稱魏晉以下錢官或屬少府或屬司農今考史志所載三國六朝少府司農官屬未見有鑄錢之職惟陳壽所載韓曁爲監冶謁者一事冊府元龜即引之於錢幣門內則監冶亦主鑄錢可知而自晉以後諸冶署令丞掌鼓鑄金銀銅鐵之屬至北齊而冶署所屬遂有泉部局丞是南北朝鑄錢之事當爲冶令所兼司今並著之於表云

（三國蜀志）張裔爲司金中郎將

謹案蜀漢鑄直百錢吳赤烏中嘗鑄當千大錢並見於史而錢官職掌則史未之詳蜀之司金中郎將典作農戰諸器即後代冶令丞之比疑鑄錢亦其所兼司也

晉

（晉書職官志）衞尉統諸冶等令南北東西督冶掾

宋齊梁陳

（宋書百官志）南冶令一人丞一人漢有鐵官晉置令掌工徒鼓鑄隸衞尉江左以來省衞尉隸少府宋世雖置衞尉冶隸少府如故江南諸郡縣有者或置冶令或置丞多是吳所置

（南齊書百官志）少府領東冶令一人丞一人南冶令一人丞一人

（隋書百官志）梁少府置東西冶署令丞又有梅根諸冶令陳循其制

（冊府元龜）宋文帝元嘉七年立錢署鑄四銖錢孝武建元元年更立錢署鑄錢

謹案宋齊梁陳四代鑄錢之官當亦掌之東西南諸冶令而錢署則如今之錢局也

北魏

（魏書食貨志）高祖始詔天下用錢十九年冶鑄粗備文曰太和五銖在所遣錢工備鑪冶民有欲鑄聽就鑄之永安二年詔更改鑄文曰永安五銖官自立鑪

〔北史列傳〕時朝議鑄錢以高謙之爲鑄錢都將長史乃上表求鑄三銖

錢

謹案馬端臨錢幣考引此事作鑄錢都督而北史及魏書俱作都將疑

馬氏有誤蓋都將如今之戶工二部管理錢法侍郎而長史則其屬如

今之監督也魏書官氏志不載此官殊爲闕略

北齊

〔隋書百官志〕後齊太府寺統諸冶東西道署令丞諸冶東道又別領滏

口武安白間三局丞諸冶西道又別領晉陽冶泉部大邪原仇四局丞

後周

〔杜佑通典〕後周官品正二命地官泉府中士正一命地官泉府下士

隋

〔隋書百官志〕太府寺統掌冶署置令二人丞四人

唐

(唐會要)開元二十五年二月羅文信爲諸道鑄錢使天寶三年九月楊慎矜除御史中丞充鑄錢使六載楊釗上元元年五月劉晏寶應元年劉晏又充廣德二年第五琦李峴永泰元年正月十三日劉晏第五琦分領諸道大曆五年三月二十六日停

(新唐書百官志)諸鑄錢監監各一人以所在州府都督刺史判之副監一人上佐判之丞一人判司判之

(新唐書地理志)商州有洛源監錢官郴州有桂陽監錢官河東蔚州飛狐有三河銅冶有錢官河中府解縣有紫泉監乾元元年置有銅穴十二揚州有丹陽監廣陵監錢官宣州南陵有梅根宛陵二監錢官鄂州有鳳山監錢官饒州有永平監錢官有銅坑三信州有玉山監錢官有銅坑一鉛坑一絳州有銅源翔皋錢坊二梓州銅山縣貞觀二十三年置鑄錢官調露元年罷

(新唐書食貨志)武德四年洛幷幽益桂等州皆置監開元二十六年宣

潤等州初置監天下鑪九十九絳州三十揚潤宣鄂蔚皆十益郴皆五洋州三定州一（案諸州鑪數僅九十有四以唐六典考之尚有鄧州五鑪適足九十九之數蓋新唐書脫誤也）每鑪歲鑄錢三千三百緡設丁匠三十費銅二萬一千二百觔鑞三千七百斤錫五百斤每千錢費七百五十天下歲鑄三十二萬七千緡

（唐六典）皇朝少府置十鑪諸州皆屬焉及少府罷鑄錢諸州遂別

謹案歷代錢法規制各異立鑪鼓鑄亦不一其地有但就京師而不及郡國者漢之上林三官是也有但就諸州而不及京師者唐之少府罷鑄是也故當時鑄錢一使其職專領諸道與今戶工二侍郎督理京省錢法者差別然源流有自職掌無殊今並著之於表又考唐書韓洄傳建中元年洄上言山澤之利當歸王者非諸侯方岳所宜有請以諸道錢冶總隸鹽鐵使而冊府元龜所載德宗以後鑄錢事宜多出鹽鐵使陳奏是唐時錢法又屬於鹽鐵使謹併識於此

（冊府元龜）晉高祖天福三年鑄錢以天福元寶爲文委鹽鐵使鑄樣頒下諸道漢隱帝乾祐初膳部郎中羅周允請在京置鑄錢監不報周世宗顯德二年九月勅國家之利泉貨爲先近朝以來久絶鑄造至於私下不禁銷鎔歲月漸深奸弊日甚今採銅興冶立監鑄錢冀便公私宜行條制

謹案五季無鑄錢監至周世宗時始置而晉高祖鑄天福錢令鹽鐵頒樣則錢法亦當掌之鹽鐵矣

宋

（玉海）咸平三年五月馮亮以江西運副兼都大提點鑄錢景祐二年八月置提點坑冶鑄錢官寶元元年八月復置發運使提點鑄錢事元豐二年七月三省言鑄錢司舊領五監近歲江池饒增歲鑄額及興國睦衡舒鄿惠㧑置六監宜增提點一員乃命錢昌武領淮浙建江東李琹領湖廣江西元祐元年二月合爲一司從李深請也崇寧五年詔蘇莊提舉九路銅事大觀四年併入鑄錢司紹興二十七年七月戶部侍郎林覺奏復饒

永平監贛鑄錢院韶永通監八月戶部侍郎榮嶷兼提領鑄錢二十八年命戶部侍郎趙令詪提領二十九年七月復置鑄錢司乾道六年四月併於發運司七年復置八年十二月置提點官二員分治饒贛淳熙二年併於饒州

（李心傳建炎以來朝野雜記）提點坑冶鑄錢公事自咸平初有之渡江後屢罷屢復淳熙五年又加都大二字於提字之上

（宋史食貨志）京師舊有四監後廢之諸路錢歲輸京師大觀二年復京畿兩監以宋喬年領之用提舉京畿鑄錢司爲名

（馬端臨文獻通考）鑄錢監屬少府監官各一人

（玉海）會要云元豐諸路鑄錢銅錢一十七監西京阜財監衛州黎陽監永興軍監陝州華州監絳州垣曲監舒州同安監睦州神泉監興國軍富民監衡州熙寧監鄂州寶泉監江州廣寧監池州永豐監饒州永平監建州豐國監韶州永通監惠州阜民監鐵錢九監虢州朱陽兩監商州阜民

洛南兩監威遠鎮滔山鎮兩監興州濟衆監嘉州豐遠監邛州惠民監凡
銅錢一十三路銅鐵錢兩路鐵錢四路元豐四年二月詔秦州置監六年
三月詔徐州置寶豐監五月梧州置監萬州置鐵錢監八月同州置鐵錢
監渭州復置博濟監八年詔罷增置監十有四中興鑄錢有饒州永平監
池州永豐監江州廣寧監建寧府豐國監韶州永通監贛州鑄錢監嚴州
神泉監紹興二年八月令永豐監卒寓役於饒廣寧監卒寓役於虔移少
就多也

謹案宋制亦於諸州鑄錢在京錢監中葉始置其監官隸於少府蓋猶
循唐舊制其實在諸州者皆歸之提點提領在京則提舉鑄錢司掌之
少府並不司其出納也

遼

（遼史食貨志）太宗置五冶太師以總四方錢鐵

金

（金史食貨志）正隆三年二月中都置錢監二東曰寶源西曰寶豐京兆置監一曰利用大定十八年代州立監鑄錢命工部郎中張大節吏部員外郎麻珪監鑄二十年十一月名代州監曰阜通設監一員正五品副監一員正六品丞一員正七品勾當官二員從八品二十二年十月以參知政事鈕祜祿額特埒（鈕祜祿原作粘割今從八旗姓譜改正額特埒蒙古語享受也原作斡特剌今改正）提控代州鑄錢監

謹案金中都有錢監而百官志未見其職殆亦以他官兼領故史不載也至以參知政事提控錢監此則一時特重其事而設非經常之制矣

元

（元史百官志）諸路寶泉都提舉司至正十年十月置其屬有鼓鑄局正七品永利庫從七品掌鼓鑄錢文印造交鈔○各處寶泉提舉司十一年十月置寶泉提舉司于河南行省及濟南冀寧等處凡九所江浙江西湖廣行省各一所十二年二月置銅冶場于饒州路德興縣信州路鉛山州

韶州岑水凡三處每所置提領一員正八品大使一員從八品副使一員

正九品流內官銓注直隸寶泉提舉司掌浸銅事

謹案交鈔之法肇于唐代之飛錢宋張詠始行之益州天聖間置交子務建炎南渡又立會子務于臨安先後措置有行在交子川引淮引湖會諸目金立鈔引法與錢並行元則專以寶鈔交鈔通行諸路至大中嘗詔用錢未行而罷至正末始置司鑄錢以濟軍與亦仍以交鈔爲主明初尚沿其法各設官以掌之宋則有交子務官會子監官金則有交鈔庫印造鈔引庫鈔紙坊使副判官等官元則有諸路寶鈔提舉司達嚕噶齊都提舉副達嚕噶齊提舉同提舉副提舉寶鈔總庫達嚕噶齊大使副使印造寶鈔庫達嚕噶齊大使副使燒鈔東西二庫達嚕噶齊大使副使等官明亦有寶鈔提舉司提舉副提舉典史鈔紙局大使副使印鈔局大使副使寶鈔廣惠軍大使副使等官皆隸屬於戶部今楮幣之制久罷不行其職事亦隨之俱廢故不列於表謹附識大凡以備

考核云爾

明

（明史食貨志）太祖初置寶源局於應天鑄大中通寶錢及平陳友諒命江西行省置貨泉局即位頒洪武通寶錢各行省皆設寶泉局與寶源局並鑄七年設寶鈔提舉司遂罷寶源寶泉局越二年復設寶泉局十三年中書省廢乃以寶鈔屬戶部鑄錢屬工部二十五年又罷寶泉局弘治元年戶部請鼓鑄乃復開局鑄錢嘉靖六年大鑄嘉靖錢且補鑄累朝未鑄者時盜鑄日滋不能止帝患之閣大學士徐階階陳五害請停寶源局鑄錢應支給錢者悉予銀帝乃停鼓鑄自後稅課徵銀而不徵錢隆慶初錢法不行兵部侍郎譚綸請令民得以錢輸官錢法復稍稍通萬曆四年雲南巡撫郭庭梧言國初京師有寶源局各省有寶泉局自嘉靖間省局停廢民用告匱非利也遂開局鑄錢尋命十三布政司皆開局

（孫承澤春明夢餘錄）寶源局在城之東石大人衚衕蓋石亨舊宅嘉靖

閒改爲鼓鑄公署虞衡司員外郎監督其事所屬有寶源局大使國初鼓鑄之事惟屬工部至天啟二年始增寶泉局其政屬於戸部而工部之所鑄者微矣寶泉局在皇城東北以右侍郎督理之名錢法堂加鑪製造以濟軍興

（明史職官志）天啟五年戸部增設督理錢法侍郎工部寶源局大使一人正九品　副使一人從九品嘉靖年間革

謹案明代圜法其初專之工部後始添設戸部寶泉局故惟寶源局有監督員外郎及大使等官而戸部無之至錢法侍郎爲天啟閒捌設乃別置額缺不釐部務亦與今之兼管者不同也

欽定歷代職官表卷十六

欽定歷代職官表卷十七

理藩院表

	理藩院尚書
三代	
秦	典客
漢	典客大鴻臚典屬國漢以後鴻臚主賓客與今鴻臚不同故互見於此說詳後
後漢	大鴻臚卿
三國	魏大鴻臚
晉	大鴻臚
宋齊梁陳	
北魏	大鴻臚典屬國
北齊	鴻臚寺卿
後周	
隋	鴻臚寺卿
唐	鴻臚寺卿同文寺卿司賓寺卿
五季	
宋	
遼	北大王院知院事南大王院知院事知伊實大王府奚王府詳袞奚王府宰相
金	
元	宣政院使
明	

左右侍郎	旗籍等六司郎中
周大行人中大夫	周小行人下大夫
	大行令主匈奴單于營部尚書郎主羌夷吏民尚書郎
	大行令
鴻臚少卿	典屬國下大夫
鴻臚寺少卿	典客署令典寺署令
賓部中大夫	小賓部下大夫
鴻臚寺少卿	典客署令宗元署令
鴻臚寺少卿同文寺少卿司賓寺少卿	典客署令
	奚六部漢軍詳袞奚伊喇詳袞
宣政院同知院事宣政院副使宣政院僉院事宣政院同僉院事	宣政院判宣政院參議宣徽院判

旗籍等六司員外郎	旗籍等六司主事
周 懷方氏中士 合方氏中士 訓方氏中士 形方氏中士	周 司盟下士
典客署丞 典寺署丞 僧祇部丞	
小賓部上士	
典客署丞	

堂主事	司務
鴻臚寺錄事	
	鴻臚寺主簿
宣政院都事 宣政院經歷 宣徽院都事 宣徽院經歷	
	宣政院照磨 宣政院管勾 宣徽院照磨

筆帖式	銀庫郎中員外郎
宣政院蒙古筆且齊 宣政院回回掾史	提舉資善庫達嚕噶齊 資善庫提舉 同提舉 副提舉

蒙古繙譯房唐古忒學	稽察內館外館監督
周 象胥 上士 中士 下士	周 環人 中士
譯官令 九譯令 譯官丞	
鴻臚寺譯史	
宣政院克埒穆爾齊	

烏蘭哈達等處司官察哈爾理事官
周阪尹
使匈奴中郎將 安集掾 使匈奴中郎將從事 護烏桓長史 護烏桓司馬
奚王府錫林塔拉官 諸部勘事官 宣政院斷事官

圍場總管附見說詳後	張家口等處驛站員外郎
周山虞中士下士澤虞中士下士迹人中士下士	
圍場都太師圍場都管圍場使圍場副使	
	達勒達站齊托克托和斯

珍倣宋版印

理藩院

國朝官制

理藩院尚書一人左右侍郎各一人均以滿洲蒙古補授額外侍郎一人特簡蒙古貝勒貝子之賢能者任之

掌內外藩蒙古回部及諸番部封授朝覲疆索貢獻黜陟徵發之政令控馭撫綏以固邦翰所屬有旗籍王會典屬柔遠徠遠理刑六司

國初設蒙古衙門有承政參政等官崇德三年六月定蒙古衙門爲理藩院七月定置承政一員左右參政各一員順治元年改承政爲尚書左右參政爲侍郎十五年以禮部尚書銜掌理藩院事以禮部侍郎銜協理理藩院事十八年仍爲理藩院尚書侍郎又初置有滿洲啓心郎一人漢軍啓心郎一人順治十五年省雍正元年以來以王公大學士兼理院事皆由特簡無常員

旗籍清吏司郎中滿洲二人蒙古一人員外郎滿洲三人蒙古二人主事滿洲

一人
掌漠南諸藩科爾沁札賚特杜爾伯特郭爾羅斯敖漢奈曼翁牛特巴林
札魯特喀爾喀左翼阿魯科爾沁克什克騰土默特喀喇沁烏朱穆沁阿
巴垓浩齊特蘇尼特阿巴哈納爾四子部落喀爾喀右翼烏喇特茂明安
鄂爾多斯歸化城土默特二十五部落五十一旗之禮籍疇其封爵正其
等次辨其世系三歲會盟則
遣大臣奉
勅往涖之以同好惡而頒禁令焉凡歸化城土默特索倫除授官校則條其令
格敘而正之若諸蒙古歲有不登則辨其輕重而賙卹之初順治十八年
理藩院設四清吏司曰錄勳賓客柔遠理刑置滿洲蒙古郎中十有一人
員外郎二十七人滿洲主事四人漢人主事四人其後增損不一康熙三
十八年省漢人主事員額後又析柔遠司為二曰前司後司乾隆二十二
年改錄勳司為典屬賓客司為王會柔遠後司為旗籍柔遠前司仍為柔

遠二十六年併旗籍柔遠爲一司增設徠遠司二十七年旗籍柔遠仍分
爲二司二十九年復改典屬司爲旗籍司其舊旗籍司卽改爲典屬司以
各符職掌焉
王會清吏司郎中滿洲一人蒙古二人員外郎滿洲二人蒙古三人主事蒙古
二人
掌科爾沁等諸部落每歲
朝覲之儀貢獻之式燕饗
賜予舍館饔餼皆視其等次以禮之
典屬清吏司郎中滿洲蒙古各一人員外郎滿洲五人蒙古四人主事滿洲蒙
古各一人
掌蒙古北部喀爾喀後路土謝圖汗喀爾喀東路轍臣汗喀爾喀西路札
薩克圖汗喀爾喀賽因諾顏札薩克親王等列爵之位盟會之制其青海
四部落賀蘭山厄魯特烏蘭烏蘇厄魯特推河厄魯特額濟勒土爾扈特

都爾伯特土爾扈特等部胙封錫命亦如之諸喇嘛番僧之受號者則辨其名數授以印劄有差凡烏魯木齊伊犂防守屯田之政庫倫恰克圖互市之事咸綜其法式以頒布焉

柔遠清吏司郎中滿洲一人員外郎滿洲三人蒙古三人主事蒙古一人

掌喀爾喀等部落及喇嘛番僧朝貢祿賜之事

徠遠清吏司郎中滿洲一人員外郎滿洲三人蒙古二人主事滿洲蒙古各一人

掌嘉峪關以西回部回城及四川諸土司之政令凡諸回舊部若哈密闢展吐魯番則爵其長而領以札薩克如蒙古之制新疆若哈拉沙拉庫車沙雅爾賽里木拜阿克蘇烏什喀什噶爾葉爾羌和闐諸城則因俗設官皆辨其等秩而祿命之田賦征榷則準式定制而頒布焉四川諸土司奉

歲事以入

覲於廷釐其班位而詔之儀節凡哈薩克左右部布魯特東西部安集延瑪

爾噶朗霍罕那木干四城塔什罕拔達克山博羅爾愛烏罕啓齊玉蘇烏

爾根齊諸部汗長以時重譯朝貢者各以其國之籍禮之

理刑清吏司郎中滿洲蒙古各一人員外郎滿洲二人蒙古三人主事滿洲一

人

掌蒙古及番回刑罰之事

堂主事滿洲二人蒙古三人漢軍一人校正漢文官二人

掌校繕章疏順治元年置額其校正漢文官二人於內閣翰林院侍讀學

士侍讀等官內奏委三歲而代

司務廳司務滿洲蒙古各一人

掌收發文移順治元年置司務二人爲滿洲蒙古員額院判一人知事一

人副使一人爲漢人員額康熙三十八年俱省雍正十年復設滿洲司務

一人蒙古司務一人

題署主事滿洲三人蒙古五人

乾隆三十六年置由筆帖式掄選題補
筆帖式滿洲三十六人蒙古五十五人漢軍六人
初順治元年置滿洲筆帖式十有一人蒙古筆帖式四十一人漢軍筆帖
式二人康熙二十八年增設漢文筆帖式每旗各一人漢軍筆帖式每翼
各增二人雍正十一年復增滿洲筆帖式十七人蒙古筆帖式十四人分
隸各司視事之繁簡以為額職事具吏部篇
銀庫郎中員外郎各一人於本院司官內奏委司庫滿洲一人筆帖式滿洲二人庫使滿
洲二人
掌祭金出納初制蒙古王台吉等入
朝由戶工二部及光祿寺庀器用具廩餼康熙四十六年始剏立銀庫設官
如今額計賓館所需按直給賚以惠遠人惟庫使初置四人雍正元年省
二人
蒙古繙譯房員外郎主事各一人

掌繙譯章奏文書於本院司屬內掄選箚委

唐古忒學司業助教各一人筆帖式蒙古四人

掌教習唐古忒字以譯西藏章疏文移順治十四年初立唐古忒學給教習人六品俸後改爲司業其助教本以他官兼乾隆五年始定爲額設之官

稽察內館外館監督二人

掌致館于賓繕完滌除以待行李由科道及各部司官內掄選奏委

烏蘭哈達三座塔駐劄司官各一人八溝駐劄司官一人分駐塔子溝筆帖式一人

分掌諸蒙古部落與民人交涉之事以聽其訟而平之歲則徧巡所屬以周知其風俗兼掌榷百物之稅以待蒙古贍恤歲周而代

察哈爾游牧處理事員外郎蒙古十有六人

掌治游牧察哈爾獄訟之事以在京蒙古各旗與察哈爾各旗官員內掄

選由院引

見除授自護軍校驍騎校選用者即授員外郎自中書筆帖式選用者先授主事三年稱職乃授員外郎又雍正七年置巡察游牧御史或部院司官一人每歲更替今改定五年掄遣一次

張家口喜峯口獨石口殺虎口古北口管理驛站員外郎各一人

掌蒙古各處郵驛之政令以宣傳命令通達文移凡一百里爲一傳自喜峯口至札賴特置郵十有六自古北口至烏朱穆沁置郵九自獨石口至浩齊特置郵六自張家口至四子部落置郵五自殺虎口至烏喇特置郵九又自歸化城至鄂爾多斯置郵八仍爲殺虎口路均於水泉形勢之地安設五路各設員外郎一人由本院司官內奏委司其事筆帖式一人佐之三歲而代

圍場總管一人初制四品乾隆十八年升爲三品 左右翼長各一人秩四品 章京八人初置六品乾隆十八年升爲五品 驍騎校八人秩六品

木蘭圍場在蒙古各部落中周一千四百餘里國語謂哨鹿爲木蘭故以
得名康熙閒
聖祖仁皇帝因喀喇沁敖漢翁牛特等諸部所獻牧地置歲行秋獮之禮四十
五年設圍場總管一員六品官八員率官兵駐守以司譏察巡防之禁令
皇上式遵前制每以八月行圍肄武凡內札薩克蒙古王公台吉及喀爾喀青
海厄魯特並輪年入
覲之都爾伯特土爾扈特回部伯克等咸會朝
行在所櫜鞬執役歲以爲常乾隆十四年始以圍場總管屬理藩院統轄十八
年升總管等品秩增設翼長二人驍騎校每旗各一人
謹案我
朝威德廣被其內札薩克諸蒙古久受疆索比於內臣而
聖武所昭無思不服北踰瀚海西越流沙亦莫不碁布星羅咸歸版籍設官
置吏多因其俗以治之臂指相維不殊郡縣如蒙古諸旗之札薩克官及

新疆回城之伯克等官皆領屬於理藩院今以其本由各部落選置與內
地注授者不同故別繫諸藩屬諸官表內謹識於此

歷代建置

謹案周禮大行人賓禮親諸侯凡會同朝覲之事牢禮爵位之數皆其
所掌典式綦備後世封建既廢惟藩國猶各以其籍貢獻而秦漢以來
德不及遠大抵羈縻姑息叛服不常甚至屈體和親禮鈞鄰敵其約束
期會非中朝所得而主故從未有設官以治之者我
國家義正仁育中外一家蒙古諸部落或誼聯戚畹或著有勳勞帶礪之
封爰及苗裔土田戶版盡隸職方至於月䶥砥平畫疆置吏羌髳順化
迥戍開屯亦皆述職來朝歲奉王事特設理藩院以司其政令爲
本朝刱建之職謹以古制約略準擬惟周官大行人所掌全相脗合而懷
方合方訓方形方諸氏亦可以類相比次則漢之典屬國差爲近之其
秦漢而後之大鴻臚典領藩國諸侯王頗有與今理藩院職守相似者

雖規模之廣狹有殊而所掌尙屬賓客禮儀之事故並互見于此表（今鴻臚寺所掌者惟儐贊及朝儀其賓客之事則分屬理藩院及禮部會同四譯館說詳鴻臚寺篇）至宋明諸代懷柔無策建置未遑者則亦並從闕略以著其實仰見

聖朝長撫遠馭文軌大同凡世胙藩封者無不朝春秋而備宿衞實與三代諸侯無異故理藩院之輯寧衆部卽大行人之信睦羣邦震疊威靈邁於周典近代義乖懷畏不獨閉關自守者無足語於服遠之宏模卽或睎古建官亦不過略存規制從未有遐荒絕漠悉統治于王官道一風同咸爲臣僕如

今日之盛也

三代

（尙書舜典）賓于四門四門穆穆（孔穎達疏）以諸侯爲賓舜主其禮迎而待之（史記裴駰集解）馬融曰四門四方之門諸侯朝者舜賓迎之

謹案尙書賓于四門孔安國作賓客之賓鄭康成則讀爲儐字音義各

異而以爲迎待諸侯則其說並同周大行人所謂大賓之禮大客之儀其規制實本于此今故引冠理藩院沿革之始以著原起云

（周禮秋官）大行人中大夫二人小行人下大夫四人環人中士四人大行人掌大賓之禮及大客之儀以親諸侯春朝諸侯而圖天下之事秋覲以比邦國之功夏宗以陳天下之謨冬遇以協諸侯之慮時會以發四方之禁殷同以施天下之政時聘以結諸侯之好殷頫以除邦國之慝閒問以諭諸侯之志歸脤以交諸侯之福賀慶以贊諸侯之喜致禬以補諸侯之烖以九儀辨諸侯之命等諸臣之爵以同邦國之禮而待其賓客上公之禮執桓圭九寸繅藉九寸冕服九章建常九斿樊纓九就貳車九乘介九人禮九牢其朝位賓主之閒九十步立當車軹擯者五人廟中將幣三享王禮再祼而酢饗禮九獻食禮九舉出入五積三問三勞諸侯之禮執信圭七寸繅藉七寸冕服七章建常七斿樊纓七就貳車七乘介七人禮七牢朝位賓主之閒七十步立當前疾擯者四人廟中將幣三享王禮一

祼而酢饗禮七獻食禮七舉出入四積再問再勞諸伯執躬圭其他皆如
諸侯之禮諸子執穀璧五寸繅藉五寸冕服五章建常五斿樊纓五就貳
車五乘介五人禮五牢朝位賓主之閒五十步立當車衡擯者三人廟中
將幣三享王禮一祼不酢饗禮五獻食禮五舉出入三積一問一勞諸男
執蒲璧其他皆如諸子之禮凡大國之孤執皮帛以繼小國之君出入三
積不問一勞朝位當車前不交擯廟中無相以酒禮之其他皆視小國之
君凡諸侯之卿其禮各下其君二等以下及其大夫士皆如之邦畿方千
里其外方五百里謂之侯服歲一見其貢祀物又其外方五百里謂之甸
服二歲一見其貢嬪物又其外方五百里謂之男服三歲一見其貢器物
又其外方五百里謂之采服四歲一見其貢服物又其外方五百里之謂
衛服五歲一見其貢材物又其外方五百里謂之要服六歲一見其貢貨
物九州之外謂之蕃國世一見各以其所貴寶爲摯王之所以撫邦國諸
侯者歲徧存三歲徧頫五歲徧省七歲屬象胥諭言語協辭命九歲屬瞽

史諭書名聽聲音十有一歲建瑞節同度量成牢禮同數器修法則十有二歲王巡守殷國凡諸侯之王事辨其位正其等協其禮賓而見之小行人掌邦國賓客之禮籍以待四方之使者令諸侯春入貢秋獻功王親受之各以其國之籍禮之凡諸侯入王則逆勞于畿及郊勞視館將幣爲承而擯凡四方之使者大客則擯小客則受其幣而聽其辭使適四方協九儀賓客之禮朝覲宗遇會同君之禮也存頫省聘問臣之禮也成六瑞王用瑱圭公用桓圭侯用信圭伯用躬圭子用穀璧男用蒲璧合六幣圭以馬璋以皮璧以帛琮以錦琥以繡璜以黼此六物者以和諸侯之好故若國札喪則令賻補之若國凶荒則令賙委之若國師役則令槁禬之若國有福事則令慶賀之若國有禍烖則令哀弔之凡此五物者治其事故及其萬民之利害爲一書其禮俗政事教治刑禁之逆順爲一書其悖逆暴亂作慝猶犯令者爲一書其札喪凶荒戹貧爲一書其康樂和親安平爲一書凡此五物者每國辨異之以反命于王以周知天下之故環人舍則

授館有任器則令環之

（管子五行篇）天子出令命行人內御（注）行人行使之官也

（韓非子外諸說）衞君入朝于周周行人問其號對曰諸侯辟疆周行人卻之曰諸侯不得與天子同號

謹案周制賓客有大小之分鄭康成周禮注大賓要服以內諸侯大客謂其孤卿賈公彥疏云言要服以內諸侯者對要服以外為小賓蕃國世一見是也大客謂大賓下孤卿對行人所云小客大夫士皆得為客此但舉尊者而言據此是六服諸侯皆大賓而九州外之蕃國則小賓也自封建變為郡縣而歷代朝貢者獨有蕃國故賓禮所沿與周制多不相準惟今札薩克諸蒙古咸以勳存

王室世守藩封子弟入侍於

闕廷丁口悉登于戶版其慶讓黜陟之典實無殊於六服諸侯故理藩院一官所司典制儀式皆卽周大小行人之職如諸藩封爵凡親王郡王貝

勅貝子公分爲五等台吉分爲三等皆由院奏請繼襲此卽如以九儀辨諸侯之命而等其爵也凡朝期或分三班或分四班皆周而復始歲十二月咸集以奉元會其不分班者則閱年奏請得
旨來覲此卽如六服諸侯各以其方歲見四載而徧也其來朝就館賞賚俸幣之制牧餼廩給之數皆視等級以爲差此卽如牢禮饗食之有多寡也會盟之期漠南諸部則三年遣大臣奉
勅以往喀爾喀等部則各副將軍歲於所部舉行閱歲則以軍營參贊大臣二人分蒞之此卽如歲徧存三歲徧覜五歲徧省也各部落偶遇歲荒札薩克設法養贍不足告盟長協濟再不足會報到院奏請發帑以濟其乏此卽如賙委槁禬以治其事故也蓋惟懷柔化洽所爲習禮考義正刑一德者無不同符周典備極精詳是以鱗集仰流比于戶闥同風郅治媲三代而獨隆矣

（周禮夏官）懷方氏中士八人掌來遠方之民致方貢致遠物而送逆之

達之以節治其委積館舍飲食（鄭康成注懷來也主來四方之民及其物）合方氏中士八人掌

達天下之道路通其財利同其數器一其度量除其怨惡同其好善（鄭康成注主合同四方之事）

訓方氏中士四人掌道四方之政事與其上下之志誦四方之

傳道正歲則布而訓四方以觀新物（鄭康成注訓道也主教道四方之民志淫行辟則當以政教化正之）形

方氏中士四人掌制邦國之地域而正其封疆無有華離之地（鄭康成注主制四方邦國之形體華讀爲㼌哨之㼌正之使不㼌邪離絶）

謹案懷方氏以下四官皆主和輯四方諸侯亦今理藩院所有事以規

制考之合方氏形方氏通財利同好惡正封疆當如今旗籍典屬徠遠

諸司之職懷方氏治委積館舍而送逆之當如今王會柔遠諸司之職

訓方氏以教化正淫辟則如今理形司之職也

（周禮秋官）司盟下士二人掌盟載之法

謹案春秋左氏僖五年傳勳在王室藏于盟府杜預注司盟之官孔穎

達疏曰諸侯初封必有盟誓之言漢封爵之誓卽盟之類僖二十六年

傳載在盟府太師職之杜預注太公爲太師兼主司盟之官襄十一年傳藏在盟府杜預注司盟之府有賞功之制孔穎達疏曰司盟之府掌藏功勳典策故有賞功之制是周之司盟專主諸侯功績至以太師兼掌之其職甚重今蒙古諸部落世次譜系及

錫封根源備載于冊藏諸

內府十年一修近又奉

詔纂輯蒙古王公表傳錄功旌伐傳示無窮蓋卽功勳典策藏于盟府之制是今之理藩院亦兼有周司盟之職也

（逸周書王會解）成周之會相者太史魚大行人皆朝服有繁露郭叔掌爲天子菉幣焉（孔晁注）魚太史名及大行人皆贊相賓客禮儀菉諸侯之幣也

（尚書立政）夷微盧蒸三亳阪尹（孔安國傳）蠻夷微盧之衆師及亳人之歸文王者三所爲之立監及阪地之尹長皆用賢

謹案蔡沈書傳謂此卽王官之監于諸侯四夷者以尹與監爲一官而孔安國則以爲微盧亳有監而版地有尹區之爲二疑地當險要及人戶繁庶者則立監以治之其職較尊當如今之新疆各路駐劄大臣其地近而事簡者所任略輕則爲之設尹如今蒙古地方駐劄司官及察哈爾游牧理事官之類也

（周禮秋官）象胥每翟上士一人中士二人下士八人掌蠻夷閩貊戎狄之國使掌傳王之言而諭說焉以和親之若以時入賓則協其禮與其辭言傳之

謹案大行人職稱七歲屬象胥諭言語協辭命九歲屬瞽史諭書名聽聲音鄭康成注通言語之官爲象胥瞽樂師也史大史小史也書名書文字也古曰名七歲省而召其象胥九歲省而召其瞽史皆聚于天子之宮教習之也易祓周禮總義謂諭言語則通五方之言語乃象胥之職諭書名則達六書之文乃瞽史之職據此則凡語言文字之不相通

者皆當以象胥大史小史教習之而後使命往來咸得以達其爵而諭其志今之蒙古繙譯房唐古忒學蓋即其制特三代以語音與字書分兩職今則本方語以繙譯成文審音辨字相為條貫並不必分曹肄習故仍以象胥互著于此(又別見會同四譯館篇)而大史小史則別繫諸翰林院及欽天監篇內焉(說各詳本篇)

〔周禮地官〕山虞每大山中士四人下士八人中山下士六人小山下士二人若大田獵則萊山田之野及弊田植虞旗于中致禽而珥焉(〔賈公彥疏〕大田獵謂王親行田在山則山虞于可陳之處芟除草木)澤虞每大澤大藪中士四人下士八人中如中川之衡(下士六人)小如小川之衡(下士二人)若大田獵則萊澤野及弊田植虞旗以屬禽迹人中士四人下士八人掌邦田之地政為之厲禁而守之凡田獵者受令焉(〔鄭康成注〕田之地若今苑也〔賈公彥疏〕迹人主迹知鳥獸之處有禽獸之處則為苑囿以林木為藩籬使其地之民遮厲守之)

謹案三代天子蒐狩之地必有廣阜大藪以陳六軍詩所謂東有甫草駕言行狩是也今木蘭之地泉甘壤沃

靈囿天閑芟舍治兵適符古制圍場總管主成梁除道其職近于山澤之虞而禁令所頒與迹人之掌邦田地政者尤爲相合以其爲理藩院統轄故沿革併附于此表云

秦

〔冊府元龜〕秦置典客掌諸侯及歸義蠻夷又有典屬國掌蠻夷降者

謹案冊府元龜謂秦置典客掌諸侯及歸義蠻夷考戰國策秦王見燕使者咸陽宮乃朝服設九賓注禮大小行人以九儀掌賓客之禮吳師道授正曰大事記相如奉璧入秦秦王齋五日後乃設九賓禮于庭注引正義韋昭云九賓則周禮九儀也劉伯莊云九賓者周王之備禮天子臨軒九服同會秦趙安得九賓但亦陳設車輅文物爾不得以周禮九賓儀爲釋愚按前漢書大行設九賓恐卽秦儀也據師道此說則秦人典客亦猶掌大行人之遺法叔孫通傳所謂大行設九賓臚句傳乃秦法之沿于漢初者也

漢

（荀悅漢紀高后紀）呂祿遂解印屬典客而以兵授勃七年典客馮敕爲御史大夫（惠帝紀）典客掌諸侯歸義蠻夷景帝更名大行武帝更名大鴻臚（武帝紀）單于背約寇邊無已于是上議伐之大行王恢曰匈奴和親率不過數歲請擊之

（漢書百官公卿表）典客掌諸歸義蠻夷景帝中六年更名大行令武帝太初元年更名大鴻臚屬官有行人譯官令丞武帝太初元年更名行人爲大行令

謹案漢書百官公卿表典客掌諸歸義蠻夷景帝中六年更名大行令武帝太初元年更名大鴻臚是武帝時始有大鴻臚考荀悅漢紀景帝紀中元年春令諸侯王薨及列侯初封及之國大鴻臚奏諡誄策列侯薨及諸侯王太傅初除之官大行奏諡誄策王薨遣光祿大夫弔襚祠賵視喪事因立嗣列侯薨遣太中大夫弔祠視喪事立嗣據此則景帝

中元年已有大鴻臚不自武帝始且秦諡誄策或用大鴻臚或用大行令似大鴻臚與大行令各爲一官大行令非大鴻臚之更名矣均與漢表不同

（漢書應劭注）皇帝延諸侯王賓王諸侯皆屬大鴻臚

（太平御覽）韋昭辨釋名曰腹前肥者臚言以京師爲心腹王侯外國爲四體以養之也辨云鴻臚本故典客掌賓禮鴻大也臚陳序也欲以陳序賓客也

（程大昌雍錄）藁街在朱雀街西與鴻臚寺近

（漢書臣瓚注）大行是官名掌九儀之制以賓諸侯

（荀悅漢紀武帝紀）後元二年濟北王寬坐悖人倫祝詛有司請誅上遣大鴻臚利召王（哀帝紀）建平元年太后素怒中山遣御史按驗考訊卒無所得更使中謁者令史陳立與丞相長史大鴻臚丞親治其事

（揚雄大鴻臚箴）蕩蕩唐虞經通核極陶陶百王天工人力畫爲上下羅

條百職人有才能寮有級差遷能於官各有攸宜主以不廢官以不曠昔
在三代二季不蠲穢德慢道署非其人人失其材職反其官宗寮荒耄國
政如漫文不可武武不可文大小上下不可奪倫鴻臣司爵敢告在隣
謹案揚雄箴謂鴻臣司爵伯梁詩云郡國吏能差次之則漢之鴻臚又
掌官秩蓋鴻臚典九儀之制以賓諸侯則貴賤秩次因兼掌焉律志云
權衡規矩準繩職在大行漢紀權衡銖兩斤鈞石職在鴻臚亦以鴻臚
主陳序不淩亂也
（袁宏後漢紀明帝紀）楚王英徙丹陽涇縣遣大鴻臚持節護送英丹陽
（章帝紀）東平王蒼與諸王俱至滎陽使大鴻臚持節郊迎歲餘大鴻臚
奏遣諸王歸國東平王蒼薨乃遣大鴻臚持節護喪（順帝紀）漢安元
年以匈奴主義王兜樓儲爲南單于立於京師公卿使大鴻臚授印綬引
上殿（殤帝紀）鄧隲征羌還京師詔大鴻臚親迎
（洪适隸續）劉寬碑陰門生名大尙書洪氏云碑中有大尙書張祗祝睦

碑亦云拜大尙書考東京官制建武中三公皆去大惟鴻臚司農長秋有

大字

〔後漢書百官志〕大鴻臚卿一人中二千石掌諸侯及四方歸義蠻夷諸

王入朝當郊迎典其禮儀皇子拜王贊授印綬及拜諸侯諸侯嗣子及四

方夷狄封者臺下鴻臚召拜之王薨則使弔之及拜王嗣

謹案秦典客漢大鴻臚大行令職司賓禮本出周大小行人之職故諸

侯王列侯及蕃國之歸義者皆其所屬考之於史凡諸侯王封拜繼襲

削奪訊治弔祭誄諡之典皆以鴻臚主之今宗藩政令已聽治於宗人

府而蒙古王公撫封世及無殊漢之異姓諸侯王則理藩院實兼有大

鴻臚之一職至當時接待蕃國史未詳其儀制據漢書西域傳載大鴻

臚議募囚徒送匈奴使者又鴻臚領郡國邸而匈奴傳言單于來朝就

邸其爲鴻臚所主可知是匈奴諸國館餼送迎之事亦當隸於鴻臚也

〔漢書百官公卿表〕典屬國掌蠻夷降者武帝元狩三年昆邪王降復增

屬國置都尉丞候千人屬官九譯令成帝河平元年省併大鴻臚

（漢書武帝本紀）匈奴昆邪王降置五屬國以處之（顏師古注）凡言屬國者存其國號而屬漢朝故曰屬國

（漢書霍去病傳）因其故俗爲屬國顏師古注不改其本國之俗而屬於漢故號屬國

（王應麟玉海）典屬國卿也所以統邊郡屬國都尉等官也

（漢書昭帝本紀）蘇武奉使全節以爲典屬國如淳曰以武久在外國知邊事故令典主諸屬國

（常惠列傳）代蘇武爲典屬國明習外國事勤勞數有功爲右將軍典屬國如故（馮奉世列傳）常惠薨奉世代爲右將軍典屬國

謹案漢以蠻夷降者置屬國處之沿邊諸郡皆仍其故名而設都尉治之據兩漢地理志所載安定上郡天水五原張掖西河北地屬國以處匈奴降人金城屬國以處降羌廣漢蜀郡犍爲屬國以處西南夷降人其中酋長有仍其位號者匈奴傳屬國千長義渠王胡三省通鑑注屬

國義渠之君長是也有授以漢官者景武昭宣元成功臣表煇渠侯雷電故匈奴歸義以五原屬國都尉與貳師將軍擊匈奴是也有以部落之長率兵從征者功臣表昆侯渠復絫以屬國大首繫匈奴是也蓋以屬國都尉分治而典屬國居中統總之今自西南諸部落皆因其本俗設官駐劄控置撫綏與漢之屬國僅列置邊郡者其幅員之廣狹不同而規制則差可相擬是今之理藩院正漢典屬國卿之職也

（宋書百官志）漢儀尚書郎一人主匈奴單于營部一人主羌夷吏民匈奴單于宣帝之世保塞內附成帝世單于還北庭矣一郎主匈奴單于營部則置郎疑是光武時所主匈奴是南單于也

謹案漢以尚書郎主匈奴單于營部正如今理藩院司員之職蓋是時呼韓單于留居光祿塞下南單于亦入居雲中後徙西河美稷授地給食同於藩臣故特設官以領其事也

（後漢書匈奴列傳）南單于詣闕奉藩求使者監護始置使匈奴中郎將

衞護之中郎將置安集掾將弛刑五千人隨單于歲盡輒遣奉奏送侍子入朝中郎將從事一人將領詣闕

（後漢書百官志）使匈奴中郎將一人比二千石主護南單于置從事二人有事隨事增之掾隨事爲員護烏桓校尉一人比二千石主烏桓（應劭漢官曰擁節長史一人司馬二人皆百石）

（後漢書烏桓列傳）烏桓願留宿衞於是封其渠率爲侯王君長者八十一人布於緣邊諸郡始復置校尉幷領鮮卑賞賜質子歲時互市焉

謹案漢自匈奴烏桓並塞稱藩始置中郎將校尉諸官以衞護之秩皆比二千石蓋如今各處駐劄大臣之比至安集掾及長史司馬其秩較卑而職在和輯藩部則今烏蘭哈達等處司官及察哈爾游牧理事官頗爲近之云

三國

（三國魏志崔林列傳）林遷大鴻臚龜兹王遣侍子來朝褒賞甚厚餘國

各遣子來朝問使連屬林乃移書燉煌喻指并錄前世待遇諸國豐約故
事使有恆常
〔玉海〕大鴻臚魏韓宣崔林
謹案魏志諸王傳載中山王衮薨大鴻臚持節典護喪事楚王彪有罪
大鴻臚持節賜書切責又陳思王植傳稱諸奏植罪狀在大鴻臚者皆
削除之是魏世鴻臚所掌諸侯王封拜慶讓之典一如漢制而如崔林
傳所載則接待外藩亦其專司蓋猶未失大小行人之舊職也
晉
〔晉書職官志〕大鴻臚統大行等令及江左有事則權置無事則省
〔周禮〕象胥晉干寶註曰今鴻臚
謹案晉初鴻臚尚沿漢魏之制自渡江以後諸侯王既不分封外藩亦
無復朝覲聘問之禮故遂罷而不設偏安之世僻處一隅宜規模之益
以狹隘也

宋齊梁陳

謹案江左諸朝鴻臚惟掌導護贊拜不復主賓客之禮故專繫鴻臚寺篇不列於此表

北魏

（杜佑通典）後魏大鴻臚第三品大鴻臚少卿第四品

（楊衒之洛陽伽藍記）永橋以南圜丘以北伊洛之閒夾御道有四夷館道東有四館一名金陵二名燕然三名扶桑四名崦嵫道西有四里一曰歸正二曰歸德三曰慕化四曰慕義吳人投國者處金陵館三年以後賜宅歸正里北夷來附者處燕然館三年以後賜宅歸德里正光元年蠕蠕主郁久閭阿那肱來朝執事者莫知所處中書舍人常景議云咸寧中單來朝晉世處之王公特進之下可班那肱蕃王儀同之間朝廷從其議北夷酋長遣子入侍者常秋來春去避中國之熱時人謂之雁臣東夷來附者處扶桑館賜宅慕化里西夷來附者處崦嵫館賜宅慕義里自葱嶺以

西莫不歡附商胡販客日奔塞下樂中國土風因而宅者不可勝數附化
之民萬有餘家門巷修整閭闔填列
謹案北魏於外藩入朝者皆有館以處之魏書蠕蠕傳云蠕蠕投化在
京館者任其去留又云蠕蠕可汗婆羅門入朝死於洛南之館是也洛
陽伽藍記所載最詳其閟疑不無夸飾然規制自可考見特不言以何
官掌之據魏書高句麗傳又稱高祖使大鴻臚拜高雲爲高句麗王是
魏世鴻臚實主藩國一切館餼朝謁當爲其專職蓋如今之理藩院矣
（冊府元龜）延和二年九月詔兼大鴻臚卿崔頤持節拜征虜將軍楊難
當爲征南大將軍儀同三司封南秦王太和三年三月遣鴻臚卿劉歸謁
者張察拜河南公梁彌機爲征南大將軍西戎校尉梁益二州牧河南公
宕昌王
謹案初學記鴻臚五代史百官志云至梁加卿字曰鴻臚卿除大字後
魏又加大字考冊府元龜于魏延和二年稱大鴻臚卿崔頤于魏太和

二年稱鴻臚卿劉歸同爲魏制而一加大字一去大字與初學記不合

〔魏書崔挺列傳〕遷典屬國下大夫

〔魏書盧淵列傳〕淵拜典屬國

謹案北魏復置典屬國官而官氏志不載今據列傳採入其所掌已不可詳當亦即大鴻臚之分職也

北齊

〔隋書百官志〕後齊鴻臚寺置卿少卿丞各一人掌蕃客朝會吉凶弔祭統典客典寺等署令丞典寺署有僧祇部丞一人昭元寺掌諸佛教置大統一人統一人都維那一人

謹案葉夢得石林燕語東漢以來九卿官府皆名曰寺鴻臚其一也本以待四夷賓客故摩騰竺法蘭自西域以佛經至舍於鴻臚今洛中白馬寺即漢鴻臚舊地僧居概稱寺蓋本諸此云云據此是僧徒初入中國原待以蕃客之禮故舍之鴻臚寺至北魏而西域沙門來者益衆因

立監福曹又改爲昭元備置官屬以斷僧務見魏書釋老志北齊設典寺署令丞僧祇部丞仍隸於鴻臚俾主其事蓋猶本東漢之遺制今喇嘛番僧品秩承襲朝貢之禮悉統領於理藩院亦即其例至昭元寺專以僧徒總領其置大統統都維那諸名則猶今之札薩克大喇嘛以下各分等級也

後周

（通典）後周官品正五命秋官賓部中大夫正四命秋官小賓部下大夫正三命秋官小賓部上士掌大賓客之儀

（隋書韋師列傳）師在周爲賓曹參軍雅知諸蕃風俗及山川險易其有朝貢必接對論其國俗如視諸掌夷人驚服無敢隱情徙爲賓部大夫

謹案後周秋官有蕃部賓部俱出周行人之職今蕃部別繫諸禮部會同四譯館篇而賓部則專司賓禮當時出使專對皆以此職充之周書武帝紀天和三年小賓部元暉使於齊建德元年小賓部賀遂禮使於齊韋師傳所載可以相證與前代之大

鴻臚掌蕃國朝會者尤爲脗合今故著之於此表

隋

（隋書百官志）鴻臚寺置卿少卿各一人統典客崇元署各置令典客二人崇元一人煬帝改典客署爲典蕃署

（隋書蘇夔列傳）時蠻夷朝貢前後相屬帝嘗從容謂宇文述虞世基等曰四夷率服觀禮華夏鴻臚之職須歸令望寧有可以接對賓客者爲之乎咸以夔對卽日拜鴻臚少卿

謹案隋代鴻臚尙沿舊制掌賓客之禮隋書刑法志載楊素與鴻臚少卿陳延不平經蕃客館庭中有馬屎旋以白帝帝大怒撈捶陳延幾斃又突厥傳處羅可汗母向氏入朝留京師每舍之鴻臚寺可知外藩朝覲者其館舍廩賜皆屬之鴻臚猶與今理藩院職掌爲近也

唐

（舊唐書職官志）鴻臚寺龍朔改爲同文寺光宅曰司賓寺神龍復卿一

人少卿二人丞二人主簿一人錄事二人掌賓客之事凡四方夷狄君長朝見者辨其等位以賓待之凡夷狄君長之子襲官爵者皆辨其嫡庶詳其可否若諸蕃人酋渠有封禮命則受冊而往其國凡天下寺觀三綱及京都大德皆取其道德高妙爲衆所推者俱申尚書祠部典客署令一人丞一人掌四夷歸化在蕃者之名數且朝貢宴享送迎皆預焉凡酋渠首領朝見者皆館供之

（唐會要）天寶十三年三月二十七日禮賓院令鴻臚寺掌管

謹案自東晉迄於唐諸侯王皆僅存空名無分藩之制故封授削奪之政令俱改歸宗正不屬鴻臚所存者惟蕃國朝覲之禮猶大行人之一職觀唐書回紇傳乾元後回紇使者相望留舍鴻臚又回紇武義可汗來逆公主其下七百人皆聽入朝舍鴻臚新羅傳鴻臚寺籍質子及學生歲滿者皆還之資治通鑑代宗永泰七年正月回紇使者擅出鴻臚寺掠人子女所司禁之毆擊所司七月回紇又擅出鴻臚寺逐長安令

邵說奪其馬是當時屬國之朝見館餼皆在鴻臚又諸藩冊立會盟弔祭亦多以鴻臚充使唐書突厥傳鴻臚卿劉善冊思摩可汗西突厥傳鴻臚少卿劉善冊咄陸可汗吐蕃傳崔漢衡爲鴻臚卿與吐蕃會盟境上回紇傳回紇懷信可汗死鴻臚少卿孫杲臨弔黠戛斯傳鴻臚卿李業持節冊黠戛斯爲英武誠明可汗即或以他官充使亦必兼鴻臚之職冊府元龜開元二十五年新羅王金興光卒其子承慶嗣位命贊善大夫刑璹攝鴻臚少卿往其國行弔祭冊立之禮是也雖唐代吐蕃回紇諸部皆強盛跋扈終未得其要領難語於威德綏懷而考其規制亦今理藩院之比也

（司馬光資治通鑑）會昌五年大秦穆護祆僧皆勒歸俗（胡三省注）大秦穆護又釋氏之外教如回鶻摩尼之類唐制祠部歲再祀磧西諸州火祆而禁民祈祭官品令其祆正蓋主祆僧也

（姚寬西溪叢語）唐貞觀五年有傳法穆護何祿將祆教詣闕勅長安崇教坊立祆寺號大秦寺又名波斯寺祆之有正想在唐世

（唐書回鶻列傳）詔回鶻營功德使在二京者悉冠帶之

謹案唐之祆僧出自西域爲釋氏外教蓋如今之紅教喇嘛其祆正當以僧徒充之如今陝甘洮岷諸寺番僧設都綱僧綱僧正之例故不見於官志摩尼之教本出回鶻即今回教所自始當時回鶻以摩尼入朝留居京師故兩京各置回鶻營功德使以統之疑亦隸於鴻臚寺也

（唐書西域列傳）箇失蜜王遣使者物理多來丐王冊鴻臚譯以聞

（唐書回鶻列傳）回鶻可汗遣其妹逆主且納聘帝饗回紇公主入銀臺門譯史傳導入拜謁已又譯史傳問乃至宴所

謹案唐鴻臚寺譯史主譯西域諸國文字蓋如今之有唐古忒學也

五季 未置

宋 未置

謹案宋代北有遼金西有夏國疆土最爲狹隘兼之兵力孱弱不能服遠並無外藩朝覲之事故鴻臚但存空名其偶一通貢者惟有高麗安南諸國以同文館及都亭懷遠諸驛分主之而已今已別著於禮部四

譯館篇不復載之此表

遼

〔遼史百官志〕北面部族官五院部有知五院事在朝曰北大王院六院部有知六院事在朝曰南大王院伊實（部帳名原作乙室今改正）部在朝曰伊實王府有伊實府都古稜（蒙古語盈滿也原作迪骨里今改正）節度使司奚六部在朝曰奚王府有二詳袞（原作常袞今依字面改正）有二宰相又有圖哩（滿洲語黑豆也原作吐里今改正）太尉有奚六部漢軍詳袞（原作詳穩今依字面改正）有奚伊喇（滿洲語麋也原作拽剌今改正）詳袞有錫林塔拉官（滿洲語錫林精銳也塔拉野外也原作先離撻覽今改正）

謹案遼之諸部族太祖二十部聖宗三十四部又附庸十部各有分壤地廣族繁遼史營衞志謂古者巡守於方岳五服之君各述其職遼之部族似之與今蒙古諸部落規制差可相擬特當時皆分隸於諸路詳袞統軍招討司不別設官以總領之惟五院六院伊實奚爲四大部族故在朝各置大王府以治其事謂之四大王府蓋卽如今理藩院職掌

也（南北二王院又互見戶部篇）

（遼史百官志）北面坊場等官圍場都太師圍場都管圍場使圍場副使

已上場官

謹案遼史穆宗紀載有虞人掌鹿鹿人獐人彘人狼人鷹人豕人鶻人喚鹿人諸官而他紀傳不槪見疑亦各因其所掌以立名並非定職惟圍場都太師以下專設以供獮狩之事即今圍場總管所由昉也

金

（金史兵志）太祖始以三百戶爲穆昆（滿洲語族也蓋族長之轉原作謀克今改正）穆昆十爲明安（滿洲語千也蓋千夫長之稱原作猛安今改正）繼而諸部來降率用明安穆昆之名以授其首領而部伍其人時東北路部族糺軍二部五糺戶五千五百八十五其他部族數皆稱是西北西南二路之糺軍十其諸路皆在上京之鄙或置總管府或置節度使

謹案金諸部族皆分置明安穆昆而各統以節度使詳袞額爾奇木（釋見

內篇閣之職百官志有諸部族節度使各一員統制各部諸糺詳袞各一員守戍邊堡諸額爾奇木司額爾奇木各一員分掌部族村寨事蓋亦猶今蒙古諸藩分旗編戶之制特其政令惟掌於西北西南東北三路招討司而在京並無綜轄之官以兵志考之疑當兼隸於尙書省及樞密院也

（金史伊喇道列傳）道改西北路招討使初諸部有獄訟招討司例遣胥吏按問往往爲姦利道請專設一官上嘉納之招討司設勘事官自此始

謹案金置勘事官以平諸部獄訟蓋卽如今察哈爾游牧處之理事官也

元

（元史百官志）宣政院秩從一品掌釋教僧徒及吐蕃之境而隸治之其用人則自爲選其爲選則軍民通攝僧俗並用至元初立總制院而領以國師二十五年因唐制吐蕃來朝見於宣政殿之前更名宣政院置院使二員同知二員副使二員參議二員經歷二員都事四員管勾一員照磨

一員二十六年置斷事官四員二十八年增僉院同僉各一員元貞元年
增院判一員大德四年罷斷事官至大初省院使一員至治三年置院使
六員天曆二年罷功德使司歸宣政定置院使十一員從一品同知二員
正二品副使二員從二品僉院二員正三品同僉三員正四品院判三員
正五品參議二員正五品經歷二員五品都事三員從七品照磨一員管
勾一員並正八品掾史十五人蒙古筆且齊（解見吏部篇）二人回回掾史二人
克埒穆爾齊（解見吏部篇）四人知印二人宣使十五人典吏有差○斷事官四
員從三品經歷知事各一員至元二十五年始置○大都提舉資善庫秩
從五品達嚕噶齊（解見戶部篇）一員提舉一員同提舉一員副提舉一員掌錢
帛之事至元二十六年置（以上屬宣政院）○通政院秩從二品國初置驛以給使
傳設托克托和斯（蒙古語托克托定也和斯雙也原作脫脫禾孫今改正）以辨奸僞至元七年初立
諸站都統領使司以總之設官六員十三年改通政院至大四年罷是年
仍置止管達勒達（滿洲語遮蔽處也原作達達今改正）站齊（原作站赤今依字面改正）延祐七年仍領漢

人站齊

謹案元初以兵威翦滅西北各部卽分封諸王於其地故親藩錫土多在邊陲元史稱國初親王分封有其地極遠去京師數萬里驛騎急行二百餘日方達京師者今蒙古部落大抵皆元諸王分地（如敖漢札賴特杜爾伯特郭爾羅斯爲遼王分地喀喇沁土默特爲惠寧王分地）故當時諸王駙馬投下蒙古色目人一切公事皆隸屬於大宗正府（詳見宗人府篇）其應給歲賜諸物或別置總管府以治之惟宣政院專領西僧及吐蕃境內諸事正今理藩院之一職其所屬有斷事官蓋卽如今理事官資善庫則如今之銀庫也至通政院所管達勒達站齊卽如今蒙古驛站而托克托和斯於各站專主郵政元志載吐蕃等處宣慰司都元帥屬若寧河積石烏思藏諸地皆有其官可見使命往來典司有在今之通政院設署京師故分列兵部馬館條下而托克托和斯則專繫於此以著蒙古驛站設立之沿革焉

（元史百官志）宣徽院秩正三品掌宴享宗戚賓客之事及諸王宿衛齊

哩克昆(蒙古語齊哩克兵也昆人也原作怯憐今改正)口糧食所屬內外司屬用人則人自爲選

置院使六員同知一員副使二員僉院二員同僉二員院判二員經歷二

員都事三員照磨一員

謹案元宣徽院主供玉食之需當爲今內務府職守而賓客之事亦兼

主之元史顯宗傳稱晉王在藩邸元貞元年塔塔爾部(原作塔塔兒部今依八旗姓氏通譜改正)年穀不熟檄宣徽院賑之則蒙古諸部災歉宣徽院實司其賑恤

正與理藩院旗籍司所掌相近今故互見於此

明(未置)

謹案明自成祖措置失宜棄大寧以與三衞自是邊牆之外皆爲甌脫

內地戍邏僅及關門而止元之子孫於漠北相繼稱汗至我

朝破察哈爾林丹汗而始滅終明之世雖使命往來有同敵國未嘗臣服

其別部若額森(蒙古語平安也原改也先今改正)諳達(滿洲語夥伴也原作俺答今改正)皆雄視一方

屢以勁兵入塞至於英宗被執京城受圍明人聚訟盈庭終不能得其

要領至西域境壤則第畫嘉峪關而守之雖以哈密近邊之地亦為土
魯番所據棄同異域諸蕃朝貢之禮不修官司亦闕而未置誠由威令
不行無以控馭之故也
國家聲教四訖奔走偕俫置戍建官盡歸疆索綏懷威軌固已遠軼漢唐
若明之柔懦無策者更為不足比算矣
欽定歷代職官表卷十七

欽定歷代職官表卷十八

都察院表

	左都御史
三代	
秦	御史大夫
漢	御史大夫 御史中丞 案成帝以中丞爲臺主故互列左都御史表內後仿此
後漢	御史中丞 侍御史中丞
三國	漢 御史中丞 魏 御史大夫 宮正 御史中丞 吳 左右御史大夫
晉	御史中丞
宋齊梁陳	御史中丞
北魏	御史中尉
北齊	御史中丞
後周	司憲中大夫
隋	御史大夫
唐	御史大夫 大司憲 左右肅政臺大夫
五季	御史大夫
宋	御史中丞
遼	御史大夫
金	御史大夫
元	御史大夫
明	左右御史大夫 左右中丞 監察都御史 左右都御史

左副都御史	六科給事中
御史中丞	給事中
御史丞御史中丞御史中執法御史內史治書侍御史	給事中
治書侍御史	給事中
魏治書執法治書侍御史吳中執法左執法	魏給事中
治書侍御史黃沙治書侍御史	給事中
治書侍御史	給事中
治書侍御史	中給事中給事中給事
治書侍御史	給事中
	給事中給事中士
治書侍御史	給事中給事郎
御史中丞	給事中
御史中丞	給事中
侍御史知雜事	給事中
御史中丞	給事中
御史中丞侍御史治書侍御史	給事中
御史中丞侍御史治書侍御史	給事中
御史中丞左右侍御史左右副都御史	六科都給事中左右給事中給事中

十五道監察御史	經歷
御史中士御史下士	
御史柱下史	
侍御史	御史主簿御史屬御史掾
侍御史	
魏侍御史吳御史	
侍御史殿中侍御史禁防御史檢校御史	
侍御史殿中御史	
侍御史殿中侍御史檢校御史	侍御中散
侍御史殿中侍御史檢校御史	
司憲上士司憲中士司憲旅下士	
侍御史殿內侍御史監察御史	御史臺主簿
侍御史殿中侍御史監察御史	御史臺主簿
侍御史殿中侍御史監察御史	御史臺主簿
侍御史殿中侍御史監察御史	御史臺主簿
侍御史	
殿中侍御史監察御史	
殿中侍御史監察御史	御史臺經歷
殿中侍御史察院監察御史十三道監察御史	都察院經歷都察院司務

都事	筆帖式	巡倉科道
	御史少史	
蘭臺令史		
侍御史主文中散		
錄事		
御史臺錄事		
御史臺錄事	臺院令史書令史殿院令史書令史察院令史	監太倉史
御史臺典事御史臺管勾		
御史臺都事	御史臺掾史御史臺譯史蒙古書寫	
都察院都事		巡視倉場御史提督京通二倉御史

巡漕科道	巡察科道
	監郡御史
督運漕侍御史	繡衣御史 監御史
	繡衣御史
魏督軍糧御史 督軍糧執法	
督運御史	
	十道巡按御史 巡傳驛御史
	巡察御史
催趲運船御史	各省巡按御史

都察院上

國朝官制

都察院左都御史滿洲漢人各一人（初制滿洲一品漢人二品順治十六年改俱爲二品康熙六年復改滿洲爲一品九年俱定爲正二品雍正八年俱升爲從一品）左副都御史滿洲漢人各二人（正三品）

掌察覈官常整飭綱紀

國初都察院置承政一員左右參政各二員順治元年改承政爲左都御史參政爲左副都御史員數增減不一三年定設左副都御史滿洲漢人各二人五年定設左都御史滿洲漢人各一人舊有滿洲啓心郎一員漢軍啓心郎二員順治十五年省又有漢人左僉都御史一員乾隆十年省其右都御史爲總督坐銜右副都御史爲巡撫坐銜俱無京員故都察院長官皆以左繫銜焉

吏科戶科禮科兵科刑科工科掌印給事中滿洲漢人各一人給事中滿洲漢人各一人（掌印給事中初制滿洲四品康熙二年改爲七品六年復爲四品九年定俱爲正七品雍正七年升爲正五品給事中初制從七品雍正

七年均升爲正五品

掌傳達

綸音稽考庶政吏科分稽銓衡注銷吏部順天府文卷戶科分稽財賦注銷戶部文卷禮科分稽典禮注銷禮部宗人府理藩院太常寺光祿寺鴻臚寺國子監欽天監文卷兵科分稽戎政注銷兵部太僕寺鑾儀衛文卷刑科分稽刑名注銷刑部通政使司大理寺文卷工科分稽工程注銷工部文卷

國初沿明制六科自爲一署順治十八年設滿洲漢人都給事中各一員滿洲漢人左右給事中各一員漢人給事中二員康熙四年六科止留滿洲漢人給事中各一員餘俱省五年復增設掌印給事中滿洲漢人各一員

雍正元年始奉

以六科隸都察院聽都御史考核焉

京畿河南江南浙江山西山東陝西湖廣江西福建四川廣東廣西雲南貴州

十五道掌印監察御史滿洲漢人各一人江南道監察御史滿洲漢人各三人

山東道監察御史滿洲漢人各二人京畿河南浙江山西陝西湖廣江西福建

道監察御史滿洲漢人各一人初制滿洲漢軍三品順治十六年改爲七品康熙六年改爲四品九年復爲正七品雍正七年定以滿洲由員外郎漢軍由郎中升授漢人由內閣侍讀編修檢討郎中員外郎補授者爲正五品由中行評博行取知縣補授者爲正六品乾隆十七年俱改爲從五品

掌糾劾官邪條陳治道京畿道分理院事及直隸

盛京刑名稽察內閣順天府大興宛平縣河南道分理河南刑名照刷部院

諸司卷宗稽察吏部詹事府步軍統領五城江南道分理江南刑名稽察

戶部寶泉局左右翼監督在京十有二倉總督漕運磨勘三庫月終奏銷

之籍浙江道分理浙江刑名稽察禮部都察院山西道分理山西刑名稽

察兵部翰林院六科中書科總督倉場坐糧廳大通橋監督通州二倉山

東道分理山東刑名稽察刑部太醫院總督河道催比五城命盜案牘緝

捕之事陝西道分理陝西刑名稽察工部寶源局覈勘在京工程湖廣道

分理湖廣刑名稽察通政使司國子監江西道分理江西刑名稽察光祿寺福建道分理福建刑名稽察太常寺四川道分理四川刑名稽察鑾儀衞廣東道分理廣東刑名稽察大理寺廣西道分理廣西刑名稽察太僕寺雲南道分理雲南刑名稽察理藩院欽天監貴州道分理貴州刑名稽察鴻臚寺又八旗事務每歲以滿洲科道四員專司稽察一年又宗人府事務以宗室御史稽察內務府事務初設御史四員稽察後省今以協理陝西道掌貴州道滿洲御史二員兼管皆不爲專闕焉

國初設滿洲御史二員順治五年增置十七員康熙二十八年又增一員雍正五年始置宗室御史二員蒙古初置章京二員康熙元年省五十七年增置蒙古御史二員漢軍御史初置八員康熙三十九年省三員雍正初俱省統歸漢人額缺內補用漢人御史順治初置六十九員旋省二十九員康熙初又省十六員雍正四年增置八員乾隆十三年又省九員十四年定設滿洲漢人員額如今制宗室蒙古御史俱統于滿洲員額之數四

十六年復增置宗室御史二人而省滿洲員額二人

謹案舊制御史分設十四道而以河南江南浙江山西山東陝西爲六掌道分稽在京諸司及各直省刑名河南道仍參治院事京畿道惟司照刷卷宗六掌道各以二員或一員協理依次遞遷其他則謂之坐道皆不理本道之事惟存空銜而已乾隆十四年

特詔釐正按道定額各給印信而以職事分隸之名實相符規制始爲允稱

二十年復

命以京畿道改列河南道之前俾互易所掌而官署亦從對換焉于是次序秩然益昭整肅矣至京畿河南二道員闕皆由長官掄選疏請

簡調各道掌印則以資深者遞轉其四川廣西廣東雲南貴州五道滿漢員額本各一人初制新授者卽補掌印今改定亦由江南等八道遞轉焉

經歷滿洲漢人各一人正六品 都事滿洲漢人各一人正六品

經歷掌董察吏胥都事掌繕寫章疏而行遣文書之事則兩廳分理之經

歷初稱司務後改爲經歷員額順治元年定都事初置滿洲二人漢軍一人康熙三十九年省漢軍員額乾隆十七年省滿洲都事一人改爲滿洲漢人各一人

筆帖式滿洲三十五人蒙古二人漢軍五人六科筆帖式滿洲八十人（職事見吏部篇）都察院筆帖式初置滿洲五十一人漢軍七人康熙三十八年省滿洲十有六人漢軍二人蒙古筆帖式雍正十二年置額六科筆帖式初置一百有七人乾隆二年省二十七人其分隸之制堂筆帖式十人京畿道江南道各三人河南浙江山西山東陝西湖廣江西福建四川廣東廣西雲南貴州道各二人吏科戶科兵科刑科各十有五人禮科工科各十人

巡察京通各倉科道十有四人

掌稽察在京祿米等十有二倉通州中西二倉覈其出納而禁其盜竊以釐剔弊端歲以十月引見派往一年而代

巡視淮安漕務科道一人（舊駐淮安今移瓜儀）巡視濟寧漕務科道一人（駐濟寧）巡視天津漕務科道一人（舊駐天津今移楊村）巡視通州漕務科道一人（駐通州）

掌催督糧運凡官吏須索稽留及旗丁私挾禁物者咸糾治之濟寧巡漕兼掌運河水道董察有司以時其疏濬焉每歲十月奏請

簡派給

欽差官員關防以行事竣而納之

巡察

京科道滿洲一人巡察吉林黑龍江科道滿洲二人巡察臺灣科道滿洲漢人各一人

掌巡省風俗釐察奸弊考覈稽違凡地方興革事宜及吏治民情皆以實採訪而入

告焉

盛京巡察雍正三年置吉林黑龍江巡察雍正九年置初制每歲更代後改

定俱五年掄遣一次臺灣巡察康熙六十一年置初制亦每歲更代雍正五年以漢人巡察兼理臺灣學政乾隆十七年改定三年掄遣一次三年
復
命屆期奏請應否派往均候
旨以行
謹案各省巡按御史
國初承明舊制置自郎中以下各官皆得選任兼憲銜以行順治十八年定議永行停止又有巡江御史巡視屯田御史俱順治初停止督理茶馬御史康熙初停止又雍正三年設各省巡察以督捕盜賊由科道及小京堂部屬各官掄遣江寧安徽共一人湖北湖南共一人山東河南共一人四年設直隸巡查御史順天及永平宣化二人保定正定河間二人順德廣平大名二人又有巡視山東河湖工務御史一員雍正元年置直隸巡農御史一員雍正七年置嗣俱先後停止謹附識于此

歷代建置上 此卷專敘都御史御史等官沿革

三代

（周禮天官）小宰之職掌建邦之宮刑以治王宮之政令凡宮之糾禁（鄭康成註）若今御史中丞

謹案漢御史中丞執法殿中與周官小宰掌宮刑以憲禁于王宮者相近故鄭氏援以爲比謹著之于此以明法官源流所自而其職本天官之貳故仍繫諸吏部表內焉

（周禮春官）御史中士八人下士十有六人其史百有二十人府四人胥四人徒四十人掌邦國都鄙及萬民之治令以贊冢宰凡治者受灋令焉掌贊書凡數從政者（鄭康成註）御猶侍也進也

謹案周官御史次于內史外史之後蓋本史官之屬故杜佑以爲非今御史之任然考其所掌如贊冢宰以出治令則凡政令之偏私闕失皆得而補察之故外內百官悉當受成法于御史實後世司憲之職所由

出今仍繫之于表

（呂祖謙大事記）御史之名見于周官以中下士爲之特小臣耳至於戰國其職益親故獻書多云獻書于大王御史秦趙澠池之會命御史書事淳于髡亦曰御史在後執法在傍是又掌記事糾察之任也

秦

（荀勗辭尙書令表）昔六官所掌冢宰爲首秦公卿贊以丞相御史爲冠

（杜佑通典）御史大夫秦官侍御史之率故稱大夫

（章俊卿山堂考索）秦置御史大夫以貳于相

（晉書百官志）御史中丞本秦官也

（史記張蒼列傳）秦時爲御史主柱下方書索隱曰周秦皆有柱下史謂御史也恆在殿柱之下

（鄭樵通志）法冠者秦始皇滅楚以其君冠賜御史亦名獬豸冠

謹案秦漢御史大夫史稱其掌副丞相故漢時名爲兩府薛宣傳飭在兩府師古曰兩府丞相御史府也凡丞相有闕則御史大夫以次序遷乃三公之任與今都御史

之職不同自東漢省御史大夫而以中丞爲臺率始專糾察之任其後歷代或復置大夫或但設中丞規制各殊要皆中丞之互名蓋即今都察院堂官之職事矣然秦漢大夫雖未可當今都御史而其官實御史之長故中丞稱御史大夫丞（見漢書張湯傳）御史亦稱御史大夫史（見漢儀注）且所掌在承風化典法度（薛宣傳御史大夫內承本朝之風化外佐丞相統理天下朱博傳御史大夫典正法度總領百官上下相監臨）本兼執憲之司又不可以擬今之協辦大學士職名所承權輿有在故仍繫之都察院表內焉

〔通典〕秦以御史監理諸郡謂之監察史（案御史奉使巡察實昉于秦之監郡而戰國策稱安邑之御史則是六國時已有其制矣）

漢

〔漢書百官公卿表〕御史大夫位上卿銀印青綬掌副丞相有兩丞秩千石一曰中丞在殿中蘭臺掌圖籍祕書外督部刺史內領侍御史十五人受公卿奏事舉劾案章成帝綏和元年更名大司空金印紫綬祿比丞相

置長史如中丞官職如故哀帝建平二年復爲御史大夫元壽二年復爲
大司空御史中丞更名御史長史
（通典）漢時選郡守相高第爲御史大夫任職者爲丞相
（李華御史大夫廳壁記）秦官有御史大夫在漢爲三公職副丞相丞相
闕則大夫遷或名司空或名舊號史足徵也議大政必下丞相御史其廷
署古曰府近曰臺
（王楙野客叢書）鼂錯更令諸侯讙譁錯父從潁川來謂錯曰上初即位
公爲政用事云云如淳曰錯爲御史大夫位三公也如淳意其父稱子爲
公蓋以此爾
（太平御覽）漢舊儀曰御史大夫寺在司馬門內門無塾門署用梓板題
曰御史大夫寺（謝維新合璧事類）漢謂之御史臺亦謂之蘭臺寺
通典御史大夫有兩丞一曰御史丞一曰中丞亦謂中丞爲御史中執法
中丞居殿中察舉非法及御史大夫轉爲大司空而中丞出外爲御史臺

率卽今之御史大夫任也

(李華御史中丞廳壁記)御史亞長曰中丞貳大夫以領其屬漢儀大夫副丞相以備其闕參維國綱鮮臨府事故中丞專焉

(程大昌雍錄)漢百官表御史中丞在殿中蘭殿西京賦曰蘭臺金馬遞宿迭居案此蘭臺正在殿中石渠天祿皆在殿北○漢則直在殿中中丞皆以未有外臺時爲準而名官以中也御史臺常與祕書爲隣唐世藏書皆具數申御史臺蓋故則也

(吳仁傑兩漢刊誤補遺)百官表御史大夫更名大司空置長史如中丞官職如故刊誤曰多一如字仁傑曰此言是也表稱御史大夫有兩丞一曰中丞在殿中蘭臺掌圖籍祕書外督部刺史內領侍御史十五人受公卿奏事舉劾案章案釐錯爲御史大夫謂丞史云云如淳曰丞史丞及史也表載丞不載史漢紀始有之一曰中丞外督部刺史一曰內史掌祕書受公卿奏事舉劾案章然則表有缺文者矣督部刺史下當云一曰內史

內領侍御史今缺四字置長史下當云省內史中丞官職如故今缺三字

衍一字不然有兩丞而止著其一兩丞之外復置長史非缺則贅其義安

在

謹案前漢御史大夫非今都御史䝉已具前至御史中丞雖掌糾察而

所居在殿中蘭臺為宮掖近臣亦與今副都御史有異至成帝以後中

丞出居外臺其職始視今之都察院矣又百官表稱漢御史有兩丞而

所載僅止中丞沈約宋書始以御史丞當其一然考之漢書多稱中丞

間有單稱御史丞者如班書嚴延年傳事下御史丞按驗范書黄琬傳

事下御史丞王暢以事核之皆卽中丞之省文減宣傳上言稍遷御史

及丞下言為御史及中丞二十載此卽其證蓋行文者詳略互見並非

別為一官且考薛宣傳稱宣為御史中丞執法殿中外總部刺史陳咸

傳稱咸為御史中丞總領州郡奏事課第諸刺史內執法殿中所掌皆

在督察州郡刺史而並不言其受公卿奏事故史記三王世家所載大

司馬上疏其受以奏未央宮者有御史臣光之名而不及中丞說詳通政司篇

吳仁傑據漢紀以爲當作內史其說似不爲無所本也

〔應劭風俗通〕御史中丞舊治書侍御史也

〔冊府元龜〕孝宣感路溫舒言秋季後請讞時帝幸宣室齋居而決事令侍御史二人治書治書御史起于此後因別置與符節郎共平廷尉奏罪當其輕重

〔太平御覽〕漢官儀曰侍御史周官也爲柱下史冠一名曰柱後以鐵爲之言其審固不撓也或說古有獬豸獸主觸邪佞故執憲者以其角形爲冠耳

〔通典〕漢舊儀曰漢御史員四十五人皆六百石其十五人給事殿中爲侍御史宿廬在石渠門外二人尚璽四人持書給事二人侍前中丞一人領錄三十人留寺理百官事

〔漢書蕭望之傳注〕如淳曰漢儀注御史大夫史員四十五人皆六百石

其十五人給事殿中其餘三十人留寺治百官事皆冠法冠

謹案漢自成帝以後中丞爲御史臺率其職實如今之都御史而治書侍御史二人掌以法律當天下奏讞定其是非參主臺事猶其初之有兩丞則亦當如今副都御史之職也至御史在漢雖有殿中及留寺之分然皆歸大夫及中丞統屬故尹齊傳稱齊爲御史事張湯董賢傳稱孔光爲御史大夫時賢父恭爲御史事光蕭望之至使守史護視家事而鮑宣傳稱宣摧辱丞相事下御史中丞侍御史至司隸官欲捕從事云云蓋亦因中丞承詔治宣獄故使侍御史往捕則侍御史之得聽中丞差委亦槪可見矣

（通典）漢有御史主簿（漢書孫寶傳）張忠爲御史大夫署寶爲主簿

（漢書武帝本紀）御史乘屬在廟旁（如淳注）漢儀注史亦有屬

（漢書嚴延年列傳）以選補御史掾舉侍御史

（漢書蕭望之列傳）少史冠法冠（蘇林注）少史曹史之下者也

謹案漢御史臺主簿及掾當如今之經歷都事等官而御史屬獨不詳其秩位考匈奴傳載祁連欲引兵還御史屬公孫益壽諫以爲不可擢益壽侍御史是其職亦當與掾相近蓋是時田廣明以御史大夫爲祁連將軍故得以其屬行其言御史屬者乃御史大夫之屬非侍御史也漢書所云丞相御史及制詔御史者皆指御史大夫史家省文往往如是耳

（漢書百官公卿表）侍御史有繡衣直指出討姦猾治大獄武帝所制不常置

（漢書王訢列傳）繡衣御史暴勝之持斧逐捕盜賊（元后列傳）王賀爲武帝繡衣御史逐捕魏郡羣盜

（唐六典）惠帝三年相國奏御史監三輔不法事凡九條

（馬端臨文獻通考）漢惠帝初置御史監三輔其後又置監御史漢官儀曰侍御史出督州郡賦稅運漕軍糧

〔漢書胡建列傳〕監軍御史與護軍諸校列坐堂皇上

謹案御史出使至西漢而漸多如繡衣直指監郡督運監軍之類皆以事專行正如今巡漕巡察諸差之比其他隨時奉遣者尙屢見于史如食貨志載分遣御史即治郡國緡錢宣帝紀載黃龍元年詔御史察計簿霍光傳載侍御史五人持節護喪事皆非常例而收縛罪人亦多以侍御史爲之劉輔傳上使侍御史收繫輔谷永傳上使侍御史收丞朱雲傳御史將雲下殿蓋因其給事殿中職居親近故事之重且急者往往使之銜命耳又叔孫通傳載長樂宮置酒御史執法舉不如儀者輒引去無敢讙譁失禮者則又今糾儀之職所自始矣

〔通典〕後漢初廢御史大夫至建安十三年罷三公官始復置之以郗慮居焉不領中丞置長史一人

〔後漢書百官志〕御史中丞一人千石本注曰御史大夫之丞也舊別監御史在殿中密舉非法及御史大夫轉爲司空因別留中爲御史臺率後又屬少府治書侍御史二人六百石本注曰選明法律者爲之凡天下諸讞疑

事掌以法律當其是非侍御史十五人六百石本注曰掌察舉非法受公卿羣吏奏事有違失舉劾之凡郊廟之祠及大朝會大封拜則二人監威儀有違失則劾奏蘭臺令史六百石本注曰掌奏及印工文書

〔洪适隸釋〕巴郡太守張納碑五府表君中丞督缺二字武汾沄所向禽殪日不移晷收功獻捷車騎將軍馮緄碑御史中丞督使揚徐二州討賊范容朱生徐鳳馬勉張嬰等幽州刺史朱龜碑于時益州蠻夷侵寇邊郡陸梁山野爲害日甚朝廷以君能缺二字武缺二字御史中丞討彼亂略君統整羣帥方謀並設威神霆雷燭于上下至缺二字郡缺二字授首

〔後漢書宣秉列傳〕光武特詔御史中丞與司隸校尉尚書令會同並專席而坐故京師號曰三獨坐

謹案後漢書馬援傳稱馬嚴拜侍御史中丞當以其爲侍御史之長故又有此稱也至中丞督兵討捕盜賊已見于前漢成帝時迨東京而其事尤多范史所載如馮緄以御史中丞將兵督揚州九江諸郡軍事感修以御史中丞募兵討長沙零陵賊不一而足今督撫之兼都御史副

都御史銜其制蓋權輿于此矣
（通典）治書御史選御史高第者補之自桓帝之後無所平理充位而已侍御史以公府掾屬高第補之或以故牧守議郎郎中爲之順帝後絕他選專用宰士有三缺三府各一
（冊府元龜）侍御史二漢所掌凡五曹一曰令曹掌律令二曰印曹掌刻印三曰供曹掌齋祀四曰馬曹掌廄馬五曰乘曹掌護駕
謹案前漢御史多以刀筆吏積勞得之後漢如以公府掾屬選補蓋即如今由部屬保舉之例而後漢書載司徒劉愷辟韋豹謂之曰今歲垂盡當選御史意在相薦子其宿留則選舉之期又當在每歲冬月矣至後漢侍御史有出使安集州縣者杜詩傳爲侍御史安集洛陽是也有主從駕行幸平治道路者章帝紀帝東巡狩勅侍御史方春毋得有所伐殺虞延傳駕經封邱城門門小不容羽蓋帝怒使撻侍御史蓋即所謂乘曹之職是也有出督軍旅者高彪傳第五永爲督軍御史使督幽

州桓典傳典爲侍御史奉使督軍破賊是也有慰撫屬國者李恂傳拜侍御史持節使幽州宣布恩澤慰撫北狄是也有監護東宮者种暠傳順帝時爲侍御史監護太子是也有使典喪事者楊賜傳賜卒使侍御史持節送喪蘭臺令史十人發羽林騎輕車介士是也而郭憲傳又稱執法奏爲不敬章懷太子注執法糺劾之官是御史亦可稱執法殆如中丞之爲中執法歟伏湛傳注王莽改御史曰執法其名蓋起於此

〔通典〕後漢譙元爲繡衣御史持節分行天下沈約云繡衣御史光武省順帝復置

謹案譙元本傳元以中散大夫爲繡衣使者並非御史且其事在平帝元始四年亦非後漢也杜佑此條徵引殊誤

三國

〔三國蜀志向朗列傳〕朗子條景耀中爲御史中丞

〔雍錄〕魚豢魏略載薛夏之言曰蘭臺爲外臺祕書爲內閣此時御史所

掌祕籍已不在禁中矣故命爲外臺

（冊府元龜）魏文帝黃初二年又以御史大夫爲司空改中丞爲宮正後皆復舊名侍御史八人又置治書執法掌奏劾治書侍御史但掌律令

（宋書百官志）魏置御史八人有治書曹掌度支運課第曹掌考課不知其餘曹也

（通典）魏蘭臺遣二御史居殿中察非法卽殿中侍御史之始也

（三國魏志杜襲列傳）文帝踐阼襲爲督軍糧御史更爲督軍糧執法

（三國魏志明帝本紀）黃初七年遣治書侍御史荀禹慰勞邊方景初元年冀兗徐豫四州民遇水遣侍御史循行沒溺開倉賑救之

（冊府元龜）吳亦有御史大夫孫休永安元年命大將軍孫綝領之後又置左右御史大夫五年以廷尉丁密光祿勳孟宗分爲之

（三國吳志是儀列傳）拜侍中中執法平諸官事

（三國吳志薛綜列傳）綜子瑩孫皓初爲左執法（胡綜傳）一拜偏將軍兼左執法

（三國吳志陸凱列傳）凱弟允始爲御史

（三國吳志樓元列傳）孫休時爲監農御史

謹案蜀吳官制史志有闕今採列傳所載以補其略至吳之中執法左執法其職較崇當亦卽中丞之改名也

晉

（冊府元龜）晉初罷大夫因漢制以中丞爲臺主

（李華御史中丞廳壁記）晉宋元魏以還無御史大夫由是中丞威望愈尊禮有加等

（通典）晉亦因漢以中丞爲臺主與司隸分督百僚自皇太子以下無所不糾初不得糾尙書後亦糾之晉傳咸奏云司隸中丞得糾太子而不得糾尙書臣所未譬朝廷無以易之中丞專糾行馬內司隸專糾行馬外雖制如是然亦更奏衆官實無其限

（晉書職官志）晉置治書侍御史四人泰始四年又置黃沙獄治書侍御史一人秩與中丞同掌詔獄及廷尉不當者皆治之後幷江南遂省黃沙

治書侍御史及太康中又省治書侍御史二員○侍御史員九人品同治書而有十三曹吏曹課第曹直事曹印曹中都督曹外都督曹媒曹符節曹水曹中壘曹營軍曹法曹筭曹及江左初省課第曹置庫曹後分置外左庫內左庫云○殿中侍御史晉置四人江左置二人又案魏晉官品令又有禁防御史第七品孝武太元中有檢校御史吳琨則此二職亦蘭臺之職也

〔葉夢得石林燕語〕自晉魏以來凡入殿奏事官以御史一人管殿門外搜索而後許入謂之監搜御史立藥樹下至唐猶然太和中始罷之

〔趙彥衞雲麓漫鈔〕東晉時有檢校御史專掌行馬外事以吳琨爲之

〔晉書孝武帝本紀〕太元六年正月初置督運御史官

宋齊梁陳

〔宋書百官志〕御史中丞掌奏劾不法秩千石治書侍御史掌舉劾官品第六已上分掌侍御史所掌諸曹若尚書二丞侍御史掌察舉非法受公

卿奏事有違失者舉劾之太祖元嘉中省外左庫世祖大明中復置順帝初省營軍併水曹省筭曹併法曹吏曹不置御史凡十御史焉（南齊書百官志）御史中丞一人治書侍御史二人侍御史十人（隋書百官志）御史臺梁國初建置大夫天監元年復曰中丞置一人掌督司百僚治書侍御史二人分統侍御史侍御史九人居曹掌知其事糾察不法殿中御史四人掌殿中禁衛陳承梁皆循其制官

謹案治書侍御史自應劭已比之中丞魏晉以後分統侍御史沈約謂若尚書二丞則其職事更崇今故繫之副都御史表內至治書或作持書或作侍書考太平御覽引風俗通有舊注國諱改焉後歷代皆同九字當係唐人原本所題蓋唐避高宗諱改治爲持又譌作侍也今並從漢書本文作治字焉

又案江左諸朝中丞獨專論劾之責羣臣得罪多有以失糾免官者南史蔡廓傳謝靈運殺人御史中丞王淮之坐不糾免官故每不能久于其位劉休傳載休爲中丞啓

言宋世載記六十歷斯任者五十有三校其年月不過盈歲是也又當時條制亦往往與前代較異如王僧虔傳稱甲族由來不居憲臺殆恐其有所瞻徇而然又到洽傳稱舊制中丞不得入尚書下舍洽兄溉爲左戶尚書至刺省詳決始許入省則不知其何故矣

北魏

（魏書官氏志）御史中尉第三品上治書侍御史第五品上侍御史殿中御史從第五品中又高祖復次職令御史中尉從第三品治書侍御史第六品侍御史第八品殿中侍御史從第八品檢校御史第九品

謹案魏李彪爲御史中尉而洛陽伽藍記又載高祖舉酒曰三三橫兩兩縱誰能辨之賜金鐘御史中丞李彪曰沽酒老嫗甕注𤬪屠兒割肉與稱同然則當時雖改中丞爲中尉而中尉仍通稱中丞也

（徐堅初學記）侍御史後魏八人殿中侍御史後魏置十四人檢校御史後魏置十二人

（魏書官氏志）天興四年九月罷外蘭臺御史總屬內省

（通典）後魏御史甚重必以對策高第者補之侍御史與殿中侍御史晝在外臺受事夜則番直內臺御史舊式不隨臺主簡代延昌中王顯有寵于宣武爲御史中尉始請革選此後踵其事每一中尉則更簡代御史

（魏書韋纘列傳）遷侍御史中散（高道悅列傳）少爲中書學生侍御主文中散

謹案治書侍御史宋齊其任稍輕至梁復重其選通典謂後魏掌糾禁內朝會失時服章違錯饗宴會見悉所監之則其職亦次于中尉故魏書李彪傳載李沖劾彪表稱輒集治書侍御史臣酈道元等以彪所犯罪狀訊其虛實云云蓋時彪方爲中尉彪既被罪故臺官卽以道元爲首也至侍御中散主文中散二官不見于官氏志而由此可轉御史殆亦掾史之屬如今之經歷都事歟

又案北魏亦有監軍御史畢祖彥傳以侍御史爲元法僧監軍及出使徵兵高道悅傳車駕南征徵兵

秦雍期秋季閱集洛陽使者治書御史薛聰等稽遲期會與典治喪事者王肅傳遣侍御史一人監護喪事大抵多沿前代之制至巡察州郡雖無專職而高聰傳稱聰爲幷州刺史再爲御史舉奏張纂傳稱纂爲樂陵太守多所受納聞御史至棄郡逃走則是乘傳糺察者亦時有其事矣

北齊

(隋書百官志)後齊御史臺掌糾察彈劾中丞一人治書侍御史二人侍御史八人殿中侍御史檢校御史各十二人錄事四人

南臺

(謝維新合璧事類)御史臺自齊梁皆謂之南司梁及後魏北齊或謂之南臺

謹案南臺之名不始于梁據南史王曇首傳載宋元嘉四年車駕出北堂使三更開廣莫門南臺不肯開左丞羊元保奏免中丞傅隆又袁凱傳有南臺御史王道隆沈文季傳有南臺御史賀咸則自宋齊已有此稱矣

後周

（冊府元龜）後周六官之建改中丞爲司憲中大夫御史臺爲司憲屬秋官府置司憲上士二人中士闕人數旅下士八人

（通典）後周有司憲中大夫掌司寇之法辨國之五禁

隋

（隋書百官志）高祖受命置御史臺大夫二人治書侍御史二人侍御史八人殿內侍御史監察御史各十二人錄事二人御史始自吏部選用仍依舊入直禁中煬帝卽位多所改革御史臺增治書侍御史爲正五品省殿內御史員增監察御史員十六人加階爲從七品開皇中御史直宿禁中至是罷其制又置主簿錄事員各二人侍御史惟掌侍從糾察其臺中簿領皆治書侍御史主之

（通典）隋以國諱改中丞爲大夫

（初學記）隋室諱中省中丞增治書御史之品以代之

謹案隋以中丞爲大夫而治書侍御史專主簿領以爲之貳至唐復改治書爲中丞自是而後大夫卽漢魏中丞之職中丞卽漢魏治書御史之職名雖遞易而實則無殊也至漢御史給事禁中號稱近職故後漢書載侍御史何敞上疏至有臣謬預機密之語見郅壽傳嗣後雖代有變更而蘭臺猶屬內省自隋煬帝罷直宿之制于是御史始專隸外臺矣

（通志）隋大業三年始置主簿二人兼置錄事一人案通志作錄事一人與隋書異疑有誤

唐

（唐六典）御史大夫一人從三品中丞二人正五品掌邦國刑憲典章之政令以肅正朝列侍御史四人從六品下令史十五人書令史二十五人掌糾舉百僚推鞫獄訟主簿一人從七品下錄事二人從九品下掌印及受事發辰勾檢稽失殿中侍御史六人從七品上令史八人書令史十人掌殿廷供奉之儀式監察御史十人正八品上令史三十四人掌分察百僚巡按郡縣糾視刑獄肅整朝儀

（李華御史大夫廳壁記）距義寧至先天登宰相者十二人以本官參政者十三人故相任者四人藉威聲以稜徼外按戎律者八人官或改稱大司憲臺或分爲左右肅政罷置不恆從其宜也開元天寶中刑措不用元元休息由是務簡益重地清彌尊任難其人多舉勳德至宰輔者四人宰輔兼者一人故相任者一人兼節度者九人異姓封王者二人

（新唐書百官志）高宗改治書侍御史爲中丞以避帝名龍朔二年改御史臺曰憲臺大夫曰大司憲中丞曰司憲大夫武后文明元年改御史臺曰肅政臺

（唐會要）光宅二年改爲左肅政臺專管在京百司及監軍旅更置右肅政臺其職員一准左臺令按察京城外文武僚神龍元年改爲左右御史臺景雲三年廢右臺先天二年又置右臺尋又廢

（趙璘因話錄）高宗朝改門下省爲東臺中書省爲西臺尚書省爲文昌臺故御史臺呼爲南臺南朝同也武后朝御史臺有左右肅政之號當時

亦謂之左臺右臺則憲府未曾有東西臺之稱惟俗閒呼在京爲西臺東都爲東臺李栖筠爲御史大夫後人不名者呼爲西臺又不知出何故事豈以其名上栖字遂呼之耶

（舊唐書職官志）會昌二年十二月勅大夫掌邦國刑憲肅正朝廷其任旣重品秩宜峻准六尚書例陞爲正三品中丞爲憲臺長陞爲正四品下與丞郎出入迭用著之于令

（顏真卿與右僕射定襄郡王郭英乂書）宰相御史大夫兩省五品供奉官自爲一行

（劉肅大唐新語）李承嘉爲御史大夫謂諸御史曰公等奏事須報承嘉知不然無妄聞也諸御史悉不稟之承嘉厲而復言監察蕭至忠徐進曰御史人君耳目俱握雄權豈有奏事先咨大夫臺無此例設彈中丞大夫豈得奉諮耶承嘉無以對

（通典）中丞二人亦時有內供奉人（本有一人聖曆中加一人尋省先天中復置）職副大夫通判

臺事

謹案唐代節鎮多加御史大夫銜其入爲本官則謂之知臺事代宗紀以浙西觀察使蘇州刺史御史大夫李涵知臺事是也其大夫闕官而中丞攝事者則謂之知大夫事資治通鑑御史中丞知大夫事李嗣真是也至唐世以中丞爲次對官（胡三省通鑑注宰相對延英既退常參官得引對者以次宰相之後故曰次對）今制三品以上惟副都御史奏事宮門得以綠頭牌簽名進呈與尚書都御史侍郎同蓋猶其舊制也

（大唐新語）宋璟則天朝以頻論得失內不能容而憚其公正乃勅璟往揚州推按奏曰臣以不才叨居憲府按州縣乃監察御史事耳今非意差臣不識其所由請不奉制無何復令按幽州都督屈突仲翔璟復奏曰御史中丞非軍國大事不當出使且仲翔所犯贓污耳今高品有侍御史卑品有監察御史今勅臣恐非陛下意當有危臣者請不奉制月餘優詔令

副李嶠使蜀嶠喜召璟曰叨奉渥恩與公同謝璟曰恩制示禮數不以禮遣璟璟不當行謹不謝乃上言曰臣以憲司位居獨坐今隴蜀無變不測聖意令臣副嶠何也恐乖朝廷故事請不奉制

〔唐會要〕開元二十二年置京畿採訪處置使以中丞爲之

〔柳宗元河東集〕中丞壁記今之制受命臨戎無所統屬者謂之使開元以來其制愈重故取御史之名而加焉至于今若干年其兼中丞者若干人皆得以壯其威張其聲其用遠矣

謹案唐自開元置採訪使始以中丞兼之其後爲節度觀察刺史者多兼大夫中丞之號以至幕府參佐僚屬皆以御史爲之謂之外臺此即後世行臺之制所自昉也

〔舒元輿御史臺新造中書院記〕若御史臺每朝會其長總領屬官謁于天子道路誰何之聲達于禁扉至含元殿西廡使朱衣從官傳呼促百官就班遲曉文武臣僚列于兩觀之下使監察御史二人立于東西朝堂甎

道以監之雜人報點監者押百官由通乾象人宣政門及班于殿庭則左右巡使二人分押于鐘鼓樓下若兩班就食于廊下則又分殿中侍御史一人爲之使以莅之內謁者承旨喚仗入東西閤門峨冠曳組者皆趨而進分監察御史二人立於紫宸屏下以監其出入爐煙起天子負斧扆聽政自螭首龍池南屬于文武班則侍御史一人盡得專彈舉不如法者

（因話錄）御史臺三院一曰臺院其僚曰侍御史衆呼爲端公見宰相及臺長則曰某姓侍御知雜事謂之雜端見臺長則曰知雜侍御雖他官高秩兼之其侍御號不改見宰相則曰知雜某姓某官臺院非知雜者乃俗號散端二曰殿院其僚曰殿中侍御史衆呼爲侍御見宰相及臺長雜端則曰某姓殿中最新入知右巡已次知左巡號兩巡使所主繁劇及還向上則又入推益爲勞屑惟其中間則入清閑故臺中彥曰免巡未推只得自如言其暢適也廳有壁畫小山水甚工云是吳道元真跡三曰察院其僚曰監察御史衆呼亦曰侍御見宰相及臺長雜端則曰某姓監察若三

院同見臺長則通曰三院侍御而主簿紀其所行之事每公堂食會雜事不至則無所檢轄惟相揖而已雜事至則盡用憲府之禮雜端在南揖主簿在北揖兩院則分坐雖舉匕筯皆絕談笑食畢則主簿持黃卷揖曰請舉事于是臺院白雜端曰舉事（欲上堂三院長各于會堂南廊下先白雜端云合舉事）則舉曰某姓侍御更有姓同者則以第行別之有某過謀准條主簿書之（其兩院皆如此）若舉時差錯則最小殿中舉院長最小侍御史舉殿院長（又錯則向上人迴舉）若雜端失笑則三院皆笑謂之烘堂悉免罰矣凡見黃卷罰直遇赦悉罰臺長到諸院凡官吏所罰亦悉免御史虛三院雖至美而月滿殿中推鞫之勞憚于轉兩院以向下侍御史便領推也多不願爲以此臺中以殿中轉兩院爲戲謔之辭每出入行步侍御史在柱裏殿察兩院在柱外有時殿中入柱裏則共咍之曰著去也三院御史主簿有事白端公就其廳若有中路白事謂之參端參端有罰殿中已免巡過正知巡者假故則向上人又權知謂之蘸巡臺官有親愛除拜喜慶之事則謁院長雜端臺長謂之取賀凡

此皆因胥徒走卒之言遂成故事院長每上堂了各報諸御史皆立于南廊便服靸鞋以俟院長立定院長方出相揖而序行至殿院門揖殿中又序行至食堂門揖侍御史凡入門至食凡數揖大抵揖者古之肅拜也臺中無不揖其酒無起謝之禮但云揖酒而已酒最合敬以恐煩卻損往往自臺拜他官執事亦誤作臺揖人皆笑之每赴朝序行至待漏院偃息則有臥揖上門有馬揖凡院長在廳院內御史欲往他院必先白決罰又必先白察院有都廳院長在本廳諸人皆會話于都廳亦白（御史初上後遇雜端上堂則舉三愆九失儀意緣是新入欲併罰出未遇雜端上堂其犯舊條並不罰）察院南院會昌初監察御史鄭路所葺禮祭廳謂之松廳南有古松也刑察廳謂之魘廳寢于此多魘兵察常主院中茶茶必市蜀之佳者貯于陶器以防暑溼御史躬親緘啓故謂之茶瓶廳吏察主院中入廟人次第名籍謂之朝簿廳吏察之上則館驛使館驛使之上則監察使監察使同僚之冠也謂之院長臺中敬長三院皆有長察院風采尤峻凡三院御史初拜未朝謝先謁院長院長辭疾不見

則不得及上矣

（趙彥衛雲麓漫鈔）唐有三院御史侍御史謂之臺院殿中侍御史謂之殿院監察御史謂之監院

（趙璵石墨鐫華）唐御史臺碑陰題名碑陰題侍御史幷內供奉侍御史幷內供奉監察御史共六百餘人

（通典）侍御史之職有四謂推推者掌推鞫也彈掌彈舉公廨知公廨事雜事臺事悉總判之定殿中監察以下職事及進名改轉臺內之事悉主之號爲臺端知雜者謂之雜端最爲雄劇殿中侍御史遷轉及職事與侍御史相亞自開元以來權歸侍御史而遷轉猶同號爲副端監察御史職知朝堂正門無籍非因奏事不得入至殿庭在西鳳闕南侍至開元七年勅始並令隨仗入閣

（新唐書百官志）又置御史裏行使侍御史裏行使殿中裏行使監察裏行使以未爲正官無員數

（大唐新語）初馬周以布衣直門下省太宗就命監察裏行俄拜監察御

史裏行之名自周始也

（通典）侍御史內供奉與殿中御史內供奉監察御史裏行其制並同皆無職田庶僕

謹案唐宋三院御史今惟存監察御史其侍御及殿中職事均已歸併察院掌轄以唐制準之雜端獨主臺務正如今京畿道代堂辦事之比副端則當如今之河南道至御史裏行諸官不爲正員則又如國朝初制之有試御史也

（李嶠請每十州分置御史巡按疏）陛下創置右臺分巡天下自非分州統理無由濟其繁務請大小相兼率州置御史一人以周年爲限使其親至屬縣或入閭里督察姦訛觀採風俗然後可以求其實效課其成功

（王應麟玉海）唐監察御史十道巡按以判官二人爲佐務繁則有支使開元中兼巡傳驛大曆十四年號館驛使監察御史分察尚書省六司由下第一人爲始出使亦然與元元年以第一人察吏部禮部兼監察使第

二人察兵部工部兼館驛使第三人察戶部刑部歲終議殿最元和中以

新人不出使無以觀能否乃命顓察尚書省號六察官開元十九年以監

察御史二人莅太倉左藏庫其後以殿中侍御史上一人爲監太倉使第

二人爲監左藏庫使

（唐會要）武后時初置兩臺每年春秋發使春曰風俗秋曰廉察令地官

尚書韋方質爲條例删定爲四十八條以察州縣自載初以後奉勅乃巡

不每年出使

謹案唐之監太倉使乃今巡倉御史之職館驛使乃今巡察御史兼查

驛站之職分察尚書省乃今御史稽查各部院衙門之職而十道巡按

則今巡察御史亦尙其遺意也

（大唐新語）唐九徵爲御史監靈武軍時吐蕃入寇蜀漢九徵出永昌郡

千餘里討之累戰皆捷加朝散大夫侍御史

（通志）隋末亦遣御史監軍唐垂拱三年十一月鳳閣侍郎韋方質奏言

舊制有御史監軍武太后曰將出師君授之釜鉞閫外之事皆使裁之比
來御史監軍乃有控制軍中大小之事皆須承稟非所以委專征也
謹案漢時朱鼀馮緄之流皆以御史中丞出軍然非監軍也止胡建傳
有監軍御史之名隋唐仍沿其制
（通志）主簿唐武德末杜淹爲御史大夫以吏部主事林懷信爲之貞觀
中自張宏濟爲此官後遂爲美職
五季
（五代史梁本紀）乾化三年御史大夫姚洎（李琪列傳）唐明宗卽位以
琪爲御史中丞
（五代會要）御史大夫後唐天成元年六月以李琪爲特進行御史大夫
自後不除○晉天福五年二月以御史中丞爲清望正四品
（五代史盧導列傳）事梁爲侍御史知雜事（和凝列傳）唐天成中爲殿
中侍御史（李懌列傳）事梁爲監察御史（裴羽列傳）事梁爲御史臺主

簿

〔五代會要〕晉開運二年八月勅御史臺准前朝故事以郎中員外一員兼侍御史知雜事近年停罷獨委年深御史知雜振舉之司紀綱未峻宜遵故事庶協通規宜于郎署中選清慎強者兼御史知雜事

〔五代會要〕御史臺六員監察謂之分察使

謹案五季臺官亦依三院舊制謹略採五代史紀傳及王溥會要以補志文之闕

〔五代會要〕一臺司除御史中丞隨行印及左右巡使監察使並出使印等外其御史臺印一面先准合式即是主簿監臨近年以來緣無主簿遂至內彈御史權時主持又常隨本官出入不定伏緣臺中公事不同諸司動繫重難常虞留滯當申奏申堂之際及牒州府之時事無輕重並使此印今准令式逐日有御史一員臺直承受制勅公文其御史臺印今後欲勒留臺中不令在外選差令史一人帖司一人同知此印凡有諸色大案

印發之時准指揮諸司各置印曆

宋

（宋史職官志）御史臺掌糾察官邪肅正綱紀大事則廷辨小事則奏彈中丞一人爲臺長侍御史一人掌貳臺政殿中侍御史二人掌以儀法糾百官之失監察御史六人掌分察六曹及百司之事檢法一人掌檢詳法律主簿一人掌受事發辰勾稽簿書

（文獻通考）宋承唐制有三院大夫無正員止爲兼官中丞除正員外或帶他官者尙書則曰某官兼御史中丞丞郎則曰御史中丞兼某官給事中諫議則曰某官權御史中丞事次有知雜御史一員副中丞判臺事

（李燾續資治通鑑長編）御史臺自薛奎後中丞缺人不補侍御史知雜事韓億獨掌臺務者踰年天聖四年始命王臻權御史中丞

（石介徂徠集）御史府不與他府並舊有大夫則中丞亞大夫而領其屬今大夫闕則中丞其長也故中丞之任特重中丞之責尤重焉

（陸游老學庵筆記）故事臺官無侍經筵者賈文元公爲中丞仁祖以其精於經術特召侍講延英自此遂爲故事

（葉夢得石林燕語）元豐既新官制職事官未有不經除者惟御史大夫未嘗除人蓋臺諫之長非宰相所利故無有啓之者崇寧中朱聖予嘗請除竟不行

（合璧事類）舊制三院多出外任風憲之職用他官領之太平興國三年以張選爲監察御史正名舉職自此始也唐制御史不專言職至天禧中始置言事御史唐朝有御史裏行至景祐中始置以處御史之官卑者唐臺案有六監司元豐三年李定請復六察于是以御史專領六察元豐三年御史臺言請以吏部及審官東西院三班院隸吏察戶部三司及司農寺隸戶察刑部大理寺審刑院隸刑察兵部武學隸兵察禮祠部太常寺隸禮察少府將作等隸工察從之其後大正官名不除大夫檢校官帶憲銜者亦除去自國初至元豐中檢校官多帶憲銜有檢校御史大夫者至是亦罷以中丞爲長知雜御史爲侍御史言事官爲殿中侍御史六察官爲監察御史舊以中丞兼理檢使殿中侍御史兼左右

巡使監察御史兼監察使至是使名悉罷

（玉海）開寶四年邊光範兼判御史臺公事興國四年侯陟權中丞雍熙三年趙昌言以知制誥正爲中丞端拱二年右諫議王化基權中丞始定班制正衙常參立中丞轉位內殿起居立本班咸平五年五月温仲舒以禮書爲中丞天禧元年右丞趙安仁兼安仁請給御寶印曆書三院糾彈事祥符七年九月知雜王隨請兩制撰重修御史臺記國朝大夫止爲兼官中丞除正官外帶他官次有知雜侍御史又有左右巡使分糾違失監察使掌祠祭廊下使掌入閤食監香使掌行香謂之五使有四推臺殿開寶六年九月馮炳爲侍御史知雜判臺事十月雷德驤分判三院初三院多出外任興國三年命張巽爲監察始正名舉職天禧元年二月八日丁丑始置言事御史侍御史以下六員不兼領職務其後久不除慶曆五年正月乙亥以殿中梅摯監察李京並爲言事御史今中丞廳之南有諫官御史廳蓋御史得兼諫職也唐制御史不專言職景祐元年四月二十四

日置御史裏行舉三丞歷知縣者爲之從中丞韓億之言也元豐二年李定請復六察十二月丙午從之以御史專領二年四月二十七日詔六察官以所糾多寡爲殿最中書置簿以時書之五月二日增置臺主簿一員十一月六日詔御史六員三分察三言事六年正月二十四日都司置御史房六月乙巳朔詔六察各置一御史九月二十四日置檢法官八年十月丁丑詔監察兼言事殿中兼察事用呂公著劉摯之言也元豐正名不除大夫檢校官亦除去以中丞爲長知雜爲侍御史言事爲殿中侍御史六察爲監察御史使名悉罷二年十二月六日詔御史臺重修一司勅五年六月十四日詔尚書省得彈奏六察失職紹興元年九月侍御史沈與求請舉元豐六察舊法乾道二年三月十五日詔非歷兩任縣令不除監察非任守臣不除郎官著爲令

（文獻通考）御史臺置推直官四人專治獄事元豐時悉罷

謹案宋初以知雜御史副中丞判臺事及元豐改制遂以侍御史爲中

丞之貳當時雖名三院其實侍御史班位特崇蓋近今副都御史之職任也至六察之制則今御史之稽查各衙門者實爲監察舊職其來久矣

（石林燕語）故事臺官皆御史中丞知雜與翰林學士互舉其資任須中行員外郎以下太常博士以上曾任通判人未歷通判非特旨不薦仍爲裏行此唐馬周故事也議者頗病太拘難以應格熙寧初司馬君實爲中司已請稍變舊制及呂晦叔繼爲中司遂薦張戩王子韶二人皆京官也既而王荊公驟用李資深以秀州軍事判官特除太子中允權監察御史裏行命下宋次道當制封還詞頭已而次命李才元蘇子容皆不奉詔蓋謂旋除中允而命猶自選人而除也三人皆謫卒用資深近歲有差遣合用京官特改官而除者自資深始也

（王稌燕翼詒謀錄）仁宗重臺諫之選景祐元年四月癸丑詔御史臺置殿中侍御史監察御史裏行又詔舉三丞以上嘗歷知縣人除御史裏行

二年除御史又二年除三司開封判官自清要而歷繁劇選任既重一時號稱得人

（宋史職官志）乾道二年詔自今非曾經兩任縣令不得除監察御史

謹案宋以縣令選授御史明代行取之制蓋本于此

（歐陽修歸田錄）御史臺故事三院御史言事必先白中丞自劉子儀爲中丞始榜臺中今後御史有言不須先白中丞

（文獻通考）天禧中兩省置諫官六員御史臺置御史六員並不兼領職務其或詔令乖當官曹涉私措置失宜刑賞踰制幷令諫官奏論憲臣彈舉每月須一員奏事或有急務亦許非時入對

（方勺泊宅編）虞經臣策元祐五年作監察御史是時察官亦許言事尋擢侍御史不歷殿院至紹聖改元移起居郎明年遂爲給事中

謹案泊宅編謂虞策由監察御史擢侍御史不歷殿院則當時監察御史擢侍御史必由殿院明矣大唐新語載宋璟之言曰高品有侍御史

卑品有監察御史然則監察御史擢侍御史以最卑擢最高中間必由

殿院唐宋制同也

〔朱翌猗覺寮雜記〕外臺見唐高元裕傳故事三司監院官帶御史者號

外臺得察風俗舉不法監院屬三司如楊子院是也皆財貨轉易之地故

今監司亦號外臺皆以察風俗舉不法劉夢得和南海馬大夫云漢家旌

旆付雄才百粤南溟統外臺以馬總帶御史大夫也

謹案歷代本別有諫議大夫屬門下省以主諫諍而御史則專以糾察

非違爲職自宋真宗置言事御史許之論列時政而臺諫始合爲一然

元豐初制以殿中爲言事官監察爲六察官猶各有司存其後復令其

互兼御史遂盡得建言不專彈劾逮金元以後而諫議之官遂廢亦臺

臣積重之勢然也

遼

〔王圻續文獻通考〕遼南面官有御史臺太宗會同元年置其官曰御史

大夫曰御史中丞曰侍御史

謹案遼制有侍御史而無殿中監察蓋三院職事併於一也

金

（金史百官志）御史臺御史大夫從二品掌糾察朝儀彈劾官邪勘鞫官府公事御史中丞從三品貳大夫侍御史二員從五品掌奏事判臺事治書侍御史二員從六品掌同侍御史殿中侍御史二員正七品每遇朝對立于龍墀之下專劾朝者儀矩監察御史十二員正七品掌糾察內外非違刷磨諸司察帳幷監祭禮及出使之事（參注諸色人大定二年八員承安四年十員承安五年兩司各添十二員）典事二員從七品架閣庫管勾一員從八品檢法四員從八品

（金史選舉志）宣宗南遷嘗以御史巡察與定元年以縣官或非材監察御史一過不能備知遂令每歲兩遣監察御史巡察仍別選官巡訪以行黜陟之政

（元好問中州集）史肅入爲監察御史還治書楊慥拜監察御史還侍御

史

謹案金時臺殿二院多由察院遷轉中州集傳可證與唐宋之制略同

元

（元史百官志）御史臺大夫二員從一品中丞二員正二品侍御史二員從二品治書侍御史二員從二品掌糾察百官善惡政治得失至元五年始立臺設官七員大夫中丞侍御史治書侍御史典事檢法獄丞七年改典事爲都事十九年罷檢法獄丞二十七年始置經歷一員皇慶元年增中丞爲三員二年減一員至治二年大夫一員後定置御史大夫二員中丞二員侍御史二員治書侍御史二員經歷一員從五品都事二員正七品照磨一員正八品承發管勾兼獄丞一員正八品架閣庫管勾兼承發一員正九品掾史一十五人譯史四人知印二人通事二人宣使十人臺醫二人蒙古書寫二人典吏六人庫子二人其屬有二〇殿中司殿中侍御史二員正四品至元五年始置秩正七品後陞正四品凡大朝會百官

班序其失儀失列則糾罰之知班四人通事譯史各一人〇察院秩正七品監察御史三十二員司耳目之寄任刺舉之事至元五年始置御史十一員悉以漢人爲之八年增置六員十九年增置一十六員始參用蒙古人爲之至元二十二年參用南儒二人書吏三十二人〇江南諸道行御史臺統江東江西浙東浙西湖南湖北廣東廣西福建海南十道陝西諸道行御史臺統漢中隴北四川雲南四道設官品秩同內臺

〈馬燧察院題名記〉世祖皇帝至元五年立御史臺設監察御史振肅庶官糾劾貪邪

謹案御史臺自唐置三院侍御史即稱臺院在殿中監察之上宋則以侍御史貳臺政次于中丞而三院名目猶存金沿其制復以侍御史治書御史同判臺事元時增秩至二品于是遂爲堂上官而臺屬僅存殿中察院殿中又止有二員明初因省其官以糾儀之事併入察院而別置副都僉都以當中丞侍御治書之職歷代規制至此一變其由來蓋

亦有漸也至江南陝西行御史臺顧炎武謂卽明在內道長在外按臺之法然其職在統制各道憲司與內臺究有差別今故別詳于督撫表內焉

明

（明史百官志）初吳元年置御史臺設左右御史大夫從一品御史中丞正二品侍御史從二品治書侍御史正三品殿中侍御史正五品察院監察御史正七品經歷從五品都事正七品照磨管勾正八品以鄧愈湯和爲御史大夫劉基章溢爲御史中丞洪武九年汰侍御史及治書殿中侍御史十年七月詔遣監察御史巡按州縣十三年專設左右中丞正二品左右侍御史正四品尋罷御史臺十五年更置都察院設監察都御史八人秩正七品分監察御史爲浙江河南山東北平山西陝西湖廣福建江西廣東廣西四川十二道各道置御史或五人或三四人秩正九品每道鑄印二一畀御史久次者掌之一藏內府有事受印以出既事納之文曰繩愆糾繆以秀才李原明詹

徽等爲都御史吳荃等爲試監察御史試御史一年後實授又有理刑進士理刑知縣理都察院刑獄半年實授正德中革十六年陞都察院爲正三品設左右都御史各一人正三品左右副都御史各一人正四品左右僉都御史各二人正五品經歷一人正七品知事一人正八品十七年陞都御史正二品副都御史正三品僉都御史正四品十二道監察御史正七品建文元年改設都御史一人革僉都御史二年改爲御史府設御史大夫改十二道爲左右兩院止設御史二十八人成祖復舊制永樂元年改北平道爲北京道十九年罷北京道增設雲南貴州交阯三道洪熙元年稱行在都察院同六部又定巡按以八月出巡宣德十年罷交阯道始定爲十三道正統中去行在字嘉靖中以清屯增副都御史三人尋罷隆慶中以提督京營增右都御史三人尋亦罷其屬經歷司經歷一人正六品都事一人正七品司務廳司務二人從九品初設四人後革二人照磨所照磨正八品檢校正九品司獄司司獄從九品初設六人後革五人各一人

十三道監察御史一百十人正七品浙江江西河南山東各十人福建廣東

廣西四川貴州各七人陝西湖廣山西各八人雲南十一人其在外加都御史或副僉都御史銜者有總督有提督有巡撫有總督兼巡撫提督兼巡撫及經略總理贊理巡視撫治等員

〔王圻續文獻通考〕明改前代御史大夫中丞爲都御史臺爲都察院是以察而統爲公署之號也以監察御史分設十三道革去侍御史殿中侍御諸名銜而糾劾巡按照刷問擬之任一切責之監察是以察而統爲憲臣之號也

〔邱濬大學衍義補〕今六部官屬皆書其部如吏部屬則曰吏部文選清吏司兵部屬則曰兵部武選清吏司之類是也唯監察御史則書其道而不繫於都察院焉

〔明史百官志〕十三道監察御史巡視倉場在外巡按巡漕各以其事專監察而巡按則代天子巡狩所按藩服大臣府州縣官諸考察舉劾尤專大事奏裁小事立斷按臨所至表揚善類翦除豪蠹以正風俗振綱紀

〔明會要〕宣德九年差御史一員巡視在京倉一員巡視通州倉嘉靖八年題准每年差御史一員請勅提督京通二倉收放糧斛兼理通惠河事務隆慶元年差御史一員前往浙江及南直隸蘇松常鎮四府監兌糧米催儹運船兼理濟寧迤南一帶河道三年停差五年復差御史一員同戶部郎中一員催趲萬曆六年革催趲郎中專差御史

謹案自明太祖改御史臺爲都察院併唐宋三院御史爲一廣置言官原欲責其隨時獻替乃仁宣以後臺綱日弛往往借端聚訟逞臆沽名而一二大臣又或援引私人藉爲牙爪朋黨之漸已開及神宗失德怠荒令諸臣得以直言自衒至于絞訐摩上儕偶難堪神宗厭其譁囂一切留中不下諸臣明知封章之不復進御更肆譸張遇事生風競以把持朝局爲得計其始則爭並封爭挺擊舉國若狂猶曰託詞忠愛繼而爭京察爭考選則全主于引同惡而排異己于是有齊楚浙黨三方鼎峙之目相與齮齕正人挾制閣部愛憎噂沓日起戈矛神宗既黑白不

分惟臺章所攻其人即自引去諸臣益得恣行己意吏部亦畏其恐喝
悉視指撝盤踞日深黨禍日熾馴至魏閹擅政其中宵人敗類方且列
名彪虎助之搏擊清流剝傷元氣不旋踵而明社已墟口舌之痾實其
亡徵之先見者也我
國家肅清綱紀百度惟貞臺臣咸知凜守官箴恪共奉法
我
皇上屢頒
訓諭諄復告誡于明季臺諫惡習詳悉剖示尤爲深切著明仰誦
綸言無不益加警惕矣

欽定歷代職官表卷十八

西元二〇二〇年四月一日重製一版

歷代職官表 冊一（清永瑢 等撰纂）

平裝四冊基本定價參仟捌佰元正
（郵運匯費另加）

發行人 張敏君
發行處 中華書局
臺北市內湖區舊宗路二段一八一巷八號五樓（5FL., No. 8, Lane 181, JIOU-TZUNG Rd., Sec 2, NEI HU, TAIPEI, 11494, TAIWAN）
客服電話：886-2-8797-8396
公司傳真：886-2-8797-8909
匯款帳戶：華南商業銀行西湖分行
179100026931
印　刷：維中科技有限公司
海瑞印刷品有限公司

No. N1029-1

國家圖書館出版品預行編目(CIP)資料

歷代職官表 / (清)永瑢等撰纂. -- 重製一版. --
臺北市 : 中華書局, 2020.04
冊 ; 公分
ISBN 978-986-5512-07-1(全套 : 平裝)

1.職官表 2.中國

573.4024 109003709